中国共产党·中国·世界

第九届世界中国学论坛实录

潘玮琳 / 主编

上海社会科学院出版社

世界中国学系列丛书

顾 问

权 衡　王德忠　王 振　黄仁伟

编委会
主　任：朱国宏
副主任：沈桂龙　周 武　吴雪明

委　员（按姓氏笔画排序）
　　　　王圣佳　王海良　王 震　乔兆红
　　　　张 焮　姚勤华　梅俊杰　焦世新
　　　　樊慧慧　潘玮琳

总　序

周　武

中国学脱胎于汉学,在西方语境中曾经是一门无足轻重的边缘性学科,但40多年来,伴随着改革开放的推进,中国快速从一个地理的大国和平发展而为经济的大国、政治的大国和文化的大国,无论从何种角度看,中国都已是一个无法忽视的巨大存在。正因为如此,世界比以往任何时候都更加需要关注中国,中国也比以往任何时候都更加需要关注世界。中国与世界,世界与中国,从来没有像当今这样深度地交织在一起。这种交织,使海外中国研究开始从边缘走向中心,步入它真正意义上的繁荣时期。越来越多的国家及其学者参与到中国研究中来,研究广度与深度不断拓展。可以说,中国研究已日益显示出它的世界性。

作为一门了解和认识中国的综合性学科,无论是以研究中国古典文化为主的汉学,还是以研究现当代中国为主的中国学,都以中国为对象,都以深化对中国的认识和理解为目标。然而,世界各国的中国研究植根于各自的精神传统,各有自己的学术语境和学脉传承谱系,因此,不同时代、不同国家的汉学家或中国学家,以及汉学家与汉学家、中国学家与中国学家之间,关注点和切入点不可能完全相同,对中国的认识和理解往往存在明显差异,不免互为"他者",各说各话。就中外学术交往而言,尤其如此。由于受全球冷战、意识形态至上的影响,1949年以后中外学术交往举步维艰,到20世纪50年代末以后更几乎中断,中国学者出不去,外国学者当然也进不来。这种人为的悬隔之局曾给中外学界带来无限的怅惘。中国学人自然无从接触和了解海外学术界的研究动态,而域外学界,即使是专门从事中国研究的学人也无法像他们的前辈一样亲自踏足中国,只能通过中国香港和台湾地区,甚至是日本等有限的渠道来了解中国。尽管这种状况到20世纪70年代末中国门户重开之后已发生了根本性的变化,中外学术交往逐渐重回正轨,曾经"相互隔离的两个世界已经变得不那么隔离了"(柯文语),但如何在既有的基础上构建更稳固且更具成效的本土与海外中国研究学者之间的交流与对话平台,并借助这种交流与对话,一方面逐步破除海外中国研究无所不在的"西方中心论"和近年来逐渐流行的"中国中心论"的认知迷思,在学理上重构世界的中国形象;另一方面揽镜自鉴,为本土的中国研究提供更深广的"他者"视角,并借此反观自身以获取自知之明,不但必要,而且紧迫。

正是在这种背景下,2004年由上海社会科学院创设的世界中国学论坛应运而生。论坛每两年在上海举办一次,旨在为世界各地的中国学家提供一个面对面交流与对话的高端学术平台。论坛会标取《周易》中的同人卦,表达的就是中国与世界交流互鉴、融汇发展的愿望,希望通过这个常设的论坛,在中国与世界之间架设一座彼此沟通、相互借鉴的桥梁,让世界更好地了解中国,也让中国更深入地了解世界,进而推动全球范围内的中国研究向纵深方向发展。这样的旨趣因其契合海内外中国研究学界的迫切需要而受到广泛认同,因此每届论坛都得到世界各国中国学家的积极响应和鼎力支持。迄今为止已有超过100个国家和地区的学者先后参加过论坛,这些学者遍及全球,除了来自欧美、日本等传统中国研究大国外,也有相当比例来自拉美、非洲、中西亚等地。其中既有享誉国际的中国学大家、资深学者,也有刚冒尖的新生代"中国通",可谓少长咸集,共同就中国研究的热点问题和核心议题展开面对面的交流。这是一个开放、包容、共享的高端学术平台,不同的观点在这里争鸣,不同的思想在这里交锋,不同的文明在这里对话,并在这种争鸣、交锋和对话中,深化彼此对中国的认识和理解。

为了进一步强化论坛的国际影响力和学术外宣品牌功能,2010年起,世界中国学论坛正式升格为国家级的国际学术交流平台,不再由上海市人民政府单独主办,改为国务院新闻办公室和上海市人民政府共同主办,上海社会科学院和上海市人民政府新闻办公室联合承办。配合论坛的升格,世界中国学论坛开始在更高的层面上逐步健全和完善组织架构:一是重组论坛组织委员会、学术委员会、顾问、秘书处,并在秘书处下设世界中国学论坛办公室,负责论坛的日常事务;二是设立世界中国学贡献奖,与论坛同步,每两年评选一次,每届评出2—4位毕生从事中国研究并取得卓越成就的海外中国学大家;三是创办《中国学》集刊和《世界中国学论坛专报》,前者集中发表海内外中国学的最新研究成果,后者主要刊发与会专家学者关于中国改革和发展的意见建议;四是设立世界中国学研究所,作为论坛常设的实体性研究机构。2012年3月,中国学研究所经中共上海市委、市政府批准正式成立,并确立两大中心任务:为论坛提供学术支撑;推进世界中国学的学科化和学科建设。中国学研究所下设中国学史、历史中国、当代中国、中国与世界、上海与江南等研究室,已初步形成世界中国学的学科架构与学科团队。以此为基础,中国学研究所还相继设立了世界中国学博士研究方向和世界中国学硕士学位点,并于2018年开始招收和培养博士生和硕士生;同时承办国家文化与旅游部项目"青年汉学家研修计划(上海班)",助力世界各国中国研究后备力量的成长。

世界中国学论坛自2004年创办以来已经连续举办九届,前四届论坛分别以"和而不同""和谐和平""和衷共济""合和共生"为主题,着重研讨中国文化传统精神及其当代价值。自第五届起,更加突出现当代中国,分别以"中国现代化:道路与前景""中国改革,世界机遇""新时代的中国""中国与世界:70年的历程""中国共产党·中国·世界"为主题,聚焦中国道路,以及中国发展的世界意义等重大问题。另外,从2015年起,世界中国学论坛还创办每年一届的海外分论坛,先后在美国、韩国、德国和阿根廷等国成功举办美国分论坛、东亚分论坛、欧洲分论坛和拉美分论坛,受到举办地所在国的广泛关注。

世界中国学系列丛书的推出,是对过去九届中国学论坛和四届海外分论坛成果的集中展示,也是对世界中国学学科愿景的一次展望。2019年出版了第一辑共4种:《新时代的中国》系第七届世界中国学论坛的实录;《世界的中国》是《中国学》学术集刊创刊至第七辑的专题精选集,并酌情收入中国学所同仁若干最新研究成果;《论中国》为历届世界中国学论坛和海外分论坛大会演讲集;《中国研究热》是历届世界中国学论坛中外主流媒体相关报道的选辑。2021年本系列丛书又推出2种,分别是《中国与世界:70年的历程——第八届世界中国学论坛实录》和《荷兰的中国研究:过去、现在与未来》。2022年我们还将编辑出版《中国共产党·中国·世界——第九届世界中国学论坛实录》等书。当然,这只是一个开始,今后我们还将一辑一辑编下去,从学术上见证世界中国学论坛本身的发展和世界中国学学科建设的进展,以及中国研究在全球兴起并一步步走向繁盛的历史。

世界中国学是一门方兴未艾的学科,也是一门内涵极其浩瀚深广的学问。因其方兴未艾,所以可以开拓的研究空间巨大;因其浩瀚深广,所以不是任何一个机构或个人所能穷尽。竭诚欢迎海内外中国学研究同行和我们一道,合力把这套丛书编好出好,为这门以中国为对象的浩博学科奠定更深厚的学理基础。

2022年6月16日

目　录

总序 …………………………………………………………… 周　武　1

导论　世界中国学视野下的中国共产党、中国与世界 ………… 潘玮琳　1
开幕式致辞 ……………………………………………………………… 7
大会演讲 ………………………………………………………………… 11
第六届世界中国学贡献奖获奖者感言 ………………………………… 47
分论坛演讲实录 ………………………………………………………… 55
  第一分论坛：中国的现代化道路 …………………………………… 57
    议题一：改革开放与社会发展 …………………………………… 57
    议题二：生态文明与可持续发展 ………………………………… 72
    议题三：和平发展与推动构建人类命运共同体 ………………… 82
  第二分论坛：中国实践与全球治理 ………………………………… 93
    议题一：中国与数字空间全球治理体系改革 …………………… 93
    议题二：新冠疫情背景下落实联合国2030年可持续发展议程：
        共同的未来和共同的责任 ……………………………… 109
    议题三：全球气候变化和碳中和转型展望 ……………………… 126
  第三分论坛：中国"十四五"规划与世界经济复苏 ……………… 141
    议题一：新冠疫情后亚洲经济复苏面临的挑战及对策 ………… 141
    议题二：中国"十四五"时期经济发展与亚洲经济一体化进程 … 154
    议题三：后新冠疫情时代世界经济复苏前景、挑战与对策 …… 164
    议题四：今后一个时期中国与世界经济的互动发展 …………… 177

第四分论坛：多彩的文明·共同的命运 …………………………………… 188

　　议题一：国际关系中的共同命运与各国路径 ……………………… 188

　　议题二：建构命运共同体的中国理念与实践 ……………………… 201

　　议题三：文明的交流互鉴 ……………………………………………… 214

　　议题四：文明的多样性 ………………………………………………… 220

第五分论坛：共同未来与青年作为 …………………………………… 230

后记 ………………………………………………………………………… 270

导论

世界中国学视野下的中国共产党、中国与世界

潘玮琳

2021年10月18—19日,第九届世界中国学论坛在上海国际会议中心隆重召开。本届论坛以"中国共产党·中国·世界"为主题,从政治、经济、文化、社会及国际关系等角度,探讨中国共产党的百年历程及其对中国和世界未来发展的意义。整个论坛包括全体大会和5个平行分论坛。5个平行分论坛分别就"中国的现代化道路""中国实践与全球治理""中国'十四五'规划与世界经济复苏""多彩的文明·共同的命运"和"共同未来与青年作为"等主题展开讨论。

本届论坛共有来自42个国家和国际组织的150余名专家学者通过线上线下相结合的方式参与讨论。中国社会科学院、上海国际问题研究院、中国国际经济交流中心、上海社会科学院、中国外文局当代中国与世界研究院等国内重要学术机构参与分论坛协办。35家中外媒体,以报刊、视频报道、新闻联播节目、互联网平台聚合页面等形式,共刊发相关报道和专版140余篇。其中,《人民日报》、新华社、中央广播电视总台、《经济日报》、《光明日报》、中新社等国家级媒体均在重要版面、新闻联播等重要节目中刊播论坛全体大会盛况。《解放日报》、《文汇报》、《新民晚报》、上海广播电视台以及澎湃新闻等上海主要媒体分别用多个专版和重要时段播发论坛开幕新闻,摘登与会学者重要论述。《中国日报》、中国国际电视台等中央外宣媒体在境外社交平台账号及时推送论坛信息;第六声、《上海日报》、上海外语频道等沪上英文媒体,以及彭博社、塔斯社、台湾东森新闻云等多家境外媒体采访本届论坛,进一步放大了论坛的国际影响。

本届论坛上还颁发了第六届中国学贡献奖。英国剑桥大学汉学家鲁惟一、

美国加州大学圣地亚哥分校历史学荣休教授周锡瑞、南开大学中华古典文化研究所所长叶嘉莹共享殊荣,并发表视频感言。他们在感言中所表达的对中国研究"世界性"前景的期盼,引起与会者强烈共鸣。此外,《中国落实联合国2030年可持续发展议程典型案例(长三角地区)》《数字空间的秩序缺失与治理机制构建》《国际青年眼中的中国与世界》等一系列研究报告在分论坛上发布,向国际学界推介国内学术机构的最新前沿成果,进一步凸显论坛融通中外的功能。

第九届论坛恰逢中国共产党建党百年,与会代表高度瞩目中国共产党治理下中国的现状与未来,中国与世界关系的大势,以及世界中国学在其中所应扮演的角色。论坛发言聚焦以下三个主题,亮出了不少高屋建瓴的观点。

一、聚焦中国共产党,深化世界中国学研究

中国共产党一百年来的思想与实践,是中国探索现代化的重要内容。在中国共产党领导下,中国社会发生了翻天覆地的变化。特别是改革开放以来,中国经济快速发展,不仅解决了绝对贫困的问题,提高了人力发展指数,也一跃成为全球经济增长和科技创新的引擎。当代中国的变化,深刻地影响了世界。认识和解释这一变化,已经成为世界中国学领域内的一个重要课题,而探索这一课题,则离不开对中国共产党的研究。

中宣部副部长蒋建国在论坛主旨发言中呼吁,"让中国学研究跟上中国进步的脚步",特别是通过解读中国共产党,来更好地理解当代中国。他建议中国学领域的专家学者从"民族复兴""中国特色社会主义""人民至上""人类命运共同体""自我革新"五个关键词切入对中国共产党的研究。这一建议的内涵,无疑是主张世界中国学的研究应从中国概念和中国话语出发,也就是推动世界中国学向"中国回归",而世界中国学向"中国回归",或将为未来世界中国学的进一步发展繁荣提供一个崭新的起点。

就此,数位大会演讲嘉宾也阐述了各自的理解和主张。俄罗斯前副总理谢尔盖·沙赫赖指出,"中华人民共和国找到了自己的特殊道路,正在成功地践行中国特色社会主义发展模式。……一个世纪前成立的中国共产党,70多年来一直自信而有效地领导着这个大国的发展"。塞尔维亚前总统鲍里斯·塔迪奇则认为,"中国正在改变现代化的本质,为了在当代世界繁荣发展,开辟一条自己

的道路。……中国最重要的创新是从文明的角度看待发展"。他甚至提出,从中国的实践出发,可以提出"和谐化"这一超越"西方中心主义"的"现代化"的新概念。复旦大学中国研究院院长张维为强调,"用中国人自己的眼光,基于中国自己的经验来研究中国,建立中国对自己的主流叙事,也建立中国对世界的主流叙事"。中国社会科学院副院长王灵桂进一步认为,"世界中国学成为当下国际显学的原理,和世界历史的成因是一致的"。越来越多的中国实践、中国理念,成为世界各国探究解决全球发展问题的实践和理论源泉,前所未有地丰富了世界中国学的研究内涵。中国外文局局长杜占元补充道,中国学"虽然研究的对象是中国,但其意义和价值不限于中国"。倡导积极的文明交流互鉴,共同创造人类社会美好未来,是今日推动世界中国学的意义,因此,和平发展、公平正义、民主自由等全人类共同价值,应当成为世界中国学的题中应有之义。

二、聚焦大变局,解读中国新发展格局

新冠疫情全球大流行堪称 2020 年最大的黑天鹅事件。在疫情等多重因素影响下,全球经济衰退,世界格局在不确定与不稳定中加速演变。中国作为全球首个遭到新冠疫情冲击的国家,率先控制住疫情,在 2020 年成为发达经济体和新兴市场中唯一实现同比增长的国家。尽管如此,地缘政治不确定性以及新冠疫情给中国国内的公共卫生和社会经济发展带来巨大挑战,可谓"危""机"并存的"百年未有之大变局"。中国经济的可持续增长对后疫情时代的全球经济复苏和全球秩序重构均至关重要。全球智库高度关注新冠疫情后中国提出的"双循环"新发展格局。对于"双循环"概念的内涵和影响,与会中外专家进行了热烈讨论。

哈萨克斯坦总统战略研究所驻阿拉木图市代表处负责人阿谢尔·阿边认为,"当前(2021 年 10 月)中国是疫情后经济恢复最好的国家,也是经济增长最快的国家。这当然得益于中国所采取的一系列积极的防疫措施,还得益于中国经济的新发展模式"。

中国社会科学院数量经济与技术经济研究所所长李雪松解释道,我国"十四五"发展规划纲要中明确提出,着力构建以国内大循环为主体、国内国际双循环相互促进的新发展格局,是我国作为长远发展的一项重大战略任务。为了构

建新发展格局,需要在创新方面加力。

中国国际经济交流中心常务副理事长张晓强认为,疫情后"中国在维护全球产业链供应链稳定、促进经济复苏和开放型世界经济发展方面的重要引擎地位也进一步凸显"。构建以国内循环为主体、国内与国际双循环相互促进的新发展格局,需要实现更高起点的对外开放,"推动更高水平开放,更深度融入全球","向国际社会清晰表明中国在构建后疫情时代的共同未来中的责任担当"。

新加坡国立大学东亚研究所所长郝福满认为,今年恰逢中国第十四个五年计划的开局元年,"十四五"规划是新中国迈向2049年成立100周年制订的首个五年计划,也是实现2035年远景目标的第一阶段,对中国和全世界均有重要意义。在"十四五"规划中,中国有两个重要抓手,一是"双循环",一是"共同富裕"。对此,中国可通过创新解决收入不平等问题,更好地兼顾发展与平衡。在此基础上,他预测,中国"十四五"期间经济仍将强劲增长,为世界提供新发展机遇。

香港中文大学(深圳)校长讲座教授郑永年提出,"循环"背后存在一整套规则,而规则的统一能够大幅提高劳动生产率。中国应该通过内循环实现内部规则的统一化,然后在与国际接轨的基础上,实现中国规则"走出去",实现中国经济与区域经济的可持续发展。

香港中文大学蓝饶富暨蓝凯丽经济学讲座教授刘遵义认为,中国"内循环"的做法对其他一些亚洲经济体将产生一定示范效应,也会迫使中国加大创新力度。

三、聚焦人类命运共同体,构建互信合作的多彩文明

当前世界全球化和逆全球化趋势并存,全球治理体系的不稳定、不确定性突出,公共卫生、气候变化、网络安全等非传统安全风险层出不穷,成为与会学者讨论当代中国的重要前提与背景。不少中国学者指出,人类命运共同体是中国面对今日全球乱象所提出的最具代表性理念,是回答"建设一个什么样的世界、如何建设这个世界"的时代之问的中国方案。与会海外专家学者则从文明交流、区域合作、生态保护等多重视角对这一概念展开解读。

巴基斯坦穆斯林研究所所长萨赫巴扎达·艾哈迈德·阿里分析指出,探寻

共同体建设的最佳方法及其对个人和社会福祉的影响,是全球人类面临的共同社会问题。俄罗斯外交与国防政策委员会主席费奥多尔·卢基扬诺夫则指出,在非普世的世界里要实现国际关系和谐面临诸多挑战,而这些挑战又因为新冠疫情被凸显和放大了。西班牙瓦伦西亚大学教授安文龙认为,人类命运共同体在一个日益扁平化的世界中扮演着非常重要的作用,"只有通过寻求区域空间和文明之间更多的相互了解,我们才能建设这样一个命运共同体"。匈牙利国家发展部前部长陶马什·拉兹洛·费莱基也提出,接受文明的多样性是全球化履行其"人类共享未来共同体"的必要前提。

南非国家行政学院院长布萨尼·恩格卡维尼提出,"人类命运共同体的建设从国家建设开始,而国家建设从建设包容性的政府开始。……建立一个多边主义和国际治理体系支持下的人类命运共同体,可以帮助我们解决世界性的问题"。韩国东西大学中国研究所所长辛正承认为,人类命运共同体理念是中国提出的全球治理方案……也是中国对全球治理的愿景。构建命运共同体是中国参与全球治理的重要途径,中国将在全球治理网络中发挥更加积极的作用。捷克科学院全球化研究中心主任胡北思则评价说,"中国的'一带一路'倡议,使全球的互动交流上到一个新台阶,也为构建人类命运共同体起到了推动作用。'一带一路'倡议极大地推动了减贫、扶贫和消除贫困的进程"。

阿根廷拉普拉塔国立大学国际关系学院中国研究中心主任司芙兰说,"人类命运共同体完全体现了人文主义的思想。……中国有新的理论框架,为人文主义赋予新的维度,人不再是世界的中心,而是要和自然和谐相处"。

清华大学"一带一路"研究院巴基斯坦籍研究员明竺,则代表与会青年学者阐述了全球治理中的青年作为,她从自身经历出发论述了构建命运共同体与跨文化外交的关系。她坦言,作为"中国崛起和中国全球化的见证者","利用新的方法更好地理解中国的模式","通过中国了解人类命运共同体,并且找到一种新的方法来了解中国、学习中国"。

开幕式致辞

中共上海市委副书记、上海市市长龚正致辞

尊敬的蒋建国副部长,各位嘉宾,女士们、先生们:

大家下午好!

在这美好的时节,很高兴和大家共同出席"第九届世界中国学论坛"。我谨代表中共上海市委、上海市人民政府对论坛的召开表示热烈祝贺!向出席论坛的国内外嘉宾表示诚挚的欢迎!

作为国际中国学研究的高端学术平台,"世界中国学论坛"已经成为推动中国学研究和中外闻名的、交流互鉴的重要平台。今年是中国共产党成立一百周年,本届论坛以"中国共产党·中国·世界"为主题,邀请海内外专家学者相聚在中国共产党的诞生地和初心始发地,从政治、经济、社会、文化以及国际关系等多个视角回顾中国共产党百年奋斗的历程,深入探讨其对中国和世界发展的重大意义,这是向世界宣传、阐释中国共产党的具体行动,是讲好中国故事、传播中国声音的务实举措,相信必将成为一场思想交流、智慧碰撞、互鉴共进的精彩盛会。

历史是最好的教科书。100年来中国共产党领导中国人民开辟的伟大道路、创造的伟大事业、取得的伟大成就,深刻改变了近代以后中华民族的发展方向和进程,深刻改变了中国人民的前途和命运,深刻改变了世界发展的趋势和格局。特别是中国共产党团结带领全国各族人民接续努力,实现了第一个百年奋斗目标,在中华大地上全面建成了小康社会,创造了人类有史以来规模最大、惠及人口最多的减贫奇迹。这在中华民族发展史、人类社会进步史上都是令人震撼的伟大壮举。没有共产党就没有新中国,就没有中华民族的伟大复兴。这是中国人民根据中国革命建设的历史经验得出的最基本、最重要的结论,是我们每个中国人基于切身体会确认的深刻共识。

各位嘉宾,女士们先生们,100年来从石库门到天安门,从兴业路到复兴路,中国共产党深刻改变了中国,也深刻改变了上海这座城市。在中国共产党的坚

强领导下,昔日社会动荡、经济萧条、民生凋敝的旧上海,"蝶变"为改革开放的前沿阵地,和谐宜居的幸福家园;建设成为国际经济、贸易金融、航运中心,形成具有全球影响力的科技创新中心的基本框架;正以社会主义现代化国际大都市的昂扬姿态位列于世界东方。上海发生的翻天覆地的历史性变化,是中国共产党百年光辉历程的生动缩影,是中国实现从站起来、富起来到强起来的伟大飞跃的生动写照。我们现在所处的陆家嘴地区,从一片农田发展成为中外闻名的现代化金融贸易集聚区;我们身边的这条黄浦江,从过去烟囱林立的工业"锈带"演变成为今天生态宜居的生活"秀带"。

作为论坛的主办方之一,我们非常希望国际学术界通过上海这一重要窗口更好地认识和研究中国,更好地了解中国共产党为什么能、马克思主义为什么行、中国特色社会主义为什么好。同时,我们也将进一步创造良好的研究环境,促进中外学者的沟通与合作,从而创作出更多高价值的学术成果,努力使上海成为具有全球影响力的中国学研究中心。

各位嘉宾,女士们、先生们,中国共产党矢志于中华民族的千秋伟业,百年恰似风华正茂。站在新的历史起点上,我们要坚持以习近平新时代中国特色社会主义思想为指导,深入贯彻学习习近平总书记"七一"重要讲话精神和对上海工作的重要指示要求,胸怀"两个大局",牢记"国之大者",科学把握新发展阶段,坚决贯彻新发展理念,服务融入新发展格局,坚定不移地走解放思想、深化改革之路;走面向世界、扩大开放之路;走打破常规、创造突破之路,努力创造无愧于党、无愧于人民、无愧于时代的新业绩。我们也坚信,创造了百年辉煌的中国共产党,必将带领一个改革不停顿、改革不止步的中国,继续为世界未来发展提供更多的新机遇,注入更多的新动力。我们坚信,在中国共产党的坚强领导下,在新时代中国发展的壮阔征程上,上海一定能够创造出令世界刮目相看的新契机,一定能展现出建设社会主义现代化国家的新气象。我们也真诚地期待更多的海内外朋友来上海成就梦想、共创未来。

最后,祝本届论坛圆满成功。祝各位嘉宾工作顺利、生活愉快。谢谢大家!

大会演讲

让中国学研究跟上中国前进的脚步

中共中央宣传部副部长　蒋建国

女士们,先生们,朋友们:

在中国共产党诞生百年时节,我们相聚上海,以"中国共产党·中国·世界"为主题,举办第九届世界中国学论坛,具有十分特殊的重要意义!

一百多年前中国人民拯救民族危亡之时,迫切需要新的思想引领救亡运动,迫切需要新的组织凝聚革命力量。十月革命一声炮响,给中国送来了马克思列宁主义;在马克思列宁主义同中国工人运动的紧密结合中,中国共产党应运而生,在上海诞生了!

一百年来,中国共产党团结带领中国人民,坚守初心使命,以大无畏气概,开辟了伟大道路,创造了伟大事业,取得了伟大成就,铸就了伟大精神,书写了中华民族几千年历史上最恢宏的史诗。今日之中国,呈现出一派欣欣向荣的气象,正以不可阻挡的步伐迈向伟大复兴。天翻地覆慨而慷,人间正道是沧桑。中国共产党百年奋斗建立的不朽功勋,必将载入中华民族发展史册、人类文明发展史册。

中国共产党为什么能,中国特色社会主义为什么好,马克思主义为什么行,已经成为国际社会广泛关注、探索思考的重要课题。坚持实事求是,实现经世致用,始终是中国学术的宝贵传统,也是中国学研究应当遵循的基本原则。唯有从中国共产党百年奋斗的壮阔历程、不朽功业、伟大精神中,方能求得中国共产党为什么能够成功、怎样才能继续成功的规律,从而发挥学术研究鉴往知今、资治济世的重要作用,更好地为当今全球治理提供有益启示,为人类美好未来提供思想启迪。

习近平总书记指出,要读懂今天的中国,必须读懂中国共产党。我感到,中国学研究,聚焦中国共产党五个方面事实至关重要。

一是始终肩负民族复兴的历史使命。一百年来,中国共产党带领中国人民,相继创造了新民主主义革命、社会主义革命和建设、改革开放和社会主义现代化建设、新时代中国特色社会主义的伟大成就,中华民族迎来了从站起来、富起来到强起来的伟大飞跃。中国共产党团结带领人民进行的一切奋斗、一切牺牲、一切创造,归结起来就是一个主题:实现中华民族伟大复兴。中国学研究,只有从"民族复兴"这个主题切入,才能真正把握波澜壮阔的中国近现代史,更好地探寻中国人民不屈斗争的动力源泉,感悟中国共产党百年奋斗的初心使命。

二是坚持和发展中国特色社会主义。走自己的路,是中国共产党的全部理论和实践立足点。中国特色社会主义是中国共产党和中国人民历经千辛万苦、付出巨大代价取得的根本成就,是实现中华民族伟大复兴的正确道路。坚持和发展中国特色社会主义,创造了中国式现代化新道路,创造了人类文明新形态。今天,中国特色社会主义展现出强大生命力和巨大优越性,中国将在这条道路上昂首阔步走下去,把中国发展进步的命运牢牢掌握在自己手中。中国学研究,只有在"中国特色社会主义"上着力,才能更好地用中国事实,展示"道路决定命运"的历史规律。

三是自觉恪守人民至上、生命至上。中国共产党根基在人民、血脉在人民、力量在人民。中国共产党始终代表最广大人民根本利益,与人民休戚与共、生死相依,没有任何自己的特殊利益。坚持全心全意为人民服务,发展全过程人民民主,维护社会公平正义,努力推动人的全面发展、全体人民共同富裕。打赢脱贫攻坚硬仗,历史性地解决了绝对贫困问题,全面建成了小康社会。坚持"生命至上",取得了抗击新冠疫情斗争决定性胜利。中国学研究,只有从"人民至上"这个角度入手,才能更好地探寻中国共产党长期执政的密码,理解中国人民众志成城、无往不胜的力量。

四是致力于构建人类命运共同体。中国共产党是为中国人民谋幸福的政党,也是为人类事业进步而奋斗的政党。中国共产党始终把为人类作出新的更大贡献作为自己的使命,始终站在历史正确和人类进步事业的一边,坚持走和平发展道路,推动建设新型国际关系,推动共建"一带一路"高质量发展,以中国的新发展为世界提供新机遇。中国学研究,只有从中国共产党对于"人类命运共同体"的孜孜追求中,才能更好地体悟中华文化天下太平、共享大同的理念,感受中华民族海纳百川、包容开放的气度,理解中国在国际关系和国际事务上的务实主张和积极担当。

五是注重自我革新、保持生机活力。中国共产党走过百年征程而风华正茂,历经千锤百炼而朝气蓬勃,一个重要的原因就是始终坚持党要管党、全面从严治党,不断应对好自身在各个历史时期面临的风险考验。特别是党的十八大以来,坚持刀刃向内,坚决清除一切影响党的先进性和纯洁性的因素,持之以恒正风反腐,有效凝聚了党心民心,有力提升了党的形象和威信。中国学研究,只有重点关注"自我革新"这个关键词,才能真正理解中国共产党历久弥新的根本原因,理解新时代中国共产党建设新的伟大工程的重大意义,理解中国共产党赢得广泛拥护的民意基础。

中国学研究,有了这五个方面的事实作为基础,还需要洞察全球发展大势的宏观视野,需要秉持开放包容多元互鉴的发展眼光,舍弃"一元论""西方中心论"的路径依赖,放弃"历史终结""文明冲突"的冷战思维,摒弃基于意识形态对立的深刻偏见。只要以客观、理性、公正的科学精神进行中国学研究,就一定会取得许多崭新的、符合实际的、能够说服人的重要成果。

习近平总书记强调,我们希望世界变得更加美好,我们也有理由相信,世界会变得更加美好。建设美好世界,有赖于各种文明、各个民族、各个国家、各国人民的共同努力。世界中国学论坛,正是这种努力的重要方面。我期待,大家能在这次论坛上坦诚交流,碰撞思想,得出科学判断,提出建设性意见,让中国学研究跟上中国前进的脚步,为建设美好世界作出积极贡献。

预祝本次论坛取得圆满成功!谢谢大家!

中国正在逐步改变世界的大格局

塞尔维亚前总统　鲍里斯·塔迪奇

女士们、先生们：

我很荣幸参加第九届世界中国学论坛的开幕盛典并演讲。

邓小平在20世纪70年代提出"四个现代化"总目标时，世界未曾预料到中国会在21世纪重新定义"现代化"这一概念。今天，当我们谈论中国的现代化，我们不仅要谈论中国在各个层面迅速取得的成就，更要谈论其成为现代化的新全球标杆的现象。

2020年，中国共产党中央委员会全体会议在"十四五"规划中提出，到2035年基本实现社会主义现代化，此举为"现代化"一词赋予了新的内涵和意义。"十四五"规划提出，中国经济与科技实力将大幅跃升，城乡居民人均收入将迈上新台阶。规划还提出了全面建设社会主义现代化强国的愿景，这意味着社会主义本身或将迎来历史性变革。

当我们谈论中国的成功，自然可以罗列各种亮丽的数据和中国成就的例证，但是，在我看来，除此之外，更应指出的是中国正在逐步改变世界的大格局。

中国赋予了"现代化"新的内涵，为我们树立了榜样，而西方传统意义上的现代化因无法应对当代挑战，已使全世界停滞良久。换言之，尽管"现代化"这一理论、愿景和实践起源于西方，但我认为，变革已经到来，它将通过中国的意识形态与实践而重生、转型。毫不夸张地说，中国的现代化发展模式，实际上需要一个新的术语来定义。与今天中国的作为相比，"现代化"一词已显过时。具体来说，中国不仅在践行现代化，而且在克服西方式现代化的错误和流弊方面，走出了自己的创新之路。现代与繁荣的旧范式，正使所有人吞下苦果，而中国以身作则，为全世界上了一课。

西方世界的一大误解在于，他们认为中国应该为自己考虑，调整与西方的沟通，以达到西方式现代化的标准。这是谬见。中国应该调整自身，乃是为西方世界考虑,因为对"中国课"的误解将使西方而非中国受损。世界也应调整与中国的沟通,唯有勉力相向而行,才能实现互惠互利。西方在21世纪面临的挑战表明,现代化不等于西方化。因此,中国无需迎合西方世界,而应肩负起调整自我以更好助力世界的历史使命。

历史并没有终结。这句话在21世纪听来顺理成章。在当代全球性挑战面前,它也常被当作一个逻辑自洽,甚至是自我安慰的口号,但是它恰恰回避了西方现代化本身的问题。然而,历史的车轮滚滚向前,无论我们是否静默伫立在其去路上。中国没有沉默。全球新冠疫情足以证明,当全世界沉默时,中国在发声。西方错过了改造其主导意识形态的机会,在西方成就登峰造极之时,恰恰与转型之机失之交臂。遗憾的是,西方成就的巅峰并未成为让世界更美好的平台,反而进一步造成了社会不公和发展的不可持续。

另一方面,中国的做法恰好相反。我们在中国的现代化道路中,见证了对西方过错的纠正。而这不是中国第一次对外伸出援手,甚至我敢说,是拯救世界。比如,2008—2012年的全球经济危机时,不正是中国经济的持续高速增长,成为全球经济复苏的主要驱动力吗?中国贯彻邓小平的改革,使近8亿人摆脱绝对贫困,创造了他们的经济潜能,彻底改变了中国乃至全球市场的经济发展格局。如果没有这些,今天的人类又将会是怎样一番光景?

今天,若要了解中国,就要了解中国的现代化哲学。西方傲慢地认为,中国要通过竞争赶超自己。大错特错。中国正在改变现代化的本质,为了在当代世界繁荣发展,开辟一条自己的道路。中国的道路是自己开辟的,而不是因循旧路赶超。资本主义意识形态曾经风光无两,如今陷入困顿:受其苦者甚众,而赢家甚寡。时代在进步,人民却被抛下。中国没有呼应旧意识形态,而是对其进行了革命性改造。中国提醒我们,我们需要马克思主义。

因此,我在此想提出"和谐化"(harmonisation)这一新词。因为"现代化"一词在不同的文化中有不同的解读,容易引发新的误解。中国应当根据自身的成功向世界提出新的意识形态——和谐化的意识形态。

当今人类尚未充分准备好应对现有挑战。下面的例子可以反映当今文明荒谬的一面。截至目前,新冠疫情已经造成全球近2.4亿人感染,其中480万人丧生。谁也无法准确预测疫情的未来走势。最令人痛心疾首的是,全球各国在疫苗和急需的医疗设备的研究、生产和分配方面仍然缺乏团结与合作。与此同时,疫情重创世界经济,各国,无论贫富,均发生危机和大规模裁员。然而,全球顶级富豪却独善其身。2020年12月全球富豪榜单前十名者的财富总值，据乐施会（Oxfam）的分析，在疫情时逆势增长了5 000亿美元，达到1.12万亿美元。这一事实揭破了当前全球经济秩序的不可持续性、荒谬性和非人道性。

说到这里，让我们想到孔子的思想，他曾言"不患寡而患不均"。而这正是我们需要"和谐化"新全球观的原因，这是兼顾可持续与世界和平，而非仅仅追求发展的先决条件。中国的现代化道路，事实上，是其发展和社会现实所反映出的哲学与其传统的奇妙结合。我想说，儒家哲学是中国对当今发展的认识的一座里程碑，而和谐化正是其题中之义。今日中国提供的社会和谐化，是解决因发展不平衡而产生的全球性挑战，及其所导致的隔阂和冲突的良方。中国在高速发展的同时，也在留意避免上述这些后果。

中国在短短几十年内取得的发展成就，西方用了几个世纪才达成。并且，中国的发展表明，经济、文化、政治、社会和生态部门要同时发展。此外，我认为中国最重要的创新是从文明的角度看待发展。在中国现代化建设进程中，新型工业化、信息化、城镇化和农业现代化齐头并进。作为世界上人口第一大国的中国，其现代化的规模和速度前所未有，必将对世界产生深远影响。根据"两会"审议通过的未来5—15年的发展蓝图，中国将加快构建"双循环"的新发展格局：以国内大循环为主体，国内国际相互促进。

中国的现代化，是要统筹建设经济、政治、文化、社会、生态文明。不平衡的现代化进程会造成隔阂与冲突。经济增长未必能解决社会矛盾。相反，一些类型的增长恰恰引起了这些问题。中国拒绝上述类型的现代化道路。随着2020年GDP突破100万亿元（约合15.42万亿美元）大关，中国明确表示将在2021—2025年期间努力保持经济运行在合理区间，而不仅仅是追求数据上的光鲜。

尽管西方的现代化创造了前所未有的物质财富，但也造成了资源浪费和环境破坏。而中国的现代化追求人与自然的和谐相处。中国的现代化不仅注重经济生产力的大幅提升，也关注社会的全面进步。中国的现代化讲求以人为中心，迥异于西方以资本为第一驱动力和主导逻辑的模式。值得一提的是，以人为中心的现代化与马克思主义的最高理想和价值追求相吻合，其目标是造福人民，最终实现每个人的全面发展。

对于中国经济的爆炸式增长，世界已不再惊诧。如今引人惊诧的是中国公民日益增长和无处不在的爱国主义和明显的自豪感，而这不过是近代世界历史上前所未有的社会、技术和经济加速发展的自然结果。这种对祖国繁荣的新的普遍的自豪感,是加速发展的一个额外因素,在中国国内运行无碍。然而,在西方主导的世界中,它引起了疑虑,从而,它往往演变成对中国民族主义新现象的恐惧,西方将其视为中国渴望接管全球统治的潜在因素。

全球政治现状的荒谬之处在于,西方超级大国已担任全球领导者角色数个世纪,却不承认他国的领导权利。这种傲慢自大的立场导致了西方世界认为自己理所当然地扮演领导者的角色。一方面,我们不否认西方文明对世界整体发展作出了巨大贡献;另一方面,津津于此,才更显荒谬,因为世界也在全球和局部战争中经历了可怕的苦难,而新自由主义政治哲学和人类世界赖以运行的全球秩序也造成了社会经济发展的鸿沟。

每个国家都有权选择自己的现代化道路。中国的现代化模式给世界上那些既希望加快发展又希望保持独立自主的国家和民族提供了一个新的选项,并且为解决人类社会面临的问题贡献了中国智慧和中国方案。尽管如此,中国不仅要充分认识自己及其在现代世界中的角色,而且要承担起必要的世界现代化的责任。因为,今天,这种现代化已成为文明延续和发展的先决条件,有赖于中国,有赖于中国现代化的和谐性的关键方面。

谢谢大家!

世界中国学的未来发展趋势

中国社会科学院副院长 王灵桂

尊敬的蒋建国副部长,尊敬的杜占元局长,各位专家、各位嘉宾:

大家下午好!

上海是中国共产党的诞生地,是中国共产党的初心始发地,是伟大建党精神的起源地。今年是伟大的中国共产党100周年华诞。第九届世界中国学论坛选择上海作为主会场,以"中国共产党·中国·世界"作为主题进行研讨,可谓是恰逢其时、恰逢其地。在此,我谨向论坛的召开表示热烈祝贺!按照会议要求,下面我和大家分享三个方面的问题。

第一,世界中国学从未像今天这样成为国际显学。世界中国学作为各国专家学者政要关注和研究中国的学术领域,并非始于今日,但盛于今日。今天的中国和历史上的中国完全不同。新中国成立70多年来,中国共产党领导人民创造了实属罕见的经济发展奇迹和社会长期稳定奇迹,经过全党全国各族人民持续奋斗,我们实现了第一个百年奋斗目标,在中华大地上全面建成小康社会,历史性地解决了绝对贫困问题。中国的综合国力、国际地位和影响力显著提升,前所未有地走进世界舞台中央,前所未有地接近实现中华民族伟大复兴的目标,前所未有地具有实现这个目标的能力和信心,并正在谱写两大奇迹的新阶段的新篇章。中国共产党作为为中国人民谋幸福的政党,也是为人类进步事业而奋斗的政党,始终把为人类作出新的更大贡献作为自己的使命。习近平总书记着眼中国人民和世界人民的共同利益,围绕建设一个什么样的世界、如何建设这个世界等关乎人类前途的重大课题,高瞻远瞩地提出构建人类命运共同体重要理念,提出了回答时代之问的中国方案。

世界社会主义500年,从空想到科学、从理论到实践、从一国实践到多国发展,反映了人类对美好社会制度的执着追求,深刻改变着世界历史的前进轨迹,并显示出不断前进的磅礴力量。中国特色社会主义进入新时代,科学社会主义在21世纪中国焕发出的强大生机活力，为那些希望自力更生实现经济发展和现代化发展的国家提供了新的模式选择和道路借鉴。马克思、恩格斯曾经说，各民族的原始封闭状态由于日益完善的生产方式、交往方式以及因交往而自然形成的不同民族之间的分工消失越是彻底，历史也就越是成为世界历史。世界中国学成为当下国际显学的原理，和世界历史的成因是一致的。一个初心和使命矢志不渝，一个人均国民生产总值超过1万美元的庞大市场，一个对世界经济增长贡献率长期超过30%的充满活力的经济体，自然而然会成为世界各国关注和研究的重点。因此，超越国家、民族、文化、意识形态界限，坚守和平、发展、公平、正义、民主自由的全人类共同价值，推动构建人类命运共同体，高质量共建"一带一路"，实现共赢、共享等中国方案、中国智慧，自然成为世界各国探究解决全球发展问题和解决全球问题之道的重要的实践和理论源泉。

第二，世界中国学的研究内涵从未像今天这样丰富。世界中国学之所以得到国际学界和政界的高度重视，原因在于所有有识之士都在关注人类的明天；在于世界和中国已经越来越融为一体、密不可分；在于越来越多的中国实践、中国理念正在被国际社会所接受、所认同。其中，最有代表性的就是人类命运共同体的理念。当前世界多极化、经济全球化、社会信息化、文化多元化继续深入发展，全球治理体系和国际秩序变革加速推进，各国相互联系和依存日益加深，国际力量对比更趋平衡，和平发展大势不可逆转。但是治理赤字、信任赤字、和平赤字有增无减，公共卫生、气候变化、网络安全等非传统安全威胁持续蔓延，人类正处于挑战层出不穷、风险日益增多的时代，世界面临的不稳定、不确定性突出，逆全球化、单边主义、保护主义、霸权主义、霸凌主义对世界和平和发展构成了重大威胁。

面对全球乱象和有些国家的逆时代潮流之举，中国政府致力于建设持久和平、普遍安全、共同繁荣、开放包容、清洁美丽的世界。在全球层面，习近平总书记在多个重要场合分别提出构建网络命运共同体，打造核安全命运共同体，构建人类卫生健康共同体，构建人与自然生命共同体等倡议。地区层面，他分别提出打造周边命运共同体，建设亚洲命运共同体、构建亚太命运共同体、携手建设更为紧密的中国—东盟命运共同体，携手构建更为紧密的上合组织命运共同体，打造新时代更加紧密的中国—非洲命运共同体，打造中国—阿拉伯国家命运共同体，携手共建中国—拉丁美洲命运共同体等重大倡议。在双边层面，习近平总书记同世界各国领导人深入沟通、凝聚共识，形成了一系列构建中国同有关国家的命运共同体的联合共识。推动人类命运共同体之所以在不同的层面均受到积极认同，其原因就在于原则公认、方向一致，符合国际社会建立公正合理国际秩序的目标诉求。其确立的基本原则包括了150多年前《日内瓦公约》确立的国际人道主义精神，包括了70多年前《联合国宪章》明确的四大宗旨和七大原则，以及国际关系演变积累的一系列公认的原则。中国政府提出构建人类命运共同体理念后，会同国际社会从伙伴关系、安全格局、经济发展、生态建设等方面作出了不懈努力。中国坚持对话协商，致力于建设持久和平的世界，坚持共建共享，本着"帮一把"的理念，始终致力于建设一个普遍安全的世界，坚持合作共赢，始终致力于开放、包容、普惠、平衡、共赢的经济全球化，建设一个共同繁荣的世界，坚持交流互鉴，致力于消除现实文化壁垒，共同抵制妨碍人类心灵互动的观念，共同打破交往的精神藩篱。坚持绿色低碳，致力于建设一个清洁美丽的地球。也正是基于以上原因，构建人类命运共同体被多次写入联合国决议文件和联合国社会发展委员会、安理会、人权理事会等文件，以及相关的联合国安全协议、上海合作组织青岛峰会宣言，等等。世界中国学应该研究的内涵已经达到了史无前例的丰富和广博。

第三，中国社会科学院愿和各界一道为世界中国学研究作出我们的贡献。2021年5月31日，习近平总书记就新时代国际传播工作发表了重要讲话，这是我们做好世界中国学研究的重要指针和顶层设计。中国社会科学院将重点做好以下工作：

一是着力打造融通中外的新范畴、新表述，重点围绕构建人类命运共同体，"一带一路"倡议，人类文明新范式，全人类共同价值观和国家治理体系、治理能力现代化，全过程人民民主等原创性概念和理论进行提炼转化，努力在通俗化、大众化、国际化方面下功夫，形成易于接受的方式和载体。

二是向世界推介更多具有中国特色、体现中国精神、蕴藏中国智慧的优秀文化，加快形成学术话语、大众话语等转化并用的多元格局。讲清楚每个国家和民族的历史传统、文化积淀、基本国情，其发展道路一定会有着自己的特点和特色；讲清楚中华民族最深层的精神追求，是中华民族生生不息、发展壮大的丰厚滋养；讲清楚中华优秀传统文化是中华民族的突出优势，是我们最深厚的文化软实力；讲清楚中国特色社会主义植根于中华沃土，反映中国人民的意愿，适应中国和时代发展要求，有着深厚的历史渊源和广泛的现实基础。

三是通过多种渠道推动我国同各国的人文交流和民心相通，发挥自己的特色和优势,会同兄弟单位和海外力量融通上下,在亲和力上下大功夫、苦功夫、笨功夫,按照内外有别、外外有别的原则努力超越文化语言、意识形态、社会制度等障碍,在不同文明之间架起沟通的桥梁,把我们的话讲给外国人听,而且让他们听得懂、听得明白。通过国外受众乐于接受的方式更好地传播中国道路、中国制度、中国理念、中国文化,让中国观点变成世界语言,成为国际共识。

女士们、先生们,中国社会科学院历来注重开门办院、集思广益,历来注重通过各种平台传播中国的学术声音。近年来我们已经同社会各界连续举办了多届关于世界中国学和中国学的论坛,我们十分愿意把这方面的工作继续办好、办持久。在此,让我们携手并进、相向而行,努力把世界中国学发扬光大,努力打造世界了解中国的门户平台。最后预祝本届论坛圆满成功,谢谢大家!

中国与俄罗斯：
赶超还是坚持走自己的道路？

俄罗斯前副总理、深圳北理莫斯科大学第一副校长　谢尔盖·沙赫赖

尊敬的同事们：

首先，我要衷心感谢尊敬的组织者中国国务院新闻办公室、上海市人民政府邀请我参加如此有代表性的国际论坛。对我来说特别宝贵的是，有机会不仅与法律界同行，而且也能与经济、公共管理、社会政策、环境和文化领域的专家们一起讨论我们论坛的主题。我确信，正是通过不同科学、不同观点、不同想法的交流，我们不仅能够全面地考虑提出的问题，而且能够提出有益的解决办法。在有限的时间内，我将简要论述三方面的内容。我认为，这三点对思考中国与世界其他国家在当下与未来的关系尤为重要。但是我将同时谈论两个国家——中国和俄罗斯。我之所以采取这一做法，是因为我们两国与世界其他大国的关系，在历史上有许多共同之处，但我们常常以不同的方式处理相似的问题。我认为，这一"双重视角"将有助于更详细地介绍我的论点。

论点一：历史上，俄罗斯和中国在世界强国中占据着非常特殊的、让西方文明"不舒服"的位置。

根据经济历史学家安格斯·麦迪森（Angus Maddison）的计算，在19世纪中叶，中国在全球GDP中所占的份额几乎达到三分之一（32.9%）。学者乔纳森·埃卡特（Jonathan Eckart）也指出，中国在当时的世界GDP中占有最大份额。也就是说，中国曾是英国——这一西方工业化国家，而且是资本主义世界最富有的国家之一——无法"喜欢"的最大经济体。遏制中国成为英国殖民政策的方向之一。由于英国对中国所采取的敌对行动，鸦片战争爆发了。

在19世纪末和20世纪初，俄罗斯是发展最为活跃的国家。俄国经济的迅速发展和工业增长的迅速加快，与当时的政治家彼得·阿尔卡季耶维奇·斯托雷平（Pyotr Arkadyevich Stolypin，俄罗斯帝国历史上最年轻的总理）和谢尔

盖·尤里耶维奇·维特(Sergei Yulyevich Witte)的贡献密不可分。西方文明的工业化国家并不"喜欢"这一点。俄罗斯被拖入第一次世界大战。随着第一次世界大战的结束,俄罗斯帝国解体。

19世纪和20世纪以来,西方试图遏制俄罗斯和中国的情况一再发生。每当俄罗斯或中国以自己的迅速发展的势头开始"激怒"西方政府时,就有人试图通过对我们发动武装冲突或将我们拖入更大规模的战争来阻止我们。这是众所周知的帝国主义"招牌作风"——是以使用军事力量进行各种形式的对外政治扩张和消灭强大的经济对手国为基础的国家政策。不幸的是,俄中两国都没能避免破坏性的、血腥的内战。每次从接连发生的、可悲的战争中退出后,俄罗斯和中国都面临着要么"按西方制定的规则"逐步赶超西方,要么走自己特殊发展道路的选择。这总是意味着必须在各种内政外交的压力下实现社会和经济的现代化。在这种情况下,大规模的经济改革也总是需要政治意愿和政治权力的集中。在外部环境不友好的条件下,只有在强大的国家权力和与之相适应的政治制度的庇护下才有可能发展。

中华人民共和国找到了自己的特殊道路,正在成功地践行中国特色社会主义发展模式。在中国——政治制度在意识形态上是合理而协调的。一个世纪前成立的中国共产党,70多年来一直自信而有效地领导着这个大国的发展。脱离社会主义道路的俄罗斯,至今还没有制定出其特殊道路的具体意识形态模式。但过去四分之一世纪的历史经验与政治实践表明,俄罗斯实际上正在实施"社会保守主义"的俄罗斯模式。大家都知道,这种模式的特点是社会导向的市场经济、注重人民福利和人口增长、支持保守的价值观,包括对历史传统和民族文化的保护。在俄罗斯,强大的总统权力和国家领导人崇高的个人权威是这些特征的补充。

目前,中俄两国拒绝按美国的规则行事,继续自主发展,走自己的特殊道路。我们再次看到,美国领导下的西方企图将世界各国分为"对"和"错",试图领导一场反对"专制"政权的民主"十字军东征"。国际社会再一次被人为地置于非黑即白的选择之下:要么你和美国站在一起支持"民主",要么与中国和俄罗斯站在一起,反对"民主",没有第三个选项。美国及其盟国以这种方式提出问题本身,就是为了转移人们对以下事实的注意:俄罗斯和中国的人民主权发展机制比西方所谓的"真正的民主"拥有更为深刻的根基。中国战胜了绝对贫困,取得了前所未有的经济成就。而美国关于作为"真正民主的西方、美国制度"的组成部分的、更富有效率的经济模式的论据则被否定了。因此,可以而且应该说,走自己的独特道路,将帮助中俄两国不仅赶上西方国家,而且在文明的历史转折中成功超越它们。现在也是时候找寻一条发展俄中双边关系的特殊道路了。但这是另一个单独的话题,我们可以在近期来讨论!

我的第二个论点是:关于官僚主义和寻找提高俄中合作效率的方法。我想根据我们两国官员的管理心态,提出一个有点不同寻常的办法。我在正面意义上使用"官僚主义"(Bureaucratism)这个词。

众所周知,在历史上,俄罗斯和中国的央地政府关系都是非常垂直的。从好的角度来说,它们都是很官僚化的国家。然而,只要国家机器中广大的中高级管理层对这种或那种经济和贸易转型不感兴趣,就会一事无成。俄罗斯和中国的政府官员们应是发展经济纽带和具体经济项目的盟友,而不应是障碍物或刹车器。

如何来实现?我认为要建立四个中俄国家间委员会:经济贸易,科教发展,数字社会、人工智能和网络安全系统的共同发展,最后,第四——文化艺术、文明对话。上述委员会的部署(包括效率指标、规划、向两国最高领导人报告的机制等),可以推动俄中两国人文和社会经济关系,在相当短的时间内以最低的预算达到新的水平。

第三个论点:我想特别指出的是高级管理精英的素质。现代国家要取得成功,仅靠高级技术官僚、经济学家、经理人和金融家来及时充实管理梯队是不够的。要有效地管理现代国家,首先必须建立具有最高法学素养的专家水平的管理层。

专家水平意味着什么?一方面,他们必须是能够在全面分析形势和外国立法与组织、处置经验的基础上,制定并提出具有社会经济意义的解决办法的专家;另一方面,在一定条件下,对他们的高水平培养,对于与西方国家的政治精英进行平等对话是必要的。

这里要提醒大家注意的是,与苏联和现在的俄罗斯传统不同,在美国和其他西方国家,大多数高级官员都有法律背景。他们在西方国家的经济和国家政治机制中占据许多关键职位,占绝对优势。例如,在46位美国总统中,有27位是律师出身,如托马斯·杰斐逊(Thomas Jefferson)、亚伯拉罕·林肯(Abraham Lincoln)、富兰克林·罗斯福(Franklin Roosevelt)、哈里·杜鲁门(Harry Truman)、理查德·尼克松(Richard Nixon)、比尔·克林顿(Bill Clinton)、巴拉克·奥巴马(Barack Obama)、乔·拜登(Joe Biden)。绝大多数美国副总统都曾与法学有直接关系。现任美国副总统贺锦丽(Kamala Harris)也拥有法学博士学位,并曾担任加州总检察长。这似乎是合乎规律的,因为全世界法律工作者总数中几乎有近三分之二的人在美国工作。

俄罗斯总统普京(Vladimir Putin)是法学专业出身。俄罗斯前总统和总理德米特里·梅德韦杰夫(Dmitry Medvedev)也是一名职业法律工作者。其他许多重要领导人受过法学教育,是俄罗斯法律工作者协会会员。俄罗斯现任总理米哈伊尔·米舒斯京(Mikhail Mishustin)在国内建立了一个以现代立法和数字技术为基础的非常有效的税收制度。也就是说,我们的领导人不仅了解有效的法律调整对国家迅速现代化的重要性,而且还精通法律技术——应该如何安排需要的法律,如何快速制定和实施法律。

如诸位所知,在武术格斗中重要的是感知对手并"读出"(see through)对手的行动。因此,对领导精英进行高质量的法律培训非常重要,因为这将有助于更好地了解我们的西方合作伙伴。2020年年底成立的深圳北理莫斯科大学中俄法学比较研究中心(The Sino-Russia Center for Comparative Law established by the Shenzhen MSU-BIT University)将为这项工作作出贡献。该中心汇集最高级别的专家,他们在为我们国家、地区和企业领导人提供建议方面具有丰富的经验。

谢谢倾听!

在人类文明发展的大视角下
理解中国思考世界

中国外文局局长 杜占元

尊敬的蒋建国副部长,各位专家,各位朋友:

今年恰逢中国共产党成立100周年,中外名家在中国共产党诞生地以"中国共产党·中国·世界"为主题,从政治、经济、文化、社会、国际关系等多角度探讨中国与世界的未来发展,意义特殊而重大。

近年来,中国学正在世界范围内日益引起高度重视,虽然研究的对象是中国,但其意义和价值不限于中国。习近平总书记多次指出,让世界更好认识中国、了解中国,需要深入理解中华文明。从文化与文明角度来看,我们今天相聚于此不仅是在探究中国的历史、现实与未来,也是在以中国为样本探求世界发展的一般规律,推动中国与世界交融发展、共同进步。随着中国不断走向世界舞台的中心,我们更加需要在人类文明发展的大视角下,从更多的维度更好地理解中国、思考世界。

读懂当今世界,需要在浩浩荡荡的文明进程中综观百年变局。在新冠疫情等多重因素影响下,世界格局在不确定与不稳定中加速演变,人类发展之路似乎更加扑朔迷离。世界向何去?越来越引发关注。面对百年未有之大变局,如果以更宽广的视野,纵观悠久的人类文明史,我们可以看到,遭遇问题、解决问题正是人类文明螺旋式上升与发展的必然过程。今天,赫拉利在《人类简史》中描绘的人类文明不断演进的趋势并没有停止,更没有逆转。也应该看到,正因为全人类面临着许多需要共同解决的难题,才让我们的共同福祉更加明晰,团结合作更为紧密,才让和平发展、公平正义、民主自由的全人类共同价值更加彰显,携手构建人类命运共同体的方向更加坚定。

读懂当代中国,需要在继往开来的文化传承当中理解民族复兴。中华文明是在中国大地上产生的文明,也是和其他文明不断交流互鉴而形成的文明。中华文明具有自强不息、厚德载物的特质。在数千年发展中,中国成为不断吸收、借鉴外来文化成果的大熔炉,呈现出互学互鉴、开放包容的文化景象。同时,中华文化蕴含着天下为公的思想,以和为贵、仁者爱人、推己及人等理念在中国代代相传,在中国人心中深深烙印。文化根基决定了,中华民族的复兴之路,是和平发展之路、互利共赢之路,是同各国人民一同追求幸福、走向繁荣的康庄之路。一些人所谓的中国国强必霸的逻辑是不成立的。根本原因就是中国人的血脉中没有称王称霸的基因。正如16世纪法国大作家米凯莱·戴·蒙泰涅所说的,中国的历史告诉我们,世界该是多么辽阔而变化无穷,无论是我们的前人,还是我们自己都没有彻底了解它。

读懂百年大党,需要在一以贯之的执政理念当中探究其治国之道。中国共产党从诞生之日起就始终坚持人民至上、以民为本的执政理念,和中华文明史历代先贤推崇的重民、安民的民本思想一脉相承,也是对"人民群众是历史的创造者"的马克思主义唯物史观的自觉践行。今天,中国共产党将习近平新时代中国特色社会主义思想写在自己的旗帜上。这一思想吸收了中华优秀传统文化中的治理智慧,坚持把人民对美好生活的向往作为奋斗目标,以人民至上作为价值追求,呈现出当代中国马克思主义的鲜明特色。根基在人民,血脉在人民,力量在人民,这正是中国共产党历经百年风雨而风华正茂的秘诀所在,也将为中国建设社会主义现代化强国奠定坚实基础,输出不竭动力。

朋友们,近代以来中国在寻求民族复兴的道路上,吸收借鉴了包括马克思主义在内的许多西方文明的优秀成果。今天东西方文化的互学互鉴对人类文明发展具有更加重要的意义。中国外文局当代中国与世界研究院近年来持续发布的《中国国家形象全球调查报告》显示,对中华文化产生兴趣,想来中国走一走、看一看的外国朋友越来越多。高达80%的海外受访者体验过中国饮食文化,高达81%的受访者对中医药文化持有较好印象,近一半的受访者在未来3年内都有到访中国的计划。这充分反映出各国人民之间相互了解的迫切愿望和不同文明间与生俱来的吸引力。

优秀文化是人类共同的语言,是构建人类命运共同体的牢固基石。只有顺应时代潮流加强文明交流互鉴,才能拨开隔阂和偏见的迷雾,从不同文明当中寻求智慧、汲取营养,携手解决人类共同面临的各种挑战,开创共同发展的美好未来。

积极的文明交流互鉴需要保持平等相待的姿态。三人行必有我师。世界文明没有高下优劣之分,只有特色地域之别,各文明之间形态有差异但价值上是平等的,只有坚持平视的角度、谦和的态度才能结成互学共建的发展伙伴,才能真正体会各种文明的精华和真谛。

积极的文明交流互鉴需要心怀成己达人的心态。推动文明交流互鉴需要更多站在对方的角度,以包容心态认识、理解文明的丰富性和多样性,做到相互尊重、合作共赢,各美其美,美美与共。

积极的文明交流互鉴需要打造互学互鉴的常态,在数字化、全球化的时代我们有更多路径和方式推动跨国界、跨时空、跨文明的交流互鉴,消除矛盾与冲突,实现文化上的融合和创新,强化对人类命运共同体的认同。

朋友们,中国外文局是致力于推动中华文化走出去和中外文明交流互鉴的综合性国际传播机构。我们期待和国内外各界机构和各位嘉宾深入交流、深化合作,为文明之间的交流互鉴打造平台、拓展空间,使其更好地发挥在增进各国人民友谊、推动经济社会进步、维护和平发展环境方面的桥梁纽带作用,为构建人类命运共同体、携手建设更加美好的世界贡献智慧和力量。

预祝本次大会取得圆满成功,谢谢大家!

文化在中国未来可持续发展中的作用

联合国教科文组织驻北京办事处主任兼代表　夏泽翰

尊敬的各位来宾,女士们,先生们:

大家好!

很荣幸代表联合国教科文组织(UNESCO)参加第九届世界中国学论坛。感谢中国国务院新闻办公室和上海市人民政府,携手上海市人民政府新闻办公室和上海社会科学院共同举办此次论坛。值此论坛召开之际,我们将从政治、经济和文化角度共商中国未来发展之大计。

众所周知,中国拥有丰富多彩的世界遗产,标志性的长城、丝绸之路、令人叹为观止的福建圆形土楼和莫高窟石刻造像等不胜枚举。目前,中国的世界遗产已达56项,其中文化遗产38处,自然遗产14处,世界文化与自然双重遗产4处。一直以来,中国是教科文组织的重要合作伙伴,为保护文化与自然遗产作出了卓越的贡献。2021年7月,中国在福州举办了第44届世界遗产委员会会议(世界遗产大会),重申中国对开展国际合作、推动不同文化交流与对话的坚定立场。在此,感谢中国为筹备福州世界遗产大会付出的辛勤努力,以及为支持教科文组织倡议所采取的各项行动。

除了众多列入教科文组织世界遗产名录的文化、自然和双遗产外,中国还有42个非物质文化遗产项目、34个世界生物圈保护区和41个世界地质公园。2004年成立的联合国教科文组织创意城市网络(UCCN),旨在推动全球城市内部和城市之间的国际合作,利用文化创意"撬动"城市可持续发展。目前,中国已有14座创意城市,取得了突出的成就。且中国积极响应教科文组织的号召,为保护世界遗产及其文化和生物多样性,采取了意义深远且利于可持续发展的行动。

自2015年通过《联合国2030年可持续发展议程》以来,该议程已成为全球各国的发展行动指南。文化与可持续发展可谓是唇齿相依。创意经济现已成为全球增速最快的行业之一。全球年产值约为4.3万亿美元,为全球创造2.25万亿美元的年收入和近3 000万个工作岗位,雇用的18—25岁群体人数在各行业中遥遥领先。

现如今,文化在可持续发展中扮演的关键角色越发得到认可。《联合国2030年可持续发展议程》首次承认了文化对可持续发展的促进和交互作用,"可持续发展目标11"强调"建设包容、安全、有抵御灾害能力和可持续的城市和人类住区",其中细分目标11.4呼吁"进一步努力保护和捍卫世界文化和自然遗产"。

作为唯一肩负文化使命的联合国机构,教科文组织坚信,文化在可持续发展的经济、社会和环境层面扮演着赋能与驱动的双重角色。为贯彻17个可持续发展目标,教科文组织提出了一系列方法以认识、发挥及深化文化变革,以此推动创意解决方案的制定。从该组织的实践可以见到,在保护和发扬文化的同时,促进了许多可持续发展目标的实现,譬如城市的安全和可持续发展,就业和经济的稳定增长,不平等现象的减少,环境保护、性别平等、和平与包容工作的逐步推进。

推进文化旅游是中国文化和旅游部由脱贫攻坚迈向乡村振兴的一项工作重点。中国"十四五"规划表明,脱贫摘帽不是终点,而是迈向乡村振兴的起点。乡村振兴可将文化培育为一种新典范,使之成为可持续发展的驱动力。合理发挥文化旅游政策可以刺激就业、创造收入并为当地农村赋能,这也是缩小城乡差距、解决城乡人口迁移问题的途径。

中国坐拥全世界最大的旅游市场之一,文化旅游正日益成为遗产保护和可持续发展的突出议题。

——教科文组织在中国认定的大部分世界遗产均已发展成为热门旅游目的地。2019年,中国有3.88亿人次参观了文化与自然遗产,占国内游客总数的6.52%。

——据中国旅游研究院预测,2021年中国国内旅游人数将达到41亿人次,为GDP贡献3.3万亿元。

与此同时,在遗产保护和遗产资源利用之间取得恰当的平衡至关重要。各遗产所在地应对旅游规划和遗产管理加以整合,重视并保护自然和文化资源,同时适当发展旅游业。未来几年,教科文组织驻北京办事处将在工作中遵循这一思路,大力开展对话与协作。

我谨代表教科文组织，再次感谢论坛主办方中国国务院新闻办公室和上海市人民政府。借此机会，我们共襄盛举，从多重维度探讨中国未来发展的广阔机遇。祝愿第九届世界中国学论坛取得圆满成功！

　　谢谢大家！

世界经济形势变化与中国新发展格局构建

中国国际经济交流中心常务副理事长、执行局主任　张晓强

尊敬的蒋部长，朋友们：

大家下午好！

很高兴有机会和大家就世界经济形势和中国的未来发展分享一些体会和看法。

世界正经历百年未有之大变局。新冠疫情全球大流行使这个大变局加速变化。新冠疫情发生一年多来，全球经济遭受自"大萧条"(1929—1933年)以来最严重的衰退，经历了从停摆到重启的过程。但是目前我们仍面临病毒变异、疫苗分配不均衡、贸易保护主义等风险。在此背景下全球经济复苏的不确定性增加，分化显著。10月份国际货币基金组织最新预测全年全球经济增长5.9%，其中发达经济体为5.3%，新兴市场和发展中经济体为6.4%，而低收入发展中国家仅为3%，中国则为8%。今天中国统计局刚刚公布了今年前三季度中国GDP同比增长9.8%，居民收入实际增长9.7%。世界贸易组织预测，今年全球货物贸易增长10.8%，1—9月中国外贸进出口同比增长约33%，达到43 700亿美元。我们对今年实现6%以上的增长及各项主要发展目标有充分信心，同时中国在维护全球产业链供应链稳定、促进经济复苏和开放型世界经济发展方面的重要引擎地位也进一步凸显。

9月21日，习近平主席在第76届联大发表重要讲话，详细阐述了一系列中国倡议。从全球抗疫积极合作，推动实现更强劲、绿色、健康的全球发展，到坚持以人民为中心、坚持普惠包容、坚持创新驱动等回应时代课题，向国际社会清晰表明中国在构建后疫情时代的共同未来中的责任担当。关于中国未来的发展趋势，由于时间关系，我仅就绿色发展和数字化转型，和各位朋友分享一些体会。

第一，关于绿色发展。作为世界能源生产和消费的第一大国，中国2020年

一次能源消费为49.8亿吨标准煤,占世界能源消费总量的26.1%。2020年9月,习近平主席提出,中国将力争在2030年前实现碳达峰、2060年前实现碳中和的"双碳"目标,并指出这是着力解决资源环境约束突出问题、实现中华民族永续发展的必然选择,也是构建人类命运共同体的庄严承诺。习近平主席提出,到2030年中国的风电和光伏发电装机要从去年底的5.3亿千瓦达到12亿千瓦以上;非化石能源占一次能源消费的比重要从去年的15.8%上升到25%左右;中国在"十四五"规划当中对单位能耗和单位GDP二氧化碳排放分别列出了累计降低13.5%和18%的约束性指标。

目前,中国能源结构煤炭占比高达56.8%,远高于世界约27%的平均水平。由此造成中国的二氧化碳排放占全球的比重约30%。中国的产业结构偏重,比如去年中国生产粗钢10.6亿吨,占世界的一半。水泥、有色金属和化工等高能耗产业也有很大的规模。为此,根据习近平主席的指示精神,中国国家发改委等有关部门正在抓紧制定到2030年的碳达峰行动方案。中国要实现能源的绿色低碳转型,加快构建以新能源为主体的新型电力体系,要对钢铁、建材、化工等行业进行大规模改造升级,同时在建筑节能、交通运输向低碳转型等多方面采取有力行动。

中国既要坚定不移地推动绿色发展,同时作为人口最多的发展中大国,发展是第一要务,我们还要确保经济社会发展和民生要求。要实现碳达峰是一项难度很大的复杂的系统工程。10月9日,李克强总理主持国家能源委会议时指出,"要科学有序推进实现'双碳'目标,必须付出长期艰苦卓绝的努力。要结合近期应对电力煤炭供需矛盾的情况,坚持全国一盘棋,坚持先立后破"。对于很多高能耗的行业和企业会有一些困难,但是这将开辟新能源新兴产业的巨大商机。关键在于如何把握机遇,迎难而上、乘势而上。同时我们也要深化改革,使有为政府和有效市场更好地有机结合。

第二,关于数字化转型。这是新一代信息技术突飞猛进发展创造的重大机遇。5G、大数据、云计算等在近几年取得了重大进展,为数字化发展奠定了重要的科技基础。去年以来,重大的疫情使交通运输、传统制造业遭遇重大打击,而以新一代数字技术为主要支撑的电子商务、远程医疗、远程办公、软件及信息服务等则逆势上扬。因此中国的"十四五"规划纲要明确要求加快数字化发展,建设"数字中国"。既要培养打造数字经济的新优势,也要加快数字社会的建设步伐,提高数字政府的建设水平,并营造良好的数字生态。

中国是世界电子信息产品最大的生产国和消费国。中国生产的电脑、智能终端、液晶彩电等占世界的70%以上。2020年中国数字经济规模约5.7万亿美元，占GDP比重38.6%，而且保持了9.7%的世界数字经济最高增速，位居世界前列。5G方面中国处于世界领先地位。至今年8月底5G已建成基站超过100万，连接的终端用户达到3.7亿，分别占全球的70%和80%。工业互联网、物联网正提速发展。9月下旬中国工信部会同有关部门发布了《物联网新型基础设施建设三年行动计划（2021—2023年）》，提出到2023年末物联网连接数将突破20亿，物联网和5G、人工智能等技术深度融合应用，取得产业化突破。这不仅将为传感器、芯片、软件、智能机器人创造大量需求，同时为智慧城市、智能交通、智慧农业、智慧健康等众多领域的发展，提供空前广阔的空间。

我们从集成电路的生产也能够看出这样一个大的趋势。通过连年快速增产，去年中国生产的集成电路达到2 600亿块，比上年增长近30%。在此基础上，今年1—9月中国集成电路生产了近2 700亿块，同比增长43%，超过了去年全年的产量。

从中国再看世界，可以说人类社会正进入以数字化生产为主要标志的全新历史阶段。数字化转型升级已经成为各国经济转型升级的战略抉择。产业升级、消费升级在中国这个人口最多的巨大市场，需求和前景极为光明。

最后，中国将继续致力于建设高水平开放型经济新体制，促进经济全球化的健康发展。在绿色发展、数字化转型升级、基础设施建设、传统产业改造、新兴产业发展等领域，全方位积极开展与世界各国形式多样的优势互补、互利共赢的务实合作，使中国的新发展为世界提供更多的新机遇，从而在构建人类命运共同体的进程当中迈出更坚实的步伐，为中国和世界人民创造更大的福祉。

谢谢大家！

中国的双循环战略:对中国和世界的影响

新加坡国立大学东亚研究所所长　郝福满

各位来宾,女士们,先生们:

我非常荣幸能够参加第九届世界中国学论坛。今天的主题围绕中国的"十四五"规划与世界经济来展开,这两个话题的重要性不言而喻。自新冠疫情暴发以来,中国是去年全球首个实现正增长的国家。今年恰逢中国第十四个五年计划的开局元年,对中国和全世界均有重要意义。

过去十年间,中国对全球经济增长的贡献超过了三分之一。根据预测,未来5年中国的增长贡献将势头不减。中国定下了未来15年实现GDP翻一番的宏伟目标,而这需要显著的总体增长做支撑,可以量化为约4.7%至4.8%的增长。中国已步入中等收入国家的行列。根据世界银行的统计数据,中国毫无疑问将很快跻身高收入国家。"十四五"规划是新中国迈向成立100周年制订的首个五年计划,也是实现2035年远景目标的第一阶段,可谓是吹响了出征的号角。

在"十四五"规划中,中国有两个重要抓手,它们对中国乃至全世界都具有重要意义。一是双循环,这是一个重要的新概念。第一个抓手,中国将在更大程度上依赖内需。其次,将更多地依赖国内供应链,尤其是重要的供应链。再次,将更多地依赖本土创新或自主创新。虽然当前复杂形势和中美关系僵局双重压力影响是中国采取这一转变的部分原因,但作为一个庞大的经济体,加大对内需及供应链的依赖乃是发展的必经阶段。我也希望中国更多地依赖于本土创新,这样一来,中国将为世界带来更多创新成果。这些创新及研发成果将会造福全世界,为世界进步贡献中国的力量。

第二个抓手是共同富裕。这是今年初提出的一个重要的新概念,随后一些政策讲话中多次引用。实际上,自1949年新中国成立以来,中国便始终着眼于实现共同富裕。2000年前后进行了市场经济体制改革,切实可行的社会主义市场经济体制得以建立,均衡发展的理念日益凸显。自习近平主席接任以来,更加贯彻了均衡发展。今年早些时候,中国宣布消除了极端贫困,促进更多的人共享繁荣。

接下来,让我们简单回顾一下"双循环"。过去十年间,中国对外贸的依赖程度已经大大降低。目前,贸易总额占国内 GDP 的比重约为 30%,达到非常正常的标准,与欧盟相当。相比之下,美国作为一个大国,其贸易总额占 GDP 的比重更低。中国贸易总额占国内 GDP 的比重有望持续下降,未来形势看好。

相比外需,内需有望急速扩大。内需对于带动投资的作用不容小觑,目前中国国内投资占 GDP 的比重仍然很高,达到约 45%,预计这一数据会下降。中国已经进行了大量投资,搭建了众多基础设施。眼下面临的挑战是着力刺激消费需求。自改革开放以来,消费占 GDP 的比重由 50% 下降至 35% 左右,目前在 40% 左右。尽管现在居民收入的增长速度高于总体收入,但增长的过程仍然十分缓慢。为了推动居民消费,需要采取一些措施,这些措施还应当兼顾实现共同富裕的任务。

但消费本身并不能拉动增长。中国与其他国家一样,增长主要由投资和充分利用生产要素所驱动。经济学家划分出四种生产要素,分别是资本、人力资本、劳动力、全要素生产率,或者说要素的有效使用。中国此前在提高生产力方面表现出色,投资方面也很优异,因此资本不断增加。

但中国也面临一些阻力,特别是在人口方面。中国须将依赖的侧重点由劳动力向生产力转移。在这种情况下,首先,当前的投资需要尽可能产生更高的效益,这需要对金融部门进行改革。其次,全要素生产率以及综合经济效率的重要性更加凸显。中国的五年计划高度重视技术和技术开发,并将其视为提高综合生产力的重要板块。

中国坚持与时俱进。目前,中国的研发投入约占 GDP 的 2.4%,可与欧盟相媲美。美国的研发投入约占 GDP 的 3%,韩国等研发强国约占 5%。中国在每年加大研发投入,追赶前进的步伐。中国在电动汽车、太阳能、高压输电、新材料等技术领域已处于领先地位。回顾过去的几十年,与经合组织成员国相比,中国取得的成就尚不突出。在过去的 20 年,中国的研发总支出,按可比价格计算约为 1.5 万亿美元。与美国同期的 8.8 万亿美元相比,仍然有较大的差距。中国正在奋力追赶,但未来仍有很长的路要走。在技术等因素的驱动下,全要素生产率将持续增长。

接下来,我简单地谈一谈"共同富裕",这也是一个重要议题。中国越发关注收入分配问题,也就是财富分配。全球许多国家同样如此。中国早在人均 GDP 突破 1 万美元时,便开始关注这一问题。目前尚有较大的完善空间。共同富裕的着力点或平衡点,在于分好"蛋糕"并做大"蛋糕"、双循环、生产力和总体经济。平衡需要统筹兼顾,不可有失偏颇。一味强调增长不可取,因为高质量增长更重要。而过分强调再分配,则不利于确保持续增长。

根据中国国家统计局的数据,中国的收入不均程度相对较高。如果根据中国各地生活成本的差异来修正收入不均,那么中国的收入分配实际上出乎意料地平等。从绝对值来看,可以得出的基尼系数为 0.47,这是衡量收入不均一个很好的指标。如果根据价格进行修正,可以得出的基尼系数约为 0.40,平等程度更高。同样值得注意的是,过去十年间,收入不均已经有所改观。这也可以说是在意料之中,因为中国目前面临突出的劳动力限制,工资相比其他经济体呈上涨趋势。这对较贫穷的群体有利,因为他们主要依赖于劳动谋生。在财富不均方面,中国处于正常水平。中国的财富基尼系数约为 0.7,属于不高不低的中等水平。亿万富翁在总人口中的占比实际上很小。许多中国的成功企业家不仅为个人创造收益,而且创造就业,增加了许多人的收入,为经济的持续增长作出贡献。也因此,亿万富翁的数目仍会增加。

中国若要解决收入不均,实现财富平等,有很多途径。我认为,首先要考虑为提高收入创造平等的机会。教育、户籍制度改革和土地政策在其中发挥着关键作用。其次,政府在再分配方面也有完善空间。中国的社会福利制度尚不完善,适当提高低保补助标准,不会影响经济增长与就业,也不会对做大"蛋糕"产生太大影响。退休金和农村养老金现已全面覆盖至大多数人群,有关机构可以考虑适当加大农村养老金补助。而退休群体基本不再从事劳动,因此提高养老金不会影响中国的增长潜力。再次,在财政方面,一些税收要素可以进一步完善。其中,对资本收益征税是一项具体举措。许多企业家的收入主要来自资本收益,而不是薪资。因此,资本税或将是缓解收入不均的一个良好实践。

通过以上讨论,我们谈到了"十四五"规划的要素,以及未来 5 年中国将采取的措施。这些对于实现新时代第一阶段的总体目标非常重要,并会对 2035 年甚至 2049 年产生长远影响。不出意外的话,中国将在未来 10 年内继续保持 5% 左右的增长速度,之后的 10 年还可能会提速,届时将赶上美国的步伐。至于何时会超越美国,这与我们今天的主题关联性不大。但据我预测,2030 年后不久将会实现。祝福中国万事顺利。

谢谢大家!

走向世界的中国力量

复旦大学中国研究院院长　张维为

尊敬的蒋建国副部长,各位专家、各位朋友:

非常高兴有机会再次参加世界中国学论坛。我今天给大家演讲的题目是"走向世界的中国力量"。

大家知道中国的崛起确实是一个震惊世界的奇迹。新中国72年的历史是一个中国迅速崛起的历史,前30年我们打下了政治基础、经济基础、社会基础,后40多年中国经济开始腾飞。1978年的时候中国人均GDP还低于多数非洲国家,今天中国事实上根据购买力评价是世界最大的经济体。中国已经成为世界最大的货物贸易国,创造了世界最大的中产阶层。而且在第四次工业革命当中,中国也走到了第一方阵。这些都是非常了不起的成就。中国成功的背后有一些什么重要的原因?作为一个政治学者,我想从政治的角度给大家做一个分析。一家之言仅供参考。

第一个重要的原因,中国共产党是一个整体利益党。如果和西方政治制度相比,西方国家几乎很少有例外,西方政党绝大多数都是部分利益党,而中国共产党是一个整体利益党。中国这种整体利益党的传统是非常悠久的。我老说,中国是一个文明型国家,数千年没有中断的文明和一个超大型现代国家几乎完全融合在一起,我把这种国家叫作"百国之和"的国家。从秦始皇统一中国以后,我们就形成了统一的执政集团的传统,这个传统实际上是保持这个国家完整统一的重要前提。如果中国也采用美国的政治制度、政党制度,部分利益党制度,国家顷刻之间就会四分五裂。我们在辛亥革命的时候尝试过,结果变成了军阀混战。因为中国共产党是一个整体利益党,我们可以为自己的发展进行规划。特别是21世纪你要进行大量的改革,部分利益党统治下的国家很难进行,整体利益党可以进行改革。克服既得利益,一定要有一个代表人民整体利益的政治力量,如果没有,那是非常难的。

第二，我们的执政理念源远流长。我们有一个民意和民心的区分，民意如流水，民心大如天。治理国家，民意有时候可以反映民心，有时候不能，民心是最关键的。中国很早就形成了这样的传统。中国共产党沿着这样的传统，我们能够避免民粹主义，我们的决策过程叫作民主集中制。如果光是民意，很容易是民粹主义。如果通过从群众中来到群众中去，几轮下来形成民主集中制，可以满足人民民主，做出来的决策比较科学、比较靠谱，反映多数人的利益。

第三，中国的制度特点是以人民为中心的发展，不是以选票为中心的发展，这个概念完全不一样。根据我们对西方政治制度的研究，特别是对美国的研究，美国参加选举的人口占总人口的55%左右，只要在这点人当中拿到一半即51%选票就赢了，获得选民票数的30%就可以当选总统。以选票为中心的发展往往是为少部分人发展。而以人民为中心的发展是为绝大多数人发展，这是中国模式和西方模式很大的差别。

第四，一个21世纪的现代化国家需要有一种平衡，我叫作"政治力量、社会力量、资本力量形成一种有利于绝大多数人的平衡"。中国做到了这一点，中国模式做到了这一点。其他国家没有做到，特别是我对美国政治制度批评是比较尖锐的。我认为它是资本力量压倒一切，主导了政治模式、政治力量和社会力量，这是美国现在一路走衰的重要原因。我对美国政治制度的分析时间很久了。我自己第一次明确用英文发表文章说美国模式可能将竞争不过中国模式，是在2006年11月2日，在《纽约时报》国际版，文章标题叫《中国模式的魅力》。美国模式的特点，它在全世界推动，用的是制裁和战争。中国是自己设立一个榜样，引导外部世界。这两个模式比较下来，美国模式恐怕竞争不过中国模式。当时我走访、实地考察了106个国家和地区之后，我开始写"中国三部曲"，同时写英文文章给西方主流媒体。今天也有西方主流媒体包括美国主流媒体在场，我希望他们可以重新读读这篇文章。我经常说我自己是美国政治制度的吹哨人。如果早一点听一听中国学者的看法，恐怕美国可以避免很多现在已经犯下的错误，包括阿富汗战争的错误。

我自己也有一个主张，也是我对中国学的看法，我们叫世界中国学，中国学也有一个中国学回到中国的问题。用中国人自己的眼光，基于中国自己的经验来研究中国，建立中国对自己的主流叙事，也建立中国对世界的主流叙事。我用中国的成功经验来看美国的制度，美国制度出了很多问题。我们上个月和美国一个智库进行内部交流，我说你们把新疆描绘成集中营、人间地狱，这个对于所有中国人来说是对中国人智商的挑战。你可以造谣,但是要稍微上一点心,水准太低了。我和那个美国智库朋友说,你把新疆描绘成这样就好像说美国是世界最落后的国家,美国是有很多地方落后甚至相当落后,但美国不是世界最落后的国家。

我们进行中国研究,希望美国的学者、西方的学者包括媒体能够实事求是地看中国,借鉴一些中国的成功经验。有两条特别值得西方向中国学习。一是我们改革开放的指导思想也就是实事求是,不要从教条出发,而是从事实出发研究问题。二是解放思想,敢于拥抱事实,拥抱一个真实的中国。西方媒体和智库要有点勇气,至少你可以讲一个基本的知识,告诉美国和西方受众,绝大多数中国人对自己国家选择的道路是满意的,绝大多数中国人认为中国共产党是非常积极的正面力量,绝大多数中国人认为新疆在发生翻天覆地的变化,我们去新疆调研过好几次,新疆人民感觉生活很好。

我就说这些,谢谢大家!

如何构建命运共同体：
对话、经验分享与跨文化外交

清华大学"一带一路"研究院研究员　明　竺

尊敬的各位领导、各位来宾、女士们、先生们：

大家好！

十分荣幸能够在此次会议上发言。

首先，非常感谢第九届世界中国学论坛发起了这场讨论，帮助大家了解人类团结一致的重要性、中国崛起的重大意义，以及中国在全球发挥的重要作用；同时也非常感谢论坛邀请我就这个极具意义的话题发表观点。能在此与大家一同交流、分享经历，我深感荣幸。

在开始谈论切实做法之前，我们不妨先思考一下我们所处的时代意义。毫无疑问，21世纪是亚洲的世纪，而我们亲眼见证的最显著变化便是所谓的世界边缘国家不断崛起。虽然它们之前处于第三世界，甚至第四世界，但时至今日，曾经没有发言权的大多数国家已经用事实证明了它们富有活力和动力，且对人类未来充满希望。我们曾经不敢正视历史，且殖民主义和帝国主义的经历让我们渴望成为殖民国家，而如今这种观念却饱受质疑。在这20年里，我们已经对此前提出质疑的观念进行了重新定义。亚洲正在相互支持中不断崛起。而在此过程中，中国一直坚持自己的发展道路，而非照搬照抄国外的模式，始终清楚自己国家的历史和现状，优先考虑老百姓的福祉，最终提高了14亿多中国人的生活品质，而这些显著成就不仅属于中国，同样属于全世界。

中国的成功崛起颠覆了这样一种观念，即认为只有西方国家才能实现经济发展，且有些国家拥有支配他国的权力。如今，中国正在勾画"一带一路"美好愿景，"上海精神"也在引领上海合作组织的发展方向。现在，曾经被边缘化、没有发言权的国家应当挺身而出、相互支持。之所以出现这些变化，主要原因在于以下概念的普及：人人生而平等，求同存异是共同愿望，以及人类的唯一发展途径是不断改进、不断修正,并接受不断变化的现实状况。历史的长河没有尽头,各种文明之间没有不可避免的冲突,我们人类的命运是紧密相连的。新冠疫情向我们证明了,疫情不会因国家边界而停止蔓延。如果我们的邻国、各个地区,甚至各个大洲处于分离状态,人类就会灭亡,而且无人能够幸免于此。因此,我们必须明白当前时代的需要,并找到一种能够团结所有人类的全球性解决方案。

在这个不确定性与美好希望共存的世界,中国已经做好充分准备,希望在积极倡导多边主义的过程中发挥领导作用,而不是坚持单边主义,或采取联盟的方法。此时,我们之间没有你我之分,只有人类这个整体。

因此,"创造人类的共同未来"并非不切实际的美好想象,而是源于对中国数千年历史的了解。我坚信,这个有着五千年光辉历史的民族依然保持着谦卑之心,也深知我们不过是浩瀚宇宙中的一粒微小尘埃。人与人之间本没有高低优劣之分,我们共同组成了一个"你中有我,我中有你"的命运共同体。

我出生在所谓的第三世界。我们的历史和遗产都被无情抹去,只看到帝国主义和单边主义的霸凌行径。而我们想要的不过是一个更加美好的未来,一个能够看到社会发展、经济繁荣、技术进步的未来。我们想要为孩子创造一个更加美好的未来。在我6年前到访中国时,便被中国的"和平共处五项原则"深深触动——所有国家都应当有权在不受道德约束和胁迫的情况下,追求自己的发展道路、决定自己的国家命运。2015年,习近平主席在访问我的祖国时宣布会在巴基斯坦开展我们所需的项目。此举便是对"我们需要自由贸易,而非经济援助"号召的最佳响应。我们不想依靠援助苟活,而是希望能有机会为实现更美好的未来而奋斗。

这些解决方案是我们目前的唯一出路,而问题在于我们如何落实这些方案?当有些人觉得自己有责任教化他人,有些人则觉得自己无力挣扎、只能接受支配时,我们该如何转变他们的思想呢?然而,现实情况是,我们都同样能够帮助世界找到解决方法。我们要做的只是找到一种与众不同的方法,促进彼此了解。我曾有幸参与过"国际青年领袖对话"(GYLD)等活动;在此过程中,我看到了其他人是如何通过分享经历来创造人类共同未来的。

我们需要的是友好、理解和共情。如果无法打破僵局、携手共进,那我们便永远无法找到能够真正改变现状的解决方案,也无法扭转几个世纪以来一直左右我们的这一趋势。因此,创造人类共同未来的第一步就是帮助年轻人,让他们去看、去说、去感受。正如我们在"国际青年领袖对话"上所说,我们需要采取三维研究方法,而对话、外交和多样性便对应着每个维度和层面。我曾经遇到过一些人,他们对彼此有着深深的误解、对不同文化有着先入为主的观念,但当他们能够心平气和地一起交流时,或是能够共处一段时间,那他们之前的观念便会彻底转变。我也遇到过一些年轻人,他们之前从未离开过自己生活的村庄,也从未想过外面的世界会是怎样。直到有一天,他们获得了一笔奖学金,才有机会走出村庄、结识新朋友、学习新知识。就是这样,原本被视为社会累赘的他们,如今一跃成为对社会有益的科学家、教授、创变者。而他们之所以能够成为精英领袖,是因为他们一直在学习。他们知道如何倾听,理解并认可不同人士的成就,也深知每一次成功都有迹可循。在寻找解决方案的过程中,我们应当勇于创新、心态开放。虽然我们无法直接找到解决方案,但关键在于不断尝试。

当我们感受过中国的文化、文明与历史,也目睹过中国在扶贫、科技等领域的成就时,我们才明白这无数的碎片是如何"拼"出一幅成功蓝图的。"国际青年领袖对话"带领我们探索了中国诸多不为人知的成功故事。也正是在那时,我才意识到,普通人才是创变者,创变者正是普通人。而中国这台运转良好的巨型机器实际上有着14亿多个"小零件"。正因为他们有着共同的目标、共同的愿景,才能发挥协同作用,确保这台机器能够正常运转。

作为在中国生活了多年的外国人,我们希望继续学习中国历史、了解中国文化。而作为连接中国与世界的我们也在此过程中开阔了眼界、增长了见识。对我而言,"国际青年领袖对话"是最颠覆我认知的一趟旅程。

我们当初之所以给习近平主席写信,首先是为了表达我们对中国的感激之情;其次是为了祝贺中国共产党成立100周年,而我们也再一次成为了这段历史的见证者;然后是为了了解中国共产党理想信念是如何激励中国人民为更美好的未来而奋斗的;最后,则是为了表达我们想要继续在中国学习的愿望,因为我们想要以更好的方式讲述中国故事。如果有更多的外国人亲临中国、亲眼目睹中国的发展,那他们对中国的误解便会因此消除。

当然,习近平主席的回信确实让我们喜出望外,但这同时也证明了中国培养世界人才的承诺与兼济天下的情怀。中国为年轻人创造了无数的机遇,而这封回信也将激励更多人才,以更富成效的方式为世界发展作出贡献。无论过去,现在,还是未来,我们都与中国同在。

我坚信，国际关系是不同社会、不同人士的黏合剂，它是一门从经济、政治和历史等层面剖析着人类本质的研究，而文化则是这项研究的内核。因此，我们有责任思考更具创造性的方法，帮助年轻人成为更负责任的社会领袖。让我们尽情感受、畅快交流、平等对话、深入交谈吧！也只有敞开心扉，抛开刻板印象，我们才能迎来一个美好的未来。

分享各自经历、密切人民往来、增强理解和友谊是"一带一路"倡议的核心。在以前所未有的方式感受了解中国，意识到我们拥有更多共同之处，并获得了巨大荣誉和认可之后，我们会更加坚定地建设一个更加包容、更加和平的世界。

今年正值中国和巴基斯坦建交 70 周年。我谨在此向中国人民致以最诚挚的祝愿，也希望我们的兄弟国家能够继续成为各国友好相处、相互理解的榜样。中巴经济走廊的建成不仅能够改善巴基斯坦人民的生活，还能为其带来机遇，建立友谊，赢得尊重。最后，在上海合作组织成立 20 周年，又迎来了新成员国之际，我祝愿"上海精神"能够催生出更加强大的力量，以助力国际社会构建出一套相互尊重、友好相处、珍爱和平的世界观。

谢谢大家！

第六届世界中国学贡献奖获奖者感言

鲁惟一（Michael Loewe）

鲁惟一，英国汉学家、历史学家、作家，在古汉语和中国古代史领域出版了数十部专著。鲁惟一于1922年11月2日出生于英国牛津，其曾祖父路易·罗意威（1809—1888年）是来自普鲁士王国西里西亚地区的一位东方学和神学教授，后移居英国，并成为英国著名犹太裔商人、金融家、慈善家摩西·蒙蒂菲奥里的私人秘书。其父亲赫尔伯特·罗意威是一位闪米特语教授，曾任教于剑桥大学和牛津大学。其妻子卡门·布莱克是一位日本语学者。鲁惟一中学时就读于剑桥的德佩斯学校，后进入牛津大学莫德林学院。1941年12月太平洋战争爆发后，鲁惟一被分配到由海军上尉奥斯瓦尔德·塔克开办的贝德福德日本语密训学校学习日语。他于1942年2月起成为第一期学员，课程为期5个月，结束后又接受了一系列密码学培训。鲁惟一在学成后被派往海军部工作至战争结束。他在业余时间还学习了中文。1947年，鲁惟一曾在北平生活了6个月，在此期间他对古汉语和中国历史发生了兴趣。回国后，他进入伦敦大学亚非学院学习，并于1951年获汉语一级荣誉学士学位。1956年，他离开政府机构，在伦敦大学担任远东历史讲师。1963年，鲁惟一获得伦敦大学亚非学院授予的博士学位，随后他开始在剑桥大学任教直至1990年退休，任职期间他一直专注于在学术和研究。他是剑桥大学克莱尔学院院士。

承蒙世界中国学论坛授予我世界中国学贡献奖的殊荣。自我与中国学者合作伊始，已过去多年；在此过程中，我充分领略了他们对中国文明史研究的贡献，正是他们的贡献大大扩展了这一主题的研究。东西方学者均从这些贡献中获益匪浅。特致寸笺，以申谢忱。

周锡瑞（Joseph W. Esherick）

周锡瑞教授生于1942年，在美国哈佛大学师从费正清学习中国历史，于1964年获文科学士学位；后在美国加州大学伯克利分校师从列文森和魏斐德，于1971年获博士学位。他毕生从事中国近代社会史的研究，尤其关注社会运动史，出版了有关辛亥革命、义和团运动和叶氏家族等多部广受好评的著作，且都已被译成中文。其中中文版的《改良与革命：辛亥革命在两湖》和《叶：百年动荡中的一个中国家庭》由章开沅教授作序。《义和团运动的起源》一书曾获得美国历史学会的费正清奖和亚洲研究协会的列文森奖。30年来，周锡瑞教授致力于研究中国革命在陕甘宁地区的起源，相关研究著作《意外的圣地：西北地区的中国革命》已于香港付梓，英文版将于2022年出版。他另有关于中国本土精英、中国城市转型、"二战"时期美国对华政策、比较视角下从帝国到国家转型的研究，以及1943年的中国等多本编著。周锡瑞教授先后在美国俄勒冈大学和加州大学圣地亚哥分校任教长达40年，于2012年退休，现居加州伯克利。退休后，他曾在北京大学燕京学堂、中国人民大学、华中师范大学和华东师范大学等中国高校教授现代中国课程。

我非常荣幸地接受世界中国学论坛颁发的"世界中国学贡献奖"。我这一代学者开始研究中国是在20世纪60年代冷战和"文化大革命"期间，当时甚至无法前往中国。如果说我对中国历史研究有任何贡献的话，要完全归功于1979年后中美两国恢复学术交流。开放的大门使我得以利用中国丰富的档案资源，开展实地调查，最重要的是能够与中国同行进行交流并得到他们的指教。

作为加州大学圣地亚哥分校的教授，我非常幸运地拥有一批杰出的、来自中国和美国的研究生。他们以不同的视角来探索和辩论中国历史的真相。我们认识到，不管你从哪里来，历史都是一个陌生的领域。这一真理在今天似乎更有意义。现代交通、媒体、教育、城市化、国际交流和政治文化的快速变化，使今天的中国与历史上的中国完全不同。由于这些变化，在今日中国长大的学生或许对理解中国的过去并非具有绝对的、内在的优势。来自中国以外的学者，即使他们来自非常不同的传统，也有可能对理解中国历史作出贡献。

对于全世界的中国历史学家来说，20世纪八九十年代是一个黄金时代。学术交流、档案研究、实地调查、突破性的中国学者的研究以及合作研究都达到了前所未有的繁荣程度。不幸的是，这种交流和合作，特别是中美学者之间的合作，在最近几年遇到了新的挑战；现在，全球疫情使这种交流几乎停顿下来。我想大家都希望，一旦新冠疫情得到控制，我们的学术生活能够恢复到某种程度的正常状态。但是我们必须承认，除了疫情之外，还有其他事实使我们很难回到过去的黄金时代。

在全世界，包括美国，政治、社会和媒体环境的各种复杂变化已经侵蚀了对历史事实的共同意识。我们生活在一个"另类事实"和"假新闻"的环境里。在美国，尽管大家都看到了1月6日事件的电视和录像画面，但对所发生的事情仍然没有共同的理解。更广泛地说，美国人民在理解历史上的奴隶制和种族歧视上，现在遇到了很大困难。我不专门研究美国历史，但作为一个历史学者，我绝对致力于不受阻碍地寻找过去的真相。当然，不同人有不同的看法与价值观。尽管过去的某些方面会让一些人感到不舒服，但不能因此而放弃历史学求真的本质使命，不管对不同的事实抱有什么样的价值观和情感，也丝毫不会降低它们的重要性，尤其是被视为教训的那些沉重的历史。关于过去的认识并不是固定不变的，而是随着新的证据、新的方法、新的比较见解和新的理论方法而改变。尽管如此，我绝对相信，过去实际发生的事情——这一意义上的历史事实——本身就是固定的。尽管有种种挑战，我们必须继续寻求对过去最完整、最准确、最可验证的描述，这样我们才能共同前进。只有当所有人和所有群体都能够公开辩论他们对过去的理解时，我们才能达到对历史的完整描述。

最后，作为一个现代学者，我希望我们能够真正倾听对方的意见，倾听对过去的不同观点和解释。这样，我们才能在未来取得进展。我们应该寻求对过去发生的事情的准确理解。任何历史学家都认识到这是一项困难的任务，因为文献资料的有限，以及资料本身带有局限和偏见。在理解历史时，不可避免地会有分歧。但对于这些分歧应该公开辩论,没有禁区,没有不可提及的话题,没有一部分人接触敏感资料的特权,也没有罔顾事实地对相反观点进行攻击性的贬损。我深知这样的理想境界离现实还很远,但我真诚地相信,对过去的真相进行更加开放和透明的探索将使全世界的学者受益。

再次感谢这个奖项的荣誉,并感谢世界中国学论坛给我机会对历史学者的任务发表这些很不成熟的意见。谢谢大家。

叶嘉莹（Chia-ying Yeh）

叶嘉莹，女，1924年生，中国古典诗词专家、诗人。1945年毕业于北京辅仁大学国文系。曾任台湾大学专任教授，淡江大学与辅仁大学兼任教授。1969年任加拿大不列颠哥伦比亚大学终身教授。1990年当选为加拿大皇家学会院士。2012年被中华人民共和国国务院聘为中央文史研究馆馆员。现担任南开大学中华古典文化研究所所长。自1966年开始，叶嘉莹曾先后被美国哈佛大学、耶鲁大学、哥伦比亚大学、密西根大学、明尼苏达大学等校邀聘为客座教授及访问教授。自1979年始，叶嘉莹每年回中国教书，曾先后应邀在北京大学、南开大学等40余所国内大专院校义务教授中国古典诗词，至今已有40年之久。2016年，叶嘉莹在南开大学教育基金会捐设"迦陵基金"，已完成前期捐款近3600万元人民币，志在全球推广中华诗教。李克强、温家宝、李岚清、孙春兰、马凯、刘延东等多位国家领导人曾先后接见或致信、批示，充分肯定其多年来在弘扬中华诗教、承传优秀传统文化方面作出的突出贡献，她被誉为"白发的先生、诗词的女儿"。曾获香港岭南大学荣誉文学博士，加拿大阿尔伯塔大学荣誉博士，中华诗词学会终身成就奖、"2015—2016年度'影响世界华人大奖'终身成就奖""改革开放40周年最具影响力外国专家"、2018年度"最美教师"、2019年度中国政府友谊奖等荣誉称号。中英文著作有：*Studies in Chinese Poetry*，《王国维及其文学批评》《灵谿词说》《中国词学的现代观》《叶嘉莹作品集》等数十种。

很荣幸能获得这一奖项。我们的时代正面临着种种变化，传统文学批评也

需要寻求拓展,才能千古长新。在现代西方文论之光照中,对中国词学加以反思和说明,我以为这是我对学术的一点特殊的贡献。词起源于唐五代时期诗人文士的歌宴酒席之间,本来只是写美女爱情的歌辞。但就是这种看似并不严肃认真的"空中之语",却能产生出一种令人产生种种之联想的、迥异于诗的特殊美感。古代的评论家都注意到了这种难以言传的意蕴,惜乎语焉不详。

我于20世纪60年代去加拿大不列颠哥伦比亚大学教书,当时正值西方文论风起云涌之时。我读了他们的不少著作,发现西方之现代文论,与中国传统批评的许多概念与说法,竟有诸多不可思议的暗合之处。我在一系列的长文中,遂以西方之理论概念,对词的美感特质作出了理论性的系统分析。现在我简单地加以介绍,以供参考与讨论。

最早的词选集是五代年间编撰的《花间集》,我对词之特质所作的溯本追源之探讨,正是以《花间集》为主。《花间集》的作者都是男性,但他们所写的词,却以女性的情思与生活为主。从西方女性主义文论的角度来看,其特殊的"女性形象"与"女性语言",都是促成了词之美感特质之形成的因素。而更值得注意的是,以女性之口吻来叙写的词,最富有言外之意蕴,亦最容易令人产生"贤人君子"的联想。词之兼具女性与男性之情思的"双性人格",乃是形成了词之幽微要眇、具含丰富之潜能的一项重要因素。

另一项重要因素,与诗词的语言息息相关。西方的解析符号学,是由一位女性学者提出的。解析符号学将符号的作用分为符示、象征两种类型。后者的符记单元与符义对象之间,乃是一种被限制的作用关系。可是诗歌的语言,除了象征之外,则可以有另一种符示的作用,也就是说语言的符表与所指的符义之间,往往带有一种不断在运作中生发的生生不已的、兴发感动之特质。而《花间集》中具有"双性人格"的佳作,其语言正是具有符示的作用的,遂能于无意之间产生一种不断引人生发联想的空间。

以上,我们对词之美感特质之形成作了简要的叙述。在日益全球化的今日,我以为中西文化的交流与结合,实在是一项重要的课题。二者思维模式不同,因此也各有所长。中国的诗歌传统源远流长,我们自不应全部袭用西方文论,而是要取二者之可通者而融会之,使其能焕发出新的生命。哈佛燕京图书馆有一副对联曰:"文明新旧能相益,心理东西本自同。"这正是我们对未来学者的期望。(以上为叶嘉莹教授提供的获奖感言文字版,现场播放录像为剪辑版,文字略有出入。)

分论坛演讲实录

第一分论坛：中国的现代化道路

议题一：改革开放与社会发展

创造人类文明新形态（中国社会科学院副院长　王灵桂）

今年是中国共产党成立100周年。走自己的路，是中国共产党全部理论和实践的立足点，更是我们党百年奋斗得出的历史结论。中国的现代化道路，就是这样一条自己走出来的路。

中国特色社会主义根植于五千多年的中华文明史、180多年的中国近代史、100年的中国共产党史、70多年的新中国史、40多年的改革开放史，是解放生产力、发展生产力、消灭剥削、消除两极分化、最终达到共同富裕的正确的道路。中国特色社会主义在推进繁荣发展的历史进程中，形成了一条符合中国国情的中国式现代化道路。

一、中国式现代化展现了中国智慧

中国式现代化道路，就是中国特色社会主义现代化建设和发展道路。它吸收借鉴了既往现代化模式的优点，但不是照抄照搬，而是根据中国国情和社会主义制度的本质要求，进行新的整合与创造，赋了其新的内容与形式，形成了新的结构和特点。

一是以人民为中心的现代化。中国式现代化坚持以人民为中心，以满足人民日益增长的美好生活需要为根本目的，始终把人民作为全面建设社会主义现代化国家的创造主体、获得主体、共享主体。

二是共同富裕的现代化。习近平总书记指出："共同富裕本身就是社会主义现代化的一个重要目标。"党的十八大以来，以精准扶贫、精准脱贫为代表的总体战略及区域性扶贫战略持续推进，至2020年年底，最终实现近1亿人口脱贫、832个贫困县摘帽的重大胜利,占同期全球减贫人口的70%以上,比联合国2030可持续日程提前了10年。

三是统筹协调的现代化。中国式现代化是全面发展、系统协调的现代化。具体来说,就是要使现代化发展全面,系统协调,促使各领域建设相互配合、相互促进,彼此互为条件,"一个都不能少","一个都不能短"。

四是高质量发展的现代化。高质量发展是中国式现代化的鲜明特色,是创新成为第一动力、协调成为内生特点、绿色成为普遍形态、开放成为必由之路、共享成为根本目的的发展。高质量发展本身就是从技术到治理、从经济到社会、从经济体系现代化到人的现代化的一场深刻变革。

五是和平发展的现代化。中国的现代化成就,不是靠对外扩张、殖民盘剥、血腥积累而来的,而是靠中国共产党带领中国人民立足自身、艰苦奋斗、接续拼搏而来的,是中国坚持走和平发展道路的硕果。和平发展是中国式现代化道路的鲜明特色和内在要求,也符合世界各国的共同利益。

二、中国式现代化致力于合作共赢

在现代化进程中,人类创造了以往时代不可比拟的辉煌成就,同时也面临日益增多的严峻挑战。当今世界正经历百年未有之大变局,世界多极化、经济全球化处于深刻变化之中,各国相互联系、相互依存、相互影响更加密切。为了应对新冠疫情挑战、促进经济复苏、维护世界稳定,国际社会作出了艰苦努力。面对共同挑战,任何国家都无法独善其身,各国只有团结合作、权责共担,才能战胜风险、应对挑战,才能持续推进全人类的现代化进程。

中国在现代化过程中把握历史规律,顺应时代潮流,倡导加强国际合作,携手应对全球性挑战,共同解决全球性问题。当前,中国已经开启全面建设社会主义现代化国家新征程,将继续秉持人类命运共同体理念,推动构建相互尊重、公平正义、合作共赢的新型国际关系,高质量合作共建"一带一路",积极参与全球治理体系变革,同世界各国一起共同发展、合作共赢,以现代化建设新成就,为世界带来更多机遇、作出更大贡献。

三、中国式现代化彰显了人类文明新形态

中国特色社会主义创造的中国式现代化新道路,将中华文明带入了现代阶段,在中华文明土壤上创造出人类文明新形态。习近平总书记在庆祝中国共产党成立100周年大会上的重要讲话中深刻指出:"中国特色社会主义是党和人民历经千辛万苦、付出巨大代价取得的根本成就,是实现中华民族伟大复兴的正确道路。我们坚持和发展中国特色社会主义,推动物质文明、政治文明、精神文明、社会文明、生态文明协调发展,创造了中国式现代化新道路,创造了人类文明新形态。"

我们所创造的人类文明新形态,是对中华民族伟大文明传统的现代承续和创新发展,代表着历史悠久的中华文明在新时代达至的新境界、呈现的新气象。我们所创造的人类文明新形态,是在中国特色社会主义的创立和发展进程中呈现出来的,是在中国特色社会主义道路、理论、制度、文化的支撑下生长起来的,是在中国特色社会主义各领域全方位建设实践中巩固完善的,是物质文明、政治文明、精神文明、社会文明、生态文明整体推进、全面发展的文明形态。我们所创造的人类文明新形态,体现了开放包容、命运与共的天下情怀。中国共产党领导中国人民开创的人类文明新形态,就是秉持"美人之美,美美与共"的理念,充分尊重人类文明多样性,积极倡导文明对话与文明互鉴,充分汲取、转化人类文明一切有益成果的产物。

中国与拉美发展的差异及合作前景(拉丁美洲社会科学理事会执行秘书　卡琳娜·巴特雅尼)

我们现在面临全球未有的挑战和变革,新冠疫情对人们的生活带来了重大的影响,所以我无法参会。感谢中国社会科学院的邀请,并以视频连线的方式让我参加开幕仪式。疫情对拉丁美洲和加勒比海的人民和全球的人民,带来了前所未有的影响。这次危机对中南美洲的影响再次引起了人们思考国家政治、公共政策到底要扮演什么角色。目前的经济模式造成了不平等以及财富的高度集中,在没有全民福利的状态下,社会福利在拉美和加勒比地区只是属于少数人的特权。

首先我介绍一下从20世纪70年代开始中国和拉丁美洲发展的差别。拉丁美洲的现代化进程,主要是受华盛顿新自由主义的影响,结果导致了边缘化,我们的经济越来越依靠第一产业,人均GDP下降,劳工关系恶化。与此同时,中国走出了自己的现代化道路,8亿人民脱贫,中国成为世界经济中最具活力的经济体。中国的人口几乎占到了世界的五分之一,劳动人口占到了世界的四分之一。在过去40年间,中国经济持续增长,平均年增长率达到9.5%,而世界平均才 3%。

2013 年,中国成为世界最大的商品和服务出口国。当然,没有一条道路是可以照搬的,因为每条道路都是独一无二的,不过我们的确可以吸取其他地区的经验。如果有一个中心议题的话,那就是中国的发展过程和现代化过程都是由人民自发完成的,而不是外界强加于他们身上的,而且中国发展的中心议题是普遍提高全体人民的生活水准,而不是只为有特权的少数人服务。

这里可以看到几个关键词:合作、责任、国家之间的相互依赖。因此,我们目前需要重新思考经济社会劳动政策,提倡全民普遍权利的满足。

第一个问题是贫穷和极度的贫困。在这个问题上,我们发现中国的扶贫、减贫的努力特别值得学习、合作和相互交流。拉丁美洲地区扶贫减贫是迫切的,也许我们可以思考加强中国和拉丁美洲在扶贫减贫方面的合作。

第二个问题是气候变化和环境危机。拉美地区的社会直接承受了全球气候变化带来的社会和环境后果,我们应该重新思考人类与自然的关系,要以人为本,重新认识到人只是自然的一部分。

第三个问题是移民和人类的移动性,这其实是一种人权。我们应该致力于缩小性别间的差别。我们特别担心拉丁美洲基于性别的暴力,所以我觉得我们应该开始进行改革,在中国和拉丁美洲之间进行更多更深入的合作。

保持和平,共商大计,解决挑战(世界粮食奖基金会荣退主席、美国腹地中国协会战略顾问、美国前驻柬埔寨大使　肯尼斯·奎恩)

我非常高兴,也非常荣幸能够作为世界粮食奖基金会的荣誉主席发言。在过去 5 年里,我们和中国社会科学院一起推进项目,所以我对中国社会科学院非常熟悉,也非常尊重。我们展开的项目都是极其有价值的,促进了双方的思想交流。

50 多年来,我见证了中国的发展。1969 年的中国,对外是封锁的,对美国和东南亚的国家都是不开放的,我当时在东南亚做外交人员,即使是东南亚地区的华裔,也不太能够和中国的人民进行交流。50 年前,我作为亨利·基辛格主持的国家安全委员会的成员开始访华。1974 年,布罗格博士开启了绿色革命,他也来到中国,开展了中美之间的农业合作。1979 年,我梦想成真,来到了北京，见到了最高领导人邓小平先生，当时我带来了一群美国各州的州长，邓小平先生告诉我们中国要更多地改革和开放。我们听了以后非常振奋人心，因为这代表了中国的态度。这几十年来，我来过上海很多次。站在上海的外滩眺望浦东，40年前那里几乎都是一片荒凉，然而形成鲜明对比的是，2019年我再次站在外滩看到浦东，发现浦东已经成了一条由亮丽的高楼组成的天际线，这其实就象征了中国现代化的重大成就。

1979年那次来华，我还去过广州，看到了那里的农业发展。接下来一年广东省省长访美，来到了爱荷华州，我们陪同他参观访问，还为他安排了其他几个州长的会面，我陪他参观了种子实验室和爱荷华州的农场。那位省长就是习近平主席的父亲。后来习近平先生也来到了爱荷华州进行了参观和考察，受到了热烈欢迎。2012年，我非常荣幸地再次欢迎国家副主席习近平先生来到爱荷华州参加中美高级别农业对话，当时习主席做了一个主旨演讲，并且与我们签订了35亿美元的大豆合同。当时美国农业部长与中国农业部长，已经签了战略合作的谅解备忘录，主要关注领域是农业方面。除此之外，当时的会议参与者，还有袁隆平教授以及很多中国学者，很不幸他在5月份去世了。当时袁隆平教授有一个全球水稻发展大会，他邀请了我，我们是非常好的朋友。2014年我们组织给他颁了粮食方面的最高奖项，大概25万美元的奖项，相当于我们行业的诺贝尔奖了。他在粮食方面作出了极大的贡献，帮助中国粮食增产。

2017年，来自中国社会科学院的王雷教授与我们签了谅解备忘录，并且我们也非常荣幸地给他颁发了世界粮食奖项。今年年初，社科院和美国的合办方进行了圆桌会谈，会谈非常成功。讨论过程中，我们非常明确的一点是，接下来我们将面临着非常严峻的挑战。第一，怎样能够提供足够的、有营养的、可持续耕种的粮食给大家，90亿、100亿的人口如何能够吃饱饭。第二，怎样能够解决气候变化带来的种种影响。第三，共商大计，怎样预防人和动物的疾病问题。我们希望能够保持和平，共商大计，一起解决这些挑战。中美之间时有冲突，会有一些令人头痛的问题，大家会担心中美关系何去何从？未来将去向何方？最关键的一点是我们要把这几个挑战结合起来解决。

1979年中国有70%的人口是贫困人口，现在基本上为零。我很高兴和中国社会科学院举办这样的项目，我非常乐见这么多非常好的思想火花，希望大家能贡献出更多的思想火花，为全球人类造福。人类面临着前所未有的挑战，我们能够解决这样的问题。

关于"民族"的话语范式及其转换（中国社会科学院民族学与人类学研究所所长　王延中）

在这么短的时间里把这个问题说清楚极其困难，我主要想围绕中国的民族观，特别是中国共产党100年来民族观的演变，对上述问题做一个简要说明。

民族这个概念是一个非常具有弹性的概念，要下一个科学、全面、大家都认可的定义是很困难的，直到今天也没有一个统一的认识。

今年7月1日中国共产党成立100周年的庆祝大会，中共中央总书记、国家主席习近平在大会上指出，中国共产党一经诞生，就把为中国人民谋幸福、为中华民族谋复兴确立为自己的初心使命。100年来，中国共产党团结带领中国人民进行的一切奋斗、一切牺牲、一切创造，归结起来就是一个主题，实现中华民族伟大复兴。简短的几句话，把中国共产党、中国人民、中华民族、中华民族伟大复兴作为关键词，而且在这个讲话里面有46次提到了中华民族。这几个关键词之间具有什么样的内在联系？

中国古代就有民和族，包括民族的内涵。古代把不同地域的人称之为不同民族，或者不同血缘和家族也称为不同民族，有的还按照不同文化，有的按照接受中原王朝的认知和文化价值观这样一个程度来区分人群的类型。在民族和国家的密切联系下，如何对民族下定义很困难。就像霍布斯鲍姆所说，民族根本不可能具有恒定不变、放之四海而皆准的客观定义，但他也指出了从不同角度对民族进行区分的一些标准，比如地域、语言、文化传统、经济生活、历史记忆和责任使命。约瑟夫·斯大林从这样一个思路下，比较全面地界定了民族的内涵，他认为民族是历史上形成的具有共同语言、共同地域、共同经济生活以及表现在共同文化上的共同心理素质的稳定的共同体。斯大林的定义成为马克思主义民族观里面一个很经典的定义。

这样一个近代民族国家观的理念对近代饱受西方列强侵略、压迫的中国来讲成为一个武器，就是争取民族解放和革命的武器。最早资产阶级的民族革命，用传统的民族观的内涵推翻清朝的帝制，在一个多民族的、庞大的国土上建立一个统一的国家，这个民族是什么？显然不能等于汉族。这个民族我们从近代由梁启超翻译过来的概念叫中华民族，把国土内的各民族统称为中华民族，成为民族依托。这个民族称为五族共和,如何处理这个问题? 在这个问题上,近代以来,从晚清到中华民国建立,从新文化运动到中国共产党成立,从第一次国共合作到抗日战争,从国共内战到中华人民共和国成立,这段时间是其内涵和外延不断确立的过程。这个很丰富,我们没有时间阐述这样的演变,只能谈谈中国共产党如何把中华民族这个概念使用起来,并且建立自己的统一多民族国家的历程。

早期我们接受了马克思主义经典民族观,把民族等同于阶级的立场。在延安时期,中国共产党把马克思主义民族观和中国实际相结合,中国共产党建立的是以民族区域自治作为探索,实行的各民族统一的多民族国家,所以在中国共产党早期理论里面,有建立一个多民族的统一的社会主义新国家,成为多民族统一国家的理论。在这样一个理论指导下,我们经过了三个大变化:从1949—1978年在社会主义革命和建设时期,我们确立了民族平等、民族团结、民族区域自治、各民族共同繁荣的民族理论和民族理念基本框架;到了改革开放时期,根据国内国际的形势变化,中国共产党不断丰富和发展民族理论和民族政策,强调各民族共同团结奋斗,共同繁荣发展,坚持和完善民族区域自治制度,促进各民族交往交流交融,依法治理民族事务,颁布了一系列法律法规;党的十八大以来,中国的社会主义建设进入新时代,中国的民族工作也进入了新时代,在这个时期以习近平为总书记的中国共产党人,强调中华民族大家庭,中华民族共同体,形成了习近平总书记关于加强和改进民族工作的重要思想,内容十分丰富。今年中央民族工作会议上确定为12个"必须",成为新时代中国共产党民族观的主要内容。

12个"必须"是对国内外解决民族问题经验教训尤其是中国共产党百年民族工作的系统总结,也是对新时代民族工作最新实践的集中概括。这12个"必须"是推动党的民族理论的创新,为我国民族工作法律政策的调整完善指明了方向,也为全球范围内解决民族问题提供了中国智慧和中国方案。今天的民族工作就是以铸牢中华民族共同体意识作为民族工作的主线,是自觉推动中华民族共同体建设的核心和关键。中华民族共同体是党在新时代确定的一种新的民族观。这个民族观具有鲜明的中国风格和中国特色,又是对马克思主义理论的继承和发展,在现代国家建设方面具有一定的理论共性和全球价值。

改革开放与社会发展(新南亚论坛创始人、印度前总理瓦杰帕伊政治顾问 苏迪德拉·库尔卡尼)

在大家庆祝中国共产党成立 100 周年的时刻,我衷心地恭喜中国人民。自 1978 年中国的领导人邓小平提出改革开放政策后,中国大踏步地走上了成功。

我想分享下我对中国的成功,尤其中国在社会发展方面的成功的理解。中国的改革开放政策不仅仅转变了中国这个伟大的国家,对于全球也有变革性的深远影响。改革开放后,中国从一个传统国家,一跃而起成为全球经济和科技方面的巨擘国家。过去,在中国共产党的明智领导下,中国打造了一个真正改革开放型的政策。想要了解中国在社会发展方面的政策,必须了解中国社会的变化。

第一,中国把极端贫困人口数字大大减少,这是一个很好的典范。在短短 40 年当中,中国已经把 8 亿人口从贫困当中摆脱出来。这个数据在开幕式环节当中也提到了,从 1979 年的 70% 降至 2020 年的零,全球任何一个国家,任何一个地区,都不能在这么短的时间内完成减贫的壮举。自从习近平主席上任以来,中国在减贫工作上取得了巨大的成就,习主席也亲自访问了中国偏远山区,与当地人民进行互动,并且亲自监督国家减少贫困的举措,包括在当地政府执行的情况。我觉得这样一个高瞻远瞩的领导力是非常启迪人心的。从我们的角度上来说,中国在减少贫困方面的经验值得我们学习。自从 1969 年以来印度就试图要减贫,当地有关政府也发出了减贫的号召。尽管印度也在减少贫困方面取得了一些成绩,尤其是印度在 90 年代初走上了经济改革的道路以来,加大了减贫力度,但是现在印度还有超过 3 亿多的人口生活在贫困线以下。

第二,我们想研究一下中国是如何把全国人口的人力发展指数提高了,在教育、健康、住房、女性发展、儿童照顾、老年人照顾方面的人力发展指标都齐步提高,大多数的中国人口现在生活得非常健康。

第三,各个民族的人民生活都提高了,这是全球值得向中国借鉴和学习的。到中国的任何地方,都会体会到中国的发展。西方媒体对于新疆的问题有很多误读,事实上是什么呢?新疆人民也受益其中。

第四,中国政府保护了生态,并且把以前的生产活动对于环境的影响降到最低。中国进行了快速的经济转型,在经济转型的过程中,曾经一度忽略了环境发展,所以这里面留下了很多问题,但是现在这个问题已经被逆转了。生态恢复的举措也是习主席上任以来工作的重中之重,这也是其他国家值得学习的。当然还有一些未竟之业,中国在社会发展过程中,比如像财富差距现在越来越大了,悬而未决,这既不可续,也不是我们想看到的。但是,在我们高瞻远瞩的习主席的明智领导下,中国现在正在采取一些政策,能够达到社会和经济发展的平衡和平等,能够达到共富的目标,所以共富目标的提出就是解决这个问题的。

除此之外,中国发现过多的物质主义和消费主义带来了负面影响,包括社会环境、自然环境,以及文化和精神氛围都需要得到提高。在新时代想要完成中国特色社会主义,如果这些问题得不到解决,就会有一些问题,我们也希望打造一个社会化的社会主义的国家,这是我们现代化的目标之一。我们希望能够打造民主、文明、富强的国家。我们可以向中国取经的地方有很多很多。我们需要相互学习、相互借鉴。世界中国学论坛就是一个相互学习的机会。

着力推进改革开放创新,加快构建新发展格局(中国社会科学院数量经济与技术经济研究所所长　李雪松)

改革开放以来,中国在各个方面都取得了显著成绩。在面向未来的新征程中,我国提出要着力构建以国内大循环为主体,国内国际双循环相互促进的新发展格局,也在我国"十四五"发展规划纲要中明确地提出,这也是我国作为长远发展的一项重大战略任务。

关于构建新发展格局,主要应在各个环节的一些堵点发力,以国内经济大循环为主体,促进国内国际双循环相互促进的新发展格局形成。生产环节,我们现在面临着一些技术创新能力不足的问题和产业链、供应链韧性需要进一步提升。在分配环节,中国的劳动报酬在GDP占比中需要进一步提升,壮大中等收入的人群。在流通环节,我们要进一步降低流通成本,同时如果是广义的流通来讲,金融服务实体经济的能力还需要进一步提升,主要是降低金融中介的成本。在消费环节,我们需要着力扩大内需,平衡好消费和投资的关系,需要我们在财政支出方面,更多地向民生领域倾斜。

在新冠疫情发生之后,中国的积极财政政策,对于保市场主体方面发挥了积极作用,并且常态化的财政资金直达机制,可以直达基层和企业,今后不仅财政资金直达企业和地方政府,而且要更多地考虑直达个人和家庭,特别是中低收入家庭。另外要健全工资增长的机制,提高劳动报酬在初次分配中的比重,完善财税手段对于收入分配的调节机制。在微观上,鼓励劳动参与,在宏观上要壮大中等收入群体,特别是针对农民工灵活就业人员的群体,要继续扩大他们的失业保险覆盖范围,加快完善失业保险的民生保障和就业促进功能,以提升就业技能为主,社会政策兜底为辅,促进低收入家庭增收,逐步提升中国的消费率。

刚才讲到在生产环节、分配环节、流通环节、消费环节我们现在面临一些堵点,下一步促进经济平稳健康发展要着力在这四个环节方面打通堵点,加快构建国内大循环为主体的国内国际双循环相互促进的新发展格局。

为了构建新发展格局,我们需要在改革开放创新方面加力。进一步深化改革,主要以完善产权制度和要素市场化配置作为经济体制改革的重点,深化国资国企改革,强化关键技术创新,强化国资企业在技术创新中的引领作用。另外,要实现国资国有企业的结构性动态调整,进一步支持非公有制经济发展,优化营商环境,激发创新创业的潜能。在深化要素市场化配置改革方面,主要要加快五大要素的市场化改革。第一,加快土地要素的市场化配置改革,促进都市圈和城市群发展,建立健全城乡统一的建设用地市场,盘活农村存量集体建设用地,建立全国性的建设用地。第二,加快农业转移人口市民化的进程,畅通流通渠道,提高居民收入,推动特大城市调整完善积分落户政策,建立基本公共服务与常住人口挂钩的机制,推动公共资源按常住人口规模配置,畅通劳动力和人才消费型流通渠道。第三,加快完善资产配置的改革。第四,加快完善技术要素市场化的配置。第五,加快数据要素的市场化配置,根据数据性质完善数据的产权性质,推进政府数据开放共享,培育数字经济新产业、新业态和新模式。

我们下一步要持续推动高水平对外开放,建设更高水平的开放经济新体制。一是要推动取消中美双边不合适的一些关税,防止双边经贸关系扭曲。二是要进一步缩减国内好多自贸区的外资准入负面清单,制定全国版的跨境服务贸易负面清单,落实鼓励外商投资产业目录,鼓励外资更多向先进制造业和现代服务业领域投资。三是要深化"一带一路"合作,推动共同抗疫,以及疫后经贸往来恢复,继续坚定地维护多边贸易体制,积极参与WTO改革,落实推进中国加入CPTTP谈判,加快推动中日韩等自贸谈判。

关于创新方面,首先,我们要坚持创新在我国现代化建设中的全局地位,特别是更好地发挥政府的作用,发挥市场的决定性作用。其次,要利用市场手段,打通科技成果转化通道,让其活起来。再次,要弘扬企业家精神,强化企业创新主体地位,不断完善国家创新体系,增加政府在基础研究方面的投入,同时建设重大科技创新平台,强化重点区域的创新引领作用,特别是中国在长三角、大湾区、京津冀这些地方;要加速推进科研领域改革,大力实施人才强国战略,赋予高校科研机构更大的科研自主权,给予创新人才更大的技术路线决定权和经费使用权;要改革科研经费管理办法,显著提高人头费在科技研发中的占比,同时要减少科技人员自由流动的阻力和体制机制障碍,使得人才能够全国自由流动,提高人力资源配置的效率,提高研发的效率。最后,要主动融入全球创新网络,要鼓励我国企业在海外广泛建立创新基地,在开放合作中实现互利共赢,我们要积极引进海外的研发机构,同时要健全海外人才在中国的各种制度,为海外科学家在华工作提供国际竞争力、可吸引力的环境,构筑国际国内优秀人才的科研创新高地,把我国打造成为全球科技开放合作的优质平台,为世界的经济作出更大的贡献,共同促进全球的繁荣、和平和发展。

促进相互理解:学术界的责任(喀麦隆学者、厦门大学社会与人类学院教授 高 畅)

今天我的演讲话题是促进相互理解:学术界的责任。事实上我自己也经常问我自己,我能做些什么,来促进相互理解,促进世界各地不同人民之间的相互理解。因为,我这一生一直在世界各地不断地旅居,现在我在厦门大学主持非洲研究,我们有三大主要目标:

第一,希望能够把非洲研究课程向本科生开放。这是挺有难度的,因为中国大学本科生不觉得他们应该这么早就要学有关非洲课程,所以我们的难度在于怎么引导他们对非洲产生更浓厚的兴趣。我既教本科生,又教研究生。我们非洲研究中心也已经开启了一些跨学科的讲座和研讨会,把校内的国内、国际学生召集在一起,每学年开学就开研讨会。去年我们研讨会的主题是全球变革及其对中非关系的影响。中非之间的关系目前发生了很多变化,这个研讨会系列是每个月召开一次,我们会精心地选择话题,这些话题都是学生们提出他们感兴趣的,研讨会氛围非常轻松,因为这是一个大家相互认识、相互深化理解的机会。

第二,培养本科生去非洲进行实地调查。感谢厦门大学的支持,在塞内加尔我们就有一个实地考察的项目,我们有一个三角洲贝壳城的考察项目,大大增强了中国学生对非洲文化,以及塞内加尔文化的理解。此外,中非学生们一起学习,在同样的教师指导下共同协作,这种学习非常有意义。大家在工作与学习的过程中,可以有私交,当然也有可能学生和学生之间合不来。不管怎么说我们有了更大的可能,能够建立起长期的友谊,以后尽管这些学生可能会相隔两地,但是他们还是可以远程地进行专业的科研。同年,厦门大学本科生们也为习近平主席访问塞内加尔做了准备,我们布置了一些展览,中国学生的展览开展期间,塞内加尔大使、中国大使都对此给予了支持。

第三,我们会在实验室当中让他们进行学习,让他们知道怎么样对生态数据进行处理,可以跨越地理的障碍。这样的教学方法是行之有效的,因为它让我们进行联合教学,在相关领域当中进行深挖。

我们试图为在厦门大学的国际学生打造一些项目,希望他们能够在福建省当地做自己的项目。第一个项目在去年夏天已经开始了,位于福建西部的一个县城,大家可以去感受一下。我们希望学生做这样一些项目,大家可以重新耕种一些草,把人类的生产活动恢复起来。当地的人特别愿意帮助我们,他们也希望能够把这些历史遗迹修复起来,通过这个过程,能够拉近国际留学生和当地人的关系。这个项目非常有效,比如像当地石头做的遗迹,看起来像普通的石头,如果把它进行收集,拼在一起的话,你会发现是当年丝绸之路经过之地。我们平时在书中看不到的材料,让他们亲自做一些实地调研的项目。联合国教科文组织的非洲事务负责人,他们也希望能够打造一些联合项目。我希望学术机构考虑一下我们在这个过程当中能起到什么样的作用。我们也希望尊重每个国家的发展,而且能够尊重人的共同本性,这是一个关键的纽带,能够使大家的固执己见和偏见消除,并且传播知识,让各国了解彼此的文化是怎样的,这是我们做学者可以发挥的一个作用。

最近新冠疫情之下,我们已经亲眼见证了中国真的是非常友好的国家,倾囊相助,帮助非洲一些国家共同抗疫。中国真的是非常慷慨,把很多物资运往非洲。我们在非洲所打的疫苗就是中国生产的,这也是我们唯一能够在非洲得到的疫苗。我们厦门大学实际上也助力其中,塞内加尔和厦门大学对口的合作学校也收到了厦门大学慷慨寄去的物资。我们要不断地强化关系,和全球各国的人们保持联系,通过参与、分享式的学习,从而共同打造一个可持续的、共同繁荣的世界。

中国式现代化新道路的中国史和世界史意义(中国社会科学院哲学研究所所长　张志强)

习近平总书记宣告坚持和发展中国特色社会主义,推动物质文明、政治文明、精神文明、生态文明的协调发展,创造了中国式现代化道路,创造了人类文明的新生态。中国式现代化新道路是迈向伟大复兴开辟出来的新道路,中国式现代化新道路是中国共产党扎根中华文明,通过讲马克思主义与中国具体实际和中华优秀传统文化相结合,对中华文明进行创造性转化与创新性发展的结果,是一条中华文明现代化的道路。

中国共产党对中国式现代化新道路和人类文明新生态的创造最为深刻,也最为生动地体现了中华文明的内在生命力。中国式现代化新道路的关键是中国的现代化,而非现代化中国,这意味着所谓中国式现代化是中国发挥历史主动性创造出来的,是中华文明开辟出来的新生态。一定意义上讲,中国共产党能够开创出中国式现代化新道路,正是因为中国共产党始终坚持了一种实际哲学的态度,这种哲学一方面来自中国哲学传统当中的虚心实干、实事求是的精神,另一方面马克思主义的哲学正是通过对西方形而上学传统的哲学革命而具备了回到事物本身的实际哲学精神。

关于中国式现代化新道路的具体内涵,在我们看来必须具备如下特质,即社会主义的现代化。社会主义是在批判制衡克服资本主义的内在危机,作为新的人类新的形态应运而生的。从根本上避免社会生产的无政府状态,解决公平与效率无法兼顾的矛盾,必须为社会生产确立起价值目标。立足人民立场的社会主义又满足全体人民的生存发展需要,来规定调整和导引社会化大生产的目的,从而达到生产与需求相匹配,实现价值目标与社会化大生产的驾驭。中国式现代化新道路就是以社会主义的价值理想来导引现代社会化大生产,从而实现现代化的典范。

当代全球资本主义在资本主义危机之外遭遇了一些新挑战,当今世界已经不再有新的市场空间可供其剥削,其中技术界限导致大多数人技术革命的边缘化,此外则是生态的界限。当代迫切需要社会主义现代化的模式,中国式现代化新道路为当今世界走出了一条社会主义现代化的道路。中国式现代化新道路必须是充分解放生产力的现代化。中国特色社会主义首先区分了市场经济与资本主义的关系,充分发挥了市场在资源配置中的决定性作用,坚持更好发挥政府作用,在社会主义的价值目标体制机制和市场经济之间形成了良性互动的关系,形成了中国特色社会主义的主要标志。同时它促进了组织创新和体制机制创新。这种中国式现代化新道路始终兼顾公平和效率,让中国社会和谐而有活力。中国式现代化新道路能够在社会主义体制机制当中纳入市场经济,能够在共同富裕目标下不牺牲发展效率,能够在坚持社会主义公平理想的前提下充分解放生产力,能够在融入国际经济体系过程中,始终保持国家主权独立,关键在于坚持了中国共产党的全面领导,关键在于中国共产党对于经济社会的价值导引和政治治理,关键在于中国共产党能够始终代表最广大人民的根本利益。只有在中国共产党的领导下,经济长期发展与社会长期稳定的两个奇迹才会同时出现,物质、经济、政治、文化、生态五大文明才会发展,发展才会造福全体人民。

在我们看来,中国式现代化新道路首先是扎根于中华文明的现代文明新生态。习近平总书记说,在中国大地上探寻适合自己的道路和办法,如果说中国大地是体的话,道路和办法是用,在中国大地上探寻适合自己的办法,就是寻找中国之用。体用的前提是有机生命整体论,就是用一种古今贯通的观点结合中国特色社会主义文明。中华文明始终是一个连续发展的整体,中国的现代化必须重新扎根于中华文明的土壤。

中国式现代化新道路也必须是突破了中华文明发展瓶颈的新文明形态。中国式现代化新道路之所以能够将古老文明代入现代新形态,在于中国特色社会主义与中华文明价值观的一体性,这是中国特色社会主义和中华文明的共同价值。同时,国家规模巨大,但社会散漫无组织,农业发达,但是无法突破发展瓶颈等一系列的问题,始终是困扰传统中国的结构性问题,正是中国共产党从根本上解决了传统中国的这些问题,实现了政治革命,实现了社会革命,用社会化大生产奠定了经济现代化的基础,实现了经济的革命。

中国式现代化新道路作为社会主义现代化，克服了资本主义的内在危机，解决了公平与效率兼顾的难题，用社会化大生产促进了共同富裕和全体人民的福祉。作为中华文明的现代化，一方面克服了结构性难题，实现了人民当家作主，继承了中华文明以政治导引经济社会文化协调发展的结构，让民主不再是一个程序，而是一个实现民生幸福和社会进步的实质性手段。应该说，扎根中华文明的社会主义现代化，从中华文明中继承发展中立足世界的世界观，立足全人类的人类观，以社会有机体的整体论克服了价值虚无，以人类命运共同体团结世界人民，以天地共同体改变人类中心主义对自然的裁制，为人类文明的演进提供了中国新方案！

议题二：生态文明与可持续发展

制定新的"生态-社会契约"以解决不平等和环境退化顽疾（联合国社会发展研究所所长　保罗·拉德）

联合国社会发展研究所是联合国下属的一个独立研究机构，从事的是跨行业当中的社会问题研究，主要关注当代发展过程中的社会问题。我们研究所在2025年之前有一个主要战略，叫作"克服不平等"，希望借此打造一个全新的生态社会契约。这一战略主要有四大研究项目，第一是转型中的社会政策，第二是男女性别平等和发展，第三是转型中的另类经济体，第四是环境和气候方面的公平。这四大研究方向所涉领域及相关研究项目旨在解决当今全球不平等加剧的问题。这些问题根深蒂固，我们希望能够助力其中，在不同的社会之间打造一个生态社会的新契约。

当今世界面临着诸多挑战，其中包括新冠疫情。这些挑战表明当今社会中存在非常深刻和危险的分化和裂痕，并有愈演愈烈的趋势。比如贫富差距，以及由性别、民族、年龄、残疾、贫困等带来的不同程度的歧视。世界上仍有数亿人生存在极端贫困中，世界上最富有的1%的人口所拥有的财富超过了其他69亿人。这种分配倾斜也存在于性别层面，世界上最富有的22个男人拥有的财富比非洲所有妇女都多。这些不平等还存在于国家之间，并表现在当代挑战中。发达国家承诺，到2020年，它们每年将集体调动1 000亿美元帮助发展中国家应对气候变化。然而直到今年，这一数字也只达到800亿美元，且其中大部分是以非优惠贷款的形式借出。

到今年9月中旬，低收入国家中只有超过3%的人口接种了新冠疫苗，而高收入国家的国民疫苗接种率超过60%。自2016年以来，联合国社会发展研究所认为需要发展一套新的社会契约，以取代治理者与被治理者之间、企业与政府之间,以及企业与人民之间的现有安排。旧的社会契约增长和生产力的经济需要与再分配和社会保护的社会需要之间的隐性交易已经崩溃,不再适合当前形势。本着同样的精神,新的生态社会契约将不是具有法律约束力的书面合同,而是对我们想要在地球的自然边界内构建的社会的新理解,以及通过政策、投资、机构和必要的法规和立法来实现这一目标的方法。

联合国社会发展研究所将这些契约称为"生态社会"契约,因为这些契约首先将反映现代社会对拥有不同情况或特点的人群及其需求所具有的包容性,并致力于解决社会不公正问题。此外,这些契约还将围绕经济模式的开采、生产和消费进行调整,以适应正在逼近或者已经超过的地球极限。我们相信,这些新型生态社会契约将有助于各社会履行其在2030年可持续发展议程及其可持续发展目标中的承诺。新型生态社会契约的概念与中国提出的生态文明概念产生了强烈的共鸣。我们对此的理解和应对需要发生重大改变,才能够建构一个可持续的文明体。下个月,联合国社会发展研究所和绿色经济联盟将会在德国启动生态社会契约全球行动网络。如今,已有越来越多的研究机构、学者和智库加入我们,而倡导让社会更具包容性和生态相融性的活动家们也正在加入我们的行列。今天我也邀请各位与会者,请你们加入我们的研究和行动网络,这样我们就能在各位的支持下,更快地推进这一转变。

中国的城镇化道路:理论创新与世界贡献(中国社会科学院农村发展研究所所长 魏后凯)

我们知道,城镇化是现代化的重要标志,也是经济社会发展的必然趋势。1978年以来,随着改革开放和工业化的不断推进,中国的城镇化呈现出大规模和快速推进的特征。从大规模来看,1978—2020年,中国新增城镇人口7.3亿人,平均每年1700多万人。从快速推进来看,这期间中国城镇化率从17.9%提高到63.9%,平均每年提高1.09%,这种长达40多年的大规模快速城镇化,在世界上绝无仅有。相比之下,1980—2015年,世界城镇化率平均每年提高近0.42%,中国的城镇化速度是世界平均水平的2.6倍。中国大规模的快速城镇化有力刺激了经济增长,促进了社会进步,有助于农村发展和减贫。

1979—2020年间,中国国民生产总值年均增长9.2%,城乡居民可支配收入年均增长8.2%，居民消费水平年均提高7.5%。这期间中国10.7亿农村贫困人口摆脱了贫困，实现了世界上最大规模的减贫，对全球减贫的贡献超过70%。更为重要的是，中国的大规模快速城镇化为推进世界城镇化进程作出了重要贡献。据联合国《2019年版世界城镇化展望》提供的数据，1980—2015年，中国新增城镇人口占世界新增城镇人口的26.2%。改革开放以来，中国城镇化取得的巨大成就归功于中国在实践中不断探索的中国特色新型城镇化道路。

早在2002年，党的十六大报告就明确提出走中国特色的城镇化道路。2012年年底，中央经济工作会议又提出走集约、智能、绿色、低碳的新型城镇化道路。2013年党的十八届三中全会把中国特色城镇化与新型城镇化有机结合起来，提出坚持走中国特色新型城镇化道路，推进以人为核心的城镇化。以人为核心是新型城镇化的本质特点，这既是对中国城镇化实践的经验总结，也是对世界城镇化理论的重要创新。为推进以人为核心的新型城镇化，2014年以来，中国政府提出并扎实推进"三个1亿人"城镇化方案，也就是促进1亿人农业转移人口落户城镇，引导1亿人在中西部地区就近城镇化，改造约1亿人居住的城市棚户区和城中村。在农村人口落户城镇方面，近年来有关部门加大了户籍制度改革的力度，全面取消城镇人口300万以下城市的落户限制，加快推进农业转移人口市民化进程。截至2020年年底，全国共有1.2亿农业转移人口落户城镇。在城镇棚户区和城中村改造方面，截至2018年年底，全国范围内已有1亿多城镇居民搬离棚户区，居住条件得到了极大改善。2019年，中国政府又将老旧小区改造提上重要议程，中西部地区城镇化率年均1.52%，比东部地区平均速度高0.14%，中西部与东部地区的城镇化率差距明显缩小。"十三五"期间，两者间的差距共缩小2.2%。

中国城镇化的一个重要经验就是在实现大规模城乡人口迁移的同时，并没有像某些发展中国家那样在城市中产生贫民窟。我认为，除了制度优势和坚持以人民为中心的发展思想以外，还有三个可供借鉴的重要做法：一是制定了一系列重要的相关法律规范和标准，高度重视城市规范工作和城市建设；二是改革开放以来，中国工业化亟须快速推进城镇产业发展，提供了大量就业机会和工作岗位；三是不断完善住房保障体系，加强城镇棚户区、老旧小区和城中村改造，积极改善城镇居民居住条件。

自2016年以来，中国已进入城镇化全面减速阶段，在"十四五"乃至今后较长一段时间内，中国仍将处于区域城镇化快速推进时期，但是推进的速度将会进一步放慢。中国"十四五"规划和 2035 年远景规划纲要明确提出,到 2035 年中国要基本实现新型工业化、信息化、城镇化和农业现代化,也就是"新四化"。

根据我们的预测,到 2035 年中国的城镇化率将达到 74.4%,基本实现城镇化的目标任务。预计到 2050 年,中国的城镇化率将达到 80%左右,总体实现城镇化的目标任务,中国的城乡结构也将趋于稳定。下一步,我们应将全面提高城镇化质量放在更加重要的位置,走高质量城镇化之路。以上是我对中国城镇化的一些看法,供大家参考。

生态文明与可持续发展:21 世纪的中国治理模式(塞浦路斯欧洲大学校长　科斯塔斯·古利亚莫斯)

在此,我想介绍一下中国在可持续发展的过程中,在全球治理,包括生态文明方面的治理模式。中国是一个泱泱大国,有着丰厚的自然资源和光明的未来。在欧洲崛起之前,中国就发明了指南针、造纸术、火药等技术,改变了人类历史的进程。中国也发展了很多治理系统,包括先进的农业和道路交通系统等,给世界人民带来了庞大的社会资产。而在当今,中国的发展也十分令人瞩目。可以说,和全球任何一个国家相比,中国的发展速度都无与伦比。

在过去 10 年当中,中国迅速发展成为全球最先进的经济体之一。在此过程中,中国在习近平主席的领导下,在技术、经济、社会生活等方面都取得了长足进步,给老百姓带来共同富裕的愿景。今年也是中国共产党成立 100 周年,这对中国来说是一个跨世纪的伟大事件。在中国共产党的领导下,中国已经发展成为一个富有活力、文化先进、技术领先的社会主义现代化国家。中国人民取得了巨大胜利,战胜了殖民主义,战胜了"三座大山",取得了举世瞩目的成就。

中国现在也在经历前所未有的历史转折,有必要对中国特色社会主义民主进行深入研究。对于其他国家来说,如果想走上不同于西方国家的民主道路,可以借鉴中国的发展模式——中国智慧十分具有启迪性和实践意义。中国善于创新,其政治和文化都彰显以人为本的精神,并为全球许多国家做出良好榜样。例如,在习近平主席的领导下,中国的政治治理体系高度关注百姓的日常生活,始终坚持人民的利益高于一切。同时,中国也致力于提高社会福利,并提出"一带一路"倡议,得到全球 100 多个国家的认可和欢迎。因此,我们十分期待中国能够取得下一个巨大的突破,并渴望成为中国的合作伙伴方。

毫无疑问,我们在中国身上看到了令人艳羡的变化。中国在可持续发展的各方面都取得了重大成就,并进行了持续投入。根据世界知识产权组织的排名,中国在科学和技术的创新方面排名世界第二。根据联合国世界投资报告的数据,中国在可持续发展能源方面的投资也最多。中国打造的大孔径外太空探测望远镜等各项技术,已经出口国外;中国的高铁建设迅猛,智慧高铁等技术也是中国首先发明的;中国能够将多名航天员派往外太空;在全新的可再生资源领域也引领了全球发展。

我深信不疑的是,中国政府以及中国的决策、税收和政治治理系统,能够在整个国际社会中起到重要的穿针引线的作用,能够促进多边主义的发展,由此摒弃西方国家推崇的殖民主义、单边主义的做法。世界正在进行复杂又影响深远的转型,中国在这样的背景下将持续不断地推进自身的治理系统,并致力于打造一个生态文明社会。"生态文明"这一概念事实上也正和中国古代类似的哲学观念一脉相承。

我刚才所提及的这些成就使中国站在世界的前沿。中国是我们十分具有战略意义的、包容性极强的合作伙伴,其治理系统也为我们所认可。它极大地推动了全球社会、经济、文化等的进步,为各国做出成功示范。我们希望能够为人类塑造更好的、共同繁荣的未来。

生态文明已成人类可持续发展的当务之急(葡萄牙中国观察研究所所长　鲁翊君)

习近平主席在联合国大会上曾经发言,提出一个新的全球可持续发展的模式。这次新冠疫情使得全球合作可持续发展变得更为必要,任何国家的合作都必须要相互尊敬和实现双赢。

我完全不同意西方媒体对中国的批评。我们要采取历史和科学的观点看待中国的发展:西方的列强忽略了历史的进程,也忘记了环境危机是历史遗留问题,却在指责中国造成了环境污染。欧盟有机构统计,当今二氧化碳排放的最大来源国其实是美国,欧洲的二氧化碳排放占世界总量的 27%,而中国只占了8%—9%。中国的当务之急是经济社会发展，而经济社会发展又对所有人都有利。中国政府也强调了人与自然的和谐关系。2007年，时任国家主席胡锦涛在中共十七大上提出生态文明这一目标和概念。2012年，中共十八大正式将这一概念收录进党章。习近平主席也说过，中国绝对不会在牺牲环境的前提下追求经济增长，这是一个高瞻远瞩的政治愿景，说明中国人民愿意承诺克服环境危机，建立一个人与自然和谐相处的社会。

中国现在所装机的可再生资源产能占到了全球的24%，而新增可再生资源的产能占到了全球的42%，在能效和使用新可再生资源方面，中国是世界第一大国。而中国承诺，在2030年实现碳达峰。中国已经成为水电装机产能的世界领先国，在风能、光伏方面也都是世界头号大国，这一情形从2017年一直保持到现在。习近平主席的政治愿景使得中国更加积极地参与COP15和其他国际合作。例如，前几天在昆明召开的COP15会议上，中国提出要建立昆明生物多样性基金，保护发展中国家的生物多样性，其初始投资是2亿欧元，它赋予中国在生态文明建设方面至关重要的角色。

人与自然和谐相处是一种中国理念，这一可持续发展的理念应推广至全球，这对葡语国家来说非常重要。这些国家应加强和中国的战略合作伙伴关系。葡萄牙是中国在欧洲次于英国、法国、德国和意大利的第五大投资目的地，其主要投资是在能源和基础设施部门。中国的"一带一路"倡议也非常重要，它创造了一个共赢和可持续的合作平台，使亚洲和世界其他地方能够更好地互联互通。我们需要提升相互之间的信任，我们的国际关系也应该基于相互之间的尊重、平等、正义和双赢。我所在的机构也希望能够为这一精神作出贡献。

基于中国发展经验，建立新的现代化范式（中国社会科学院生态文明所所长　张永生）

我今天的报告主要谈三个问题。

第一个问题，为什么要建立现代化论述？简单来说，工业革命后，以发达国家为代表的现代化模式是建立在不可持续发展的基础之上，面临着现代化的悖论。也就是说，这种现代化模式可以让世界上少数人口过上丰裕的现代生活，但是一旦扩大到全球，就会带来全球范围不可持续的危机。目前全球流行的现代化概念正是这种不可持续的现代化概念,后发国家对现代化的探索更多地是将发达国家经济作为默认标准,主要集中在如何实现发达国家那样的现代化,对什么是现代化缺少深刻反思和质疑,而这种现代化模式恰恰又不可持续。举几个直观的例子来说明。联合国可持续发展目标针对的是所有国家,包括发达国家和发展中国家,这说明17大类的目标,发达国家也没有很好实现。关于碳排放,所有发达国家都是高排放国家,如果碳排放降不下来,全球气候危机就无法解决,人与自然就无法和谐共生。中国确立了2035年基本实现美丽中国的目标,可是美丽欧洲、美丽美国是不是已经实现了呢?这不能简单地看景观,要看他们的化学农业污染、生物多样性、碳排放等指标,虽然他们生产端很清洁,但消费端不是这样,如果将污染产业转移到其他国家,从其他国家进口高污染产品来消费,这种现代化模式就没有全球性意义。

第二个问题,为什么要基于中国发展经验建立新的现代化论述?党的十九届五中全会开启了中国全面建设社会主义现代化国家的新征程,关于建设什么样的现代化,五中全会特别强调要建设中国式的现代化,其中人与自然和谐共生是中国式现代化的重要特征。中国提出新的现代化概念是经历了一个非常艰难曲折的现代化探索过程后的结果,这背后的实质是对传统工业时代形成的现代化概念的深刻反思和重构。中国对现代化的定义意味着中国要建设的现代化不是发达国家目前现代化的简单翻版,而是发达国家也没有实现过的可持续现代化。无论是发达国家,还是发展中国家,都应该彻底进行绿色转型,建立新的人与自然和谐共生的现代化模式。可能有一些人认为,人与自然和谐共生就是一个环境问题,但实际上这远不是简单的生态环境问题,其背后是要彻底转变工业革命后建立的不可持续的传统发展模式,是建立新的现代化概念的问题。举一个例子来说明,中国在1983年就将环境保护确定为基本国策,不可谓不重视,后来经济高速发展,环境问题则全面恶化,这是因为传统工业化模式下,环境和发展某种程度上就相互冲突。所以,如果不从根本上转变发展方式,就不可能解决环境问题。中国的环境问题在党的十八大后开始根本好转,原因不只是发展阶段发生了变化,更是发展理念有了根本转变,要实现人与自然和谐共生,仅有技术进步带来的生产方式的改变还不够,必须有生活方式的自我革命。因此,建设人与自然和谐共生的现代化不是一个简单的保护环境问题,也不是一个简单的技术和能源问题,而是一种新的现代化概念。由此,中国的实践和探索也就具有世界性意义。

第三个问题,如何建立人与自然和谐共生的现代化?最关键的是要跳出传统工业化思维,从人与自然更宏大视野和新发展理念出发,建立新的发展模式。这意味着传统工业时代建立的现代化概念需要重新定义,包括发展理念、发展内容、资源概念、商业模式、体制机制、政策体系等方面都要进行系统转型。在发展理念和实践上,中国在很多方面实际上已经走在前列,正从过去的学习者成为探路者和引领者。中国已经彻底摒弃了"先污染后治理"的传统发展理念和发展模式,保护环境过去被视为负担,现在则被视为发展的机遇。生态环境保护正在成为中国经济发展的新动力。

总的来说,中国建设人与自然和谐共生的现代化,是可持续发展的必然要求,它不仅对中国有重大意义,对全球也有重大意义。这种新的现代化模式不仅是实现中国自身现代化的根本保障,也是走出过去的现代化悖论,实现全球共享繁荣的根本保障。

生态文明与可持续发展:国际合作的基础?（新西兰惠灵顿维多利亚大学当代中国研究中心主任　杨杰生)

刚才张教授演讲过程中陈述的观点,即全球发展需要一种全新的、更加可持续的现代化模式,这是非常具有真知灼见的见解,我也非常认同。今天我的演讲主题则主要说明全球合作的基础是什么,怎样打造合作基础,共商环保大计。

第一,我们亟须进行国际合作,管理当前全球的环境危机。全球正在经历生物多样性危机、环境污染、资源减少等问题。气候变化也使全球发展前景和安全受到重大影响。这些国际挑战需要通过国际协作,才能够找到解决之道。

众所周知,我们必须要找到一个平等、公平的处理方法,做负责任的国际公民。然而,各国对此的观点并不统一,很多人依然采取家长式的态度,依然有着狭隘的自我主义,希望掩盖自己的错误,并维护自己国家的利益。在这种情况下,可持续发展这一概念成为各国之间的黏合剂。它要求我们在满足当代需求的前提下,不影响下一代满足自己需求的可能性和机会,要在两者之间达到平衡。这一理念十分重要,要求全人类共同承担环境保护的责任。这一愿景引领了当今世界各国在环保方面的政策措施。

第二,生态文明。生态文明对可持续发展是有益的补充,它的核心实质是希望达到经济、农业、政治以及其他社会方面的融合,一起齐心协力打造可持续发展。我们要建设以人为本的生态文明,就必须摒弃陈旧的方法,不能肆无忌惮地搜刮资源,要与自然和谐相处。这一概念在20世纪80年代出现,自此以后,政策制定者,尤其是中国的同仁,以及全球许多知名的环保人士,都为此作出重要贡献。这一概念也已成为中国和其他国家合作的基础。

言归正传,今天的主题是怎样能够打造全球协作的基础?这个问题主要关注各国之间怎样进行沟通谈判,怎样共商大计,一起向前,找到全球在环保方面最佳的合作途径。令人欣喜的一点是,大家有着多元化的发展模式,涌现出许多新的思潮、想法和概念,并不断将它们加以实践。

最后,让我对今天的演讲做一个总结。首先,我们应该加强对生态以及生态文明的关注,这能够帮助我们更好地处理人和大自然的关系。其次,可持续发展是重中之重,它是国际社会在环保问题上合作的纽带和基础。再次,鼓励百花齐放的思考问题,对话语去政治化,求同存异,并以此为基础,加强国际环保方面的合作。

中国新民法典中的绿色原则:新时代的创新与人文主义(阿根廷拉普拉塔国立大学国际关系学院中国研究中心主任 司芙兰)

中国是一个法治社会,中国的《民法典》有很多人文主义色彩,中国的绿色发展和国际合作应当结合起来看待。

中国的司法经验有其自身特点。中国学者在不同时代形成了不同的司法概念、模型和经验。但事实上,人文主义一直是中国法律的一个特征,我们现在所看到中国司法模型的新特点,是在建设具有中国特色司法体系的过程中发展出来的,和国际原则保持一致。

保护环境在中国是为了达成人与自然的和谐,这其实可以一直追溯到中国《民法典》第9条规定,即民事主体从事民事活动,应当有利于节约资源,保护生态环境。绿色原则是漫长的法律演变的结果,也符合中国共产党为建设生态文明确立的目标。事实上,中国《宪法》早已明确了这一点,在其第九章中就讲到,要谨慎使用自然资源,保护动植物资源。任何组织或个人都不得擅自破坏自然资源、动植物资源。可见,自然保护已经写入了中国的法律框架,而且还结合了一些国际实践,例如减少污染,进行可持续发展等。中华人民共和国最高人民法院也表述了两个基本原则,一是生态环境损害的赔偿制度,现已纳入今年1月份生效的《民法典》第七编第七章中;二是征收环保税,这在2016年通过的《中华人民共和国环境保护税法》中有所提及。这两个基本原则构成了绿色原则的基本要素。

绿色原则已成为一种人民的基本权利,不管是自然人还是法人都必须在各自的活动中符合绿色原则,这里我引用了一篇关于习近平法治思想国际法基础的论文,它指出习近平思想中的中国特色社会主义在新时代要实施全面法治,这其实就是中国国内法律和国际法律之间的对接。当然,《2030年可持续发展议程》以及其他国际协议的相关内容,尤其是最近闭幕的COP15会议上习近平主席提出的宣言,都已经表明中国国内法治和国际法治之间的完美结合。

习近平主席提出的人类命运共同体完全体现了人文主义的思想。总结中国在各国际会议上的发言,这一人类命运共同体有许多原则,可以对人文主义进行以下主要解读:中国有新的理论框架,为人文主义赋予新的维度,人不再是世界的中心,而是要和自然和谐相处。西方民主正在承受一种结构性的经济社会和文化上的危机,要改善人民的生活,理解人类在世界中的地位,需要一种新的人文主义,而不是纯粹以人为中心。

议题三：和平发展与推动构建人类命运共同体

中国对外开放政策的逻辑与实践(中国社会科学院世界经济与政治研究所所长、中国社会科学院国家全球战略智库首席专家 张宇燕)

中国改革开放43年来取得了举世瞩目的成就。这充分反映在中国人均GDP的迅速增长，综合国力的显著提升，特别是其上亿人口的脱贫等方面。中国的改革开放实践，特别是对外开放实践，有许多具体举措，比如建设经济特区，积极利用外资开展对外经济合作，特别是对外贸易，还有沿海地区的开放，各类试验区的建立，中国企业走出去，以及近年来中国大力推进的"一带一路"倡议，所有这些实践活动都显示出中国改革开放进程中非常重要的一个侧面——对外开放。

邓小平早在20世纪70年代末就说过，现代的世界是一个开放的世界，发展经济不开放很难搞起来。自1978年到现在，中国正一步步走向世界。在这里，我想按照经济学的逻辑，谈一下自己对中国经济对外开放的一些理解。

从经济角度来看，中国改革开放的成就是一个长期增长的过程，经济增长的源泉到底有哪些？在我看来最核心的就是人均收入的增长，人均收入增长的来源只有一个，就是劳动生产率的提高，即单位时间内人均产出增加。什么导致劳动生产率的提高？一是技术的进步，原来一个人跑得再快，骑自行车就比你跑得快，骑自行车骑得再快不如摩托车，后面还有飞机，这些就是技术进步，这使得效率提升。另外一个长期增长的源泉就是参与国际分工和专业化生产，最后进行交换。

分工和专业化生产，通过各个国家之间的贸易和投资往来，实现贸易收益，这就是亚当·斯密《国富论》里的基本逻辑。什么又决定了分工和专业化的深度和水平呢？在亚当·斯密看来这取决于市场规模的扩大。市场规模越大，分工和专业化越细，劳动生产率就可以进一步提升，最后进一步增长。市场规模扩大和劳动生产率的提高与经济增长之间的关系被称之为"斯密定理"。中国的对外开放实际上也是遵循斯密定理。但是再往前看，2 000多年前中国的思想家已经把这个规律总结出来了，中国非常重要的一部史学著作《史记》中有一篇《货殖列传》谈到怎样实现经济增长，即"以所多易所鲜"，用你多的换你少的东西，这就能使你的福利得到改进。同时代的另一本著作《淮南子》中有一章《齐俗训》，里面写到怎样增进人们的福利和财富，叫"以所有易所无，以所工易所拙"，用我有的东西，来换我没有的，以我擅长生产的东西，换我不擅长生产的东西，这样就能够使得自己的财富增长。我把2 000多年前古人谈到的"以所多易所鲜""以所有易所无，以所工易所拙"对应斯密定理，并将之称作"司马迁、《淮南子》定理"，这实际上就是我们后来说的国际贸易理论。"以所有易所无，以所多易所鲜"，这在国际贸易理论中被发扬光大了。贺克谢尔的模型谈到贸易和自然禀赋，禀赋就与有、多连在一起了。中国的对外开放理论体系是整个国际贸易理论的一个非常成功的应用实践。通过分工、专业化、交换，得到自由贸易的收益，是所有经济学家在谈到贸易时支持自由贸易的一个基本理由。

我在这里想强调的是，这种思想在中国古代一直都是存在的，"司马迁、《淮南子》定理"就是如此。仅就经济学贸易理论的模型而言，它谈到了比斯密和李嘉图模型更丰富的一点：斯密和李嘉图讲的是两个国家两种商品最简单的模型，但是没有涉及"以所有易所无"的互通有无。而中国对外开放的逻辑是找到了一个非常重要的、实现经济长期增长的源泉，并且将之发扬光大。这种自由贸易的逻辑正存在于中国的传统思想之中。

和平发展与推进人类命运共同体建设（南非国家行政学院院长、金山大学行政学院客座教授　布萨尼·恩格卡维尼）

"和平发展"在南非和非洲大陆都是非常重要的话题，我们在非洲、拉丁美洲和亚洲都可以看到人类的发展，而发展必须建立在和平的基础上，所以和平和发展是相互依存的。

我们已经看到了中国扶贫的成功经验：中国已经消除了绝对贫困，而和平和发展是消除绝对贫困的基础。我们认为应该借鉴国际经验,特别是借鉴中国经验,即没有和平的环境就不能有包容性的发展,没有包容性的发展,也不可能有和平。还有其他的一些议题,比如环境恶化也导致了更多的危机,或者是潜在的危机。这些都会加重贫穷。最后是国际治理,人类命运共同体这个概念在此时就显得非常重要。也就是说,全球治理必须改革,让每个人都能够享受到全球治理带来的益处。

现在,让我来谈谈人类命运共同体这个具体话题。这是一个重要话题,如上所言,政府的自治、环境的恶化,以及有欠缺的全球治理体系,都威胁到了人类命运共同体。极度贫穷也是对全球人类的威胁。和平和发展必须相互依存,极度贫困必须在全球消失,这就意味着南北方的国家要相互合作,这样才能够构建人类命运共同体。如今这个世界越来越复杂,各国之间的相互依存度越来越高,绝对的安全必须由所有人来贡献,所有人来维持。然而人类命运共同体的前景也受到了贫困的威胁,世界银行的报告说,在过去25年间,人类的贫困水平有所下降,然而最贫困的人口变得更为贫困,此次新冠疫情以及全球的气候危机就对最贫困人口的打击最大。

环境恶化也威胁到了人类命运共同体,这种挑战是跨国界的,全球经济体制间相互依赖,而环境和空气是我们共同的资产。人类命运共同体是一个美好绿色的未来,因此生态文明对人类的未来至关重要,国际社区内的所有成员都必须携手共进,建立一个全球的生态环境。生态环境的建设也有助于减贫、扶贫。新的分析表明,气候变化可能会让6 800万人民陷入贫困,并且对南方国家,比如南部非洲以及南亚国家的人民来说尤其严重。这些国家本来就比较贫穷,如果世界不能携手应对气候危机的话,人类命运共同体的前景也堪忧,其他自然资源也会陷入一个恶性循环。

人类命运共同体的建设从国家建设开始,而国家建设从建设包容性的政府开始。和平的国家建设受到各国认可,非洲人民渴望拥有良好的治理环境。如果有着一个运行良好的官僚体制和司法体制,各国的治理能力就会有重大的提升。为此,不但要设立正式机构,还要设立非正式的机构和制度,这样才能使政府运转良好,社会力量运转良好,取得和平的建设成果。我们需要一个和平的环境,只有和平和社会凝聚力才能够帮助建设人类命运共同体。

人类命运共同体的建设也需要考虑各国的特色,这也是中国发展的成功秘诀之一。各国在发展过程中也要走出自己的特色道路。我们还需要一个有效的全球治理体系。西方的治理体系削弱了华盛顿共识中的一些内容,我们需要一个更为正义、更为公正的全球治理体系。我们不能让财富集中在少数人和少数阶层的手中。

中国梦是一个有关共同富裕的梦,也是世界很多人民共有的梦想。建立一个多边主义和国际治理体系支持下的人类命运共同体,可以帮助我们解决世界性的问题。在一个全新的人类命运共同体之下,我们希望各个国家之间通过发展共商合作大计。中国是拥抱多边主义的,并且我们也希望中国能够对现有的全球治理体系进行一些改革。除此之外,中国还对促进全球发展作出了非常重要的贡献,并且尤为关注那些新型发展中国家的福利。中国共产党在过去多年当中不断努力出台适合中国国情的治理政策。中国在全球财富分配过程中处在其应有的位置,也非常慷慨地帮助发展中国家走出殖民主义的阴霾,解决了很多人群的贫困问题。

人类命运共同体是大家共同的梦想。我们发现,中国的人类命运共同体模式和其他模式不一样,尊重不同国家的多样性和平等性。中国的人类命运共同体模式还拥抱多边主义,我们也希望打造这样一个人类命运共同体。这是中国的梦想,也是全球共同的梦想。人类命运共同体是一个基于平等、和平和合作伙伴关系的对话模式,而非军事结盟或者其他的战略结盟。南非总统在庆祝中国共产党成立 100 周年之际,也制定了一些策略,希望能够推进多边主义,促进相互理解,增进国际和平,建设更加有效的人类命运共同体的未来。

中国经济发展模式为全球新经济模式奠定基础(俄罗斯总统经济顾问、欧亚经济委员会一体化和宏观经济部部长 谢尔盖·格拉济耶夫)

从经济理论的观点来说,我们正在经历经济发展的一个过渡阶段。近 50 年来,二氧化碳排放量的逐渐增加,对我们的世界经济发展有着重要影响。各个国家,包括俄罗斯在内,也花费了巨资来应对环境危机,减少碳排放。我们国家的二氧化碳排放量占了全球的 6%,但人均排放量却很低,比中国大概要低 50%。

在应对经济挑战方面,俄罗斯和欧盟之间有一些协作。由于新冠疫情,我们的边境受到管控,人员往来也受到限制。但俄罗斯有很多资源,包括有色金属和石油、天然气等,所以欧盟的很多国家都是俄罗斯石油天然气的出口地。当然,由于欧盟有自己的规则,我们和欧盟之间的谈判相当艰辛,取得的成果也不是很大,进展还很缓慢。在很多领域,尤其是在环境领域,我们和中国之间也保持着积极的合作关系。

我们还有很多设备供应到其他国家。对俄罗斯而言,如何建立有效的经济运行体制是非常重要的。如何和一些大的经济体,例如中国、欧盟、印度等,在能源、金属、技术产品等领域进行合作,是我们迫切需要探索的。我们希望采取一系列积极措施,来保障全球范围内资源和能源的充足供应。

俄罗斯是能源大国,我们为中国和世界其他国家提供了大量资源。因此,我们之间需要建立合作共赢的经济体制,并进行有效的经济合作。

来自发展的繁荣(中国社会科学院欧洲研究所副所长　陈　新)

众所周知,市场经济之父、来自德国的艾哈德针对德国市场经济写过一本书,叫作《大众福利》。我这里借用一下这本书英文版的表达方式,来对中国的发展方式做一个描述。回顾近200年的历史,世界各国有着不同的发展方式,一些国家在工业化早期,通过殖民主义获得了双重收益。它们一方面通过先发的工业化优势,对外销售工业品,获得丰厚的利润;同时,又通过控制殖民地的资源,获得廉价的供应物。也有些国家通过霸权主义获得了繁荣,比如通过战争获得资源,或者通过管辖打压竞争对手的发展,这些都是单边主义的体现。中国的发展走的是完全不同的道路,是靠自己干出来的。中国自身的发展方式不仅增强了国家经济实力,同时也为全球产业链提供价廉物美的物品,为全球贸易增长作出贡献。

正如改革开放总设计师邓小平所说,发展是硬道理。现在有很多文献归纳中国发展的方式,比如有的研究认为政治的稳定对于中国的发展起到重大作用,也有文献认为市场化的要素为中国发展提供了强大动力。这具体表现在对内进行改革,逐步解除市场运行的障碍,发挥市场的活力,同时对外开放,融入到全球化的进程当中。今年是我们加入世界贸易组织20周年,中国加入WTO对于中国发展起到了非常重要的作用。

我们在强调市场的同时,万万不可忽略国家在调控方面,比如在基础设施领域，所起到的独特作用。众所周知，基础设施一般投资大、周期长，由于资本逐利的特征，所以完全依赖市场方式搞基础设施建设有着天然的缺陷。同时，我们必须看到基础设施有着很强的溢出效应。一项好的基础设施工程不仅仅体现在基础设施本身，因为它会带动相关区域更好地进入市场，吸引投资，进而为地方发展提供活力，地方也会从基础设施项目中受益，并且地方政府可以把这种收益用于社会领域的投资，比如用于教育、医疗、公共服务，形成良性循环。基础设施还有网络化的效应。在基础设施联网之后，它所产生的溢出效应将更强大。因此，基础设施项目带来的效益远远超过了基础设施本身，这也是用市场的账本无法计算出来的。

另外，中国的发展以人民为中心。邓小平说过，"让一部分人先富起来"。在改革开放的40多年当中，我们已经充分感受到中国人民富起来了，中国人民过上了美好的生活。最近这几年，我们已经成功地解决了脱贫的问题。下一步，我们将走向共同富裕的道路。从发展的路径可以看出，这完全是一个以人民为中心的发展方式。我们必须看到，中国的发展也不是一帆风顺的，也遇到过陷阱，比如20世纪90年代，中国在国内搞国有企业改造和改革。美国有一家资本投资公司叫凯雷资本，它当时瞄准了中国机械工程领域的龙头企业，比如柳州工程机械厂、徐州工程机械厂、沈阳工程机械厂等，这些中国机械工程领域的龙头企业差一点就被凯雷资本全部买下，幸好中国政府及时发现了这个问题，叫停了美国资本的购买行为。对比之下，中东欧国家在这方面有着惨重的教训。同样在20世纪90年代，中东欧国家许多百年老厂在私有化的过程中销声匿迹了，多年的技术积累毁于一旦，对这些国家的经济增长和产业发展带来重大影响。这种冲击所带来的损失难以估量。

中国目前已经实现了小康，进入了新的发展阶段。换句话说，我们在以增长带动改革开放的同时，也在推行新的发展理念，进一步强调环境保护，强调气候问题，强调以人为本，同时我们也在建设以国内循环和国际循环"双循环"的发展格局。中国的发展将继续以人民为中心，这也是对全球发展的最大贡献。

最后，请允许我引用习近平主席的一句话结束今天的发言："撸起袖子加油干！"

中国现代化模式与人类命运共同体（捷克科学院全球化研究中心主任　胡北思）

中国非常的谦虚地称自己为发展中国家，但更精确地说它是世界上最大的发展中国家，为全球交流作出了重要贡献。基于中国的现代化模式，中国向世界提供了一些创新理念。1978年是一个非常重要的年份，这是中国改革开放的开始年。中国为全球的供应链作出贡献，中国的内部模式结合了从西方引进的一些模式，造就了中国今天的繁荣。现在中国已经是全球经济体的重要成员。与此同时，它还在发展更加适合国情的国内发展道路。它的国内经济体系和全球体系有重合之处，但又有其独特之处。

中国成功地结合了不同的经济模式，带动了全球经济格局的改变，世界其他地方因为中国而变得更为全球化。中国政府、国营企业、国有银行等在市场经济的管理中也起到了积极作用。中国经济的现代化转型非常成功，在其中大国效应也起到了一定作用。

中国的发展大幅提升了14多亿人口的生活水平。"一带一路"倡议也是中国现代化的一个重要成果。"一带一路"倡议有着重大的影响，不但能带动中国的中长期发展，也显示出中国领导人的高瞻远瞩。"一带一路"可以被视为一个全球一体化的新模式和多边主义的新模式。自其诞生以来，"一带一路"倡议在欧亚大陆和非洲大陆都产生了重大效应。此后，拉丁美洲也加入"一带一路"。现在它已经是一个全球性的大工程了。

中国的"一带一路"倡议，使全球的互动交流上到一个新台阶，也为构建人类命运共同体起到了推动作用。"一带一路"倡议极大地推动了减贫、扶贫和消除贫困的进程。此外，中国一直积极长期参与各种国际组织。中国今年庆祝了重返联合国50周年，这不但对中国意义重大，也对联合国意义重大。四分之一的世界人口因此在联合国有了代表，如果没有中国的加入，联合国的世界合法地位也是应该受到质疑的。自从中国重返联合国之后，就一直和联合国以及联合国的各成员国进行密切合作，尤其是和许多发展中国家密切合作。它为全球的和平和发展起到了重要作用。

新冠疫情下的中国和欧洲（欧洲研究国际中心欧洲-中国项目负责人乔治·佐戈普鲁斯）

我的演讲是关于中国和欧盟之间的关系，以及这种关系在多大程度上可以促进多边化发展和全球稳定。

为了更好地对中欧关系进行剖析，我们有必要回顾一下冷战之后的世界发展情况。回望过往的历史，人们会发现中国和欧盟之间的关系一直在向前发展。尽管中国和欧盟双方并不是百分之百地认同彼此，但是无论是欧盟也好，中国也好，两者的合作一直是1加1大于2。在过去几年当中，中国和西方国家的关系有一些摩擦，中国和欧盟之间也有点小小的矛盾，但新冠疫情的暴发一夜之间让全球惊醒。人们前所未有地守望互助，团结一致，所以在新冠疫情之下，欧盟和中国取得了一些协议，两者间有很多共同利益浮出了水面。

当然，中国和欧盟之间会有一些问题，很多还被媒体放大化。但我选择用积极的心态看待问题：只有合作才能解决全球危机。我们在许多重要问题上需要形成合力，比如气候变化。我们需要的是协调，这样才能一起抗击全球疫情，在这个过程中中国和欧洲可以携手冲在前面，解决我们共同面对的冲突和挑战。这对全球和平和共同繁荣非常重要，尤其考虑到不平等现象和国际冲突的加剧。在欧盟内部，我们必须拥护联合国所推崇的多边主义，并促进它的发展。

知易行难。不过，最重要的一点是，最近中国和欧盟的领导人在对话会晤过程中能够求同存异，找到共同携手共商大计的合作方法，让不同的利益攸关者一起解决全球面临的挑战。中国和欧洲在去年年底公布了全面的投资协议，我们希望它进一步深化发展。我深信不疑的是，我们希望与合作伙伴的关系与时俱进，疫情之后我们必须加强彼此之间的相互理解，才能够一起解决问题。在当今世界，不可能所有的合作伙伴都百分之百认同彼此，重要的是尽管我们有差异，但是我们要求同存异，找到问题的解决方案。

我相信本次论坛将会激发大家在国际合作方面的兴趣，中国和欧盟也定会展现出更大的意愿来加强协作，这是我们非常乐见的。并且我相信，未来中国和欧洲之间的合作会前所未有地加强，我也非常期待能够加入其中。

乌克兰与中国战略合作动向：成就与前景（中国社会科学院-基辅格里琴科大学中国研究中心主任、基辅格里琴科大学东方系主任　伊万·谢梅尼斯特）

中国是世界上最大的经济体。乌克兰和欧盟有着很好的合作，但是我们现在也非常重视与中国的合作，因为中国在世界上有非常强的影响力。对于乌克兰来说，中国作为经贸市场和出口基地，地位非常重要。中国也是最早承认乌克兰独立的国家。中乌之间的合作已经保持了30多年。1991年起，乌克兰和中国以及亚洲、欧洲之间的合作开始逐步展开，这得益于中国政府对双方合作的支持。2010年，当时的乌克兰总统和胡锦涛主席为两国之间的战略发展奠定了基础。2011年，两国领导人签署了全面战略合作伙伴关系协议，确立了下一阶段中乌两国合作发展的目标。今年1月份，我们国家的总统也正式签署了协议，在"一带一路"框架内实现和加强与中国的互利合作。中国对我们来说的确是一个非常重要的合作伙伴，尤其在经济、政治、人文等各个领域。现在我非常希望这一合作趋势能够继续保持下去。

从2012年开始，中国成为乌克兰最大的贸易合作伙伴。2019年，中国在乌克兰经贸领域的市场份额也逐步增长。两国之间的合作高质高量，其领域也非常宽泛，既有工业也有农业。值得一提的是，乌克兰非常积极地加入中国的"一带一路"倡议，并且与中国政府签署了相关协议，加强合作。我认为两国之间的合作在"一带一路"框架内，将会变得更加紧密，并且可持续。乌克兰是中国资本进入欧洲的一个窗口国家，对中国"一带一路"倡议的实施非常有意义，而这一倡议在乌克兰基础设施改善方面的意义也同样重大。

两国在教育和文化领域的合作也非常重要。我观察到，有越来越多的学生对中国感兴趣，且每年学习中文的孩子数量都在增长，这将为发展两国未来的良好合作关系提供保障。两国之间的人文交流可以拉近两国人民之间的关系，这可能比其他领域的合作更加重要，也能对经济合作作出补充。我们还应该明确两国在合作当中应尽的义务，例如明确相关的责任人，负责两国之间高层之间的定期交流，确定相关工作人员处理中乌两国的合作事宜。

我还想强调的是，中乌合作对乌克兰来说非常重要。在乌克兰有很多汉学专家,他们也非常关心与中国的合作。但这还是不够,应该加强这方面的人才培养,这对乌克兰政府来说是非常重要的任务。我们还应该加大两国在基础领域的合作。希望在不久的未来,通过共同的努力,我们能够取得更多的成果。

最后,我要感谢中国的合作伙伴,他们对于乌克兰的帮助非常大,而且我们在乌克兰基辅国立格里琴科大学也设立了中国研究中心,它能够推动中乌发展,促进更高水平的中国学成果的出现。感谢中国社会科学院帮助我们培养汉学专家,感谢中国政府帮助乌克兰克服新冠危机,在提供疫苗方面作出贡献。我个人也对中国取得的成就感到非常惊讶,我相信中国的发展经验对乌克兰来说非常重要。中国经验能够帮助乌克兰发展,当然也能够帮助其他国家更好地发展。希望我们的合作更加紧密,两国关系更上台阶。

中国 40 年改革及其对东欧国家的启示(克罗地亚学者、中国首都师范大学历史学院助理教授　白伊维)

2018 年 12 月是邓小平发表"实事求是"重要讲话 40 周年,这是具有开创性意义的讲话,中国的大型经济社会实验从此开始。在这一巨大的社会努力下,中国实现了发展的飞跃,其规模和速度是现代史上前所未有的。我们应该回顾这些重大的社会经济变化。正是因为这些变化,中国成为世界第二大经济体,是少数几个在如此短的时间内从低收入农业社会跃进全球化高科技社会的国家之一。了解中国的改革,不仅对中国来说很重要,而且对世界其他地区来说也越来越重要。

中国经济的成功经验使得越来越多国家将其视为学习的榜样,将中国的发展模式视为实现自己现代化和快速发展的灯塔。中国改革的步伐之快让许多效仿中国模式的人出乎意料。改革开放 40 多年后,人们倾向将中国的改革进程视为一个现成的分段模式,可以随时随地地应用,并且也能在几十年内取得惊人的成果。然而其结果却是,只有中国实现了快速发展的飞跃,而东欧国家只能设法保持,甚至还在扩大与西方国家的相对差距。这中间的秘诀是什么?简而言之,当时主流经济学家对所有转型经济体给出的处方大致相同,那就是开放交易和外国投资自由化,通过控制通胀维持宏观经济稳定,推出一套刺激国内投资城市化和生产力的金融政策。这些是所有转型国家在一定程度上试图遵循的主要改革目标。

尽管中国和其他东欧国家经常被放在一起比较,但它们除了在制度上有相似之处,在经济、社会和政治条件上完全不同。苏东大多数是中等收入国家,中国一开始基本就以农为本,是世界上最贫困的国家之一。东欧国家的自由化非但没有建立起稳定的投资环境,还导致了通货膨胀,侵蚀了人们的储蓄。最大的变化发生在支持试探性迈向市场经济的政治制度瓦解之后。政治制度的瓦解催化了社会差距的不断扩大,还引发了许多社会问题,这些问题随着迅速私有化、社会安全网和国有企业的崩溃而出现。与中国不同的是,几乎所有东欧国家都从欧盟一体化过程给出的一条明确且经过验证的道路中寻求庇护,通过努力试用一个新的经济体系避免转型的混乱。这个新的经济体系给了他们一些新的承诺,使之在欧盟体系下推行新的市场化,这样他们就没有必要寻找各自合适的改革道路,最终在加入欧盟后,这种过渡就结束了。

中国和东欧改革经验的比较往往只到这个阶段,很少再往后进行。我们这个地区经过漫长的等待,终于加入欧盟,等同于跨越了最后一个发展障碍。这也在一定程度上带来了追赶全球的疲劳感。然而如果不能与欧盟其他国家充分融合,差距将会继续存在。所以我们必须摆脱历史的阴霾,走向每个国家应该走的改革道路。东欧有很多持续的改革方面的问题,我们必须按照实事求是的方法尊重这些事实,对其进行相应的改革。

从历史的角度来说,我们也必须向前进行改革,必须把改革的重任放在国家的肩膀上,而不是企图加入一个联盟然后一了百了。无论哪一个国家,拥有什么样的政治体制和社会环境,都可以对自身进行改革,这就是为什么中国在改革方面引领全球。我们不需要关注特定情形下的结果是什么,我们要看媒介如何发挥催化引导的作用。在这方面,中国的成功可以成为很好的鼓励和借鉴。除此之外,中国改革的过程实际上也具有去集中化的精神,它刺激了生产力的发展,并能够齐心协力满足宏观经济的目标。中国的改革循序渐进、因地制宜、实事求是,具体事情具体分析,关注社会各阶层的需求和社会各利益攸关体的诉求。中国的改革也会遇到一些问题,但它可以摸着石头过河,一路勇往直前。我们希望看到中国成功渡过转型期,不断为社会和经济发展提供动力和新的机制。我们也将以此为基础,进行我们的理论研究,并进一步提出改革建议。

第二分论坛：中国实践与全球治理

议题一：中国与数字空间全球治理体系改革

社会负责性网络行为准则（美国卡内基国际和平研究院高级副院长潘可为）

美国和中国有着不同的研究视野，即使是参与者相互之间达成一致，比如说2015年达成一致的行为准则也非常宽泛，而且仅仅存在于和平时期，在出现两国之间激烈竞争或者冲突的情况下完全不适合。我们是来寻找一种共识，也就是两国达成共识，应该如何负责地开展我们的网上行动。

这里的基本原则，不要使用那些偶发性的后门行为或者在受限范围目标不明确的行为或者造成重大经济损害的行为。那些掌控网络空间权力的政治领导人需要有相应的素养，并且能够实施相关的监管工作，以确保各个国家实施网络空间行为的人受到一定规约。最高层领导人需要不断地学习，并且与那些实际从业者进一步沟通，使实际网络空间行为能够以规范的行为展开。

5年之前当我们和那些CIE高层管理人员谈的时候，他们说中国的哪些网络行为被识别并不是非常清晰，他们经常会非常混乱，但确实存在，这会产生一些微妙的问题。那些网络行为的展开者是不知道如何更精准地开展行为，还是他们实际上真的想要去攻破什么东西？因此这到底是间谍行为还是一种潜在可能的攻击性行为或者是一种威慑行为的信号，这个界限并不清楚。想象一下不同情况下这可能会产生一些风险，也就是不安全、不稳定或者冲突升级的风险，若行动的执行者难以进行解释的话就会带来问题。因此我们建议如果我们有一个规范更好地澄清什么叫作负责任的网络空间行为，这样就能够保证我们更好地避免遭受攻击和损失。给大家看一下例子,其一,就是防止目标不明确的攻击。比如微软,黑客对他们的抱怨是,他们留下了一些可能性使其他人能够追随他们的痕迹进行进一步的攻击,比如勒索软件攻击或者其他的犯罪行为。基本原则就是要对工具进行测试,当然这有可能成本高昂,我们要建立网络空间的测试工具,针对既定的软件进行测试,它非常昂贵,但是有必要,这样可以使我们防范未来可能出现的损害。其二,我们要防止某一个目标在整个生命周期当中受攻击,比如医院的网站作为竞争对手攻击的发起端,你实际上是躲在它背后发动攻击,我们要知道这会使我们的医院变得比想象中更脆弱。其三,自动化在运行过程中常会失控,最后有可能会产生计算机到计算机的攻击和损失。我们需要有一个操作对象的具体界限,防止我们出现目标失控或者不明确的情况。有些时候仅仅是使用到机器当中的内嵌式的软件会导致这样的损失,有些时候我们会看到它只有在某一个具体空间的运行,只能在一个非常清晰界定的空间界限和范围当中进行运行,这是另外一个原则。也就是说,我们的网络行为必须被我们的监测仪过滤过,但是很多时候这些行为在其他网络没有办法运行,只能在那种被监控器过滤的环境当中运行。其四,要防止那些犯罪行为使用后门进行攻击。只有你能够使用这个攻击,其他人不能使用后门用于不同的目的进行攻击。

最后一点,要有一个负责任的监管,就像在现实世界当中的战事一样,如果没有领导者的首肯和批准,就有可能出现国与国之间的争执升级,最后导致失控。要确保有一个负责任的网络监控的流程,它会要求政治领导人对那些主要的网络空间行为尤其是针对其他国家的行为进行批准和认可。他们的操作是不是被测试过等等这些都是事先要考虑的问题,这些网络空间行为的工具需要经过监督、批准才能够防止出现未来的升级,即使它是一个间谍行为,如果国家之间就以上的原则有过那些非常务实的交流,那么网络空间实际参与人之间的探讨将会非常有成效。

在分裂的世界建立数字治理领域国际合作的可能性(美国东西方研究所总裁兼首席执行官　布鲁斯·麦康纳)

美国网络攻击态势呈现出变化趋势。网络攻击对全球危害很大,应采用分层网络威慑的方式来保持各国之间的协商与合作。

第一,美国网络攻击战略已逐渐调整为向前防御。2018年以前,军事力量持续参与是美国网络攻击的核心态势。这一时期被美国称为政治战争的新时代。其主要特征是:美国放弃了冷战期间磨炼出来的传统威慑理论,取而代之的是新的冲突和冲突管理策略。在行动上,美国将使用战争以外的一切手段来实现其国家目标,其中之一就是在武装冲突中,动用军事力量向竞争对手发起网络攻击。美国政府就这种操作手段写了大量文章,并将其称为"持续参与"。但在2018年,美国宣布单纯的网络攻击失效。因为竞争对手发起攻击的累积效应非常严重,以至于美国需要一种新的攻击方法。2018年以后,美国将网络战略调整为向前防御,即从源头扰乱或阻止恶意网络活动,并在日常活动中持续与网络攻击对抗。这一策略的目标就是减少恶意攻击的影响,使之随着时间的推移变得无关紧要。美国的网络战略从威慑转向对攻击的防御,有两个关键要素:一是持续参与,另一个就是主动性。"持续参与"是指网络攻击活动是连续的而不是间断的,是累计的而不是一次性的;"主动性"是指在操作上抓住并保持主动权,预测并及时向前防守。这就相当于设定并重置安全条件,使竞争对手置于不利位置,减少竞争对手可用的选项,这种操作可作为战争的替代。向前防御理论在2020年美国大选期间,经受住了考验。彼时,美国军队向不知情的外国合作伙伴发出警告,帮助他们保持网络安全,并通知同行业缩小相关技术差距。

第二,网络攻击对全球具有危害性。其一,网络攻击会殃及第三国。为捍卫国家利益,美国等会不顾一切地对竞争对手发起网络进攻,哪怕伤及盟友和伙伴也在所不惜。以小国和不结盟国家为代表的第三国对网络空间安全和网络武器升级表示强烈关切,对本国可能被网络攻击所殃及表示强烈担忧。其二,网络攻击不透明,容易造成误判。网络行为者持续参与的性质和程度缺乏透明度,容易造成网络空间的不稳定,增加误判几率。比如,某国在网络中找到竞争对手的代码,但并不知道其真实目的,因此造成误判。这是不稳定的,也是危险的。其三,只要网络攻击存在,各国网络和经济就一直处于危险当中。即使各国已经使用武力威胁和一系列其他手段应对网络入侵,以确保在经受重大攻击事件后能够恢复网络,保持经济和其他领域的稳定。但只要有网络进攻,各国的网络和经济就会一直处于危险当中。

第三,建议采用分层网络威慑的方式保持各国之间的协商与合作。首先,国家和社会之间联系程度比国际体系结构变化程度更为重要。世界各国的主要目标应该是保护大国、国际机构之间的联系，而不是利用它们在网络空间发起短暂的攻击甚至战役。分层网络威慑作为一种结合多种权利工具的战略，不注重进攻而更注重防御，有助于保持各国之间的协商与合作。其次，各国政府应该缓和攻击，在联合国已经达成的协议基础上，努力就网络空间冲突的文明规则达成正式协议，并遵守和执行这些规则。具体规则应包括：在第三国网络上或通过其网络开展行动之前应通知第三国；各国应合作追踪和惩罚其国内的网络犯罪行为；要求公司生产更安全的产品；传授本国公民网络安全知识等。再次，各国应该致力于让互联网变得更加安全可靠，而不是利用网络的公共空间进行相互攻击。比如，我们正在经历的全球新冠疫情，疫苗研发需要创新，疫情信息需要交流，如何预防、如何控制更需要沟通，而安全的网络环境对应对新冠疫情非常关键。但在目前，全球特别是发展中国家在安全方面的合作还需要加强，各国任务分配还需要协调，还有很多工作要做。

生物安全中的网络规范和信心构建体制（美国麻省理工学院计算机与人工智能中心教授　约翰·马勒里）

　　想要维持生物安全基础设施来更好地控制新冠疫情，必须建立网络规范和信任措施。首先，新冠疫情这一重大危机对全球 GDP 带来了巨大的损失，在未来 10 年都会有着长远的影响。新冠疫情是非常重大的危机，有非常大量的死亡人数，同时你可以看到我们那些数据其实也是被低估了，被低估了 12%。除此之外我们还有最少 2 800 万的新冠疫情患者，同时还包括一些心血管疾病患者以及一些心理问题患者，比如小比例的精神病患者，他们都对全球 GDP 带来了巨大的损失。生物安全基础设施，包括医疗设施和药品研究以及生产基地的建设应该成为普遍共识。这些生物医学基础设施属于不攻击关键基础设施的范围。针对生物安全基础设施网络行动的类别，一个是针对操作技术的可用性的攻击，另外一个就是对数据和算法完整性的攻击，还有为政治和经济利益进行的保密间谍活动，等等。

　　其次，和疫情并行发展的地缘政治斗争会进一步推动不安全困境。目前各国都是处于高度紧张的态度，在这样的情况下国与国之间的敌对活动不断增长,国与国之间的不信任也在加剧,并且破坏我们的战略平衡的稳定性。从更广泛的领域来说也是如此。我们看到在2016年和2017年的时候我们谈到了中美之间的对话问题,同时我们也对此做出过预警,现在我们正在朝着这一场景发展,要走出困境必须要加强国与国之间的合作,并且在合作当中寻找资源。在这样的背景下,我们可以看到一种纠缠的危险,我们的生物圈连接了地球上所有国家,全球性的疫情需要全球性的应对,帮助我们更好地管理和应对危机。

再次,网络规范和建立信任,减少公共领域的冲突和不安全因素是非常重要的稳定措施。中美必须加强国与国的合作,并且在合作当中寻找资源。国家不应该攻击生物安全关键基础设施,也不应该破坏生物网络供应链的完整性,包括数据和算法的完整性。还有国家有责任去协助和报告生物网络的脆弱性,来协助针对安全基础设施的网络攻击制定相应的最佳防护做法。我们各国还应该支持发展中国家生物安全基础设施生物网络能力的相关建设。

习近平主席在2015年第二届世界互联网大会上阐述了全球互联网治理体系的四个基本原则,包括对网络主权的尊重、维护和平与安全、激励开放合作、建立一个良好的秩序。我说一下这几个原则如何把它们应用到我们十个生物网络规范当中。以下是我自己总结的若干规范,也可以是未来的原则起点:不干涉原则,即不要干涉其他国家大流行病应对措施,在保健领域不要损害医院和中心运作能力;供应链原则,即不要损害生物医药供应链;研究保证原则,即不要损害研究和开发过程;信息传播原则,即不要传播虚假信息;决策原则,即不要破坏对公共卫生数据分析、疫苗以及其他大流行病相关信息,不要为了政治军事利益而对公共卫生职能部门进行网络或者影响行动,还有不要在公共卫生基础设施上布置或者进行相应的攻击;还有保护原则,即保护关键的公共卫生基础设施免受网络攻击。

最后一个就是协助的义务,和其他国家合作防御非国家行为进行的敌对性的网络和影响的行为,同时追捕那些从事恶性网络犯罪分子或者恐怖分子等。这里有几项建立基本信任的原则:节制原则,节制网络行动,尤其疫情期间,因为受害者的反应比正常情况下应激水平更高;合作原则,即联合行动,追捕对生物安全基础设施进行勒索攻击的网络犯罪分子,还有网络安全报告帮助弥补漏洞,以及网络防疫联合行动,支持生物安全基础设施网络防御;最后就是间谍活动,避免针对这些基础设施的间谍活动。同时为生产和分配连续的疫苗制定合作框架以确保全球范围内的使用。网络影响行动如果有效,会使疫情影响加重,并且会削弱医疗保健行动机构基本应对行为。因此它的扩展就有可能会导致人员死亡,它是对主权的信息侵犯,也形成了国际人道主义法下的不当行为和不法行为,还会上升到武装攻击的程度。大多数影响都是数字层面表现的,我们还要把它的后果结合起来考虑。需要能够找到它的主要影响,最大的问题是要看哪些东西可能会导致影响扩大。我们需要确定归属,如果影响方式是数字化的,那么足迹要被追踪。一旦确定了归属,受害者可以选择以下各种方法,即要么国际法规定的任何一个反制措施,或者威慑性的反应,比如报复。显然,如果各国坚持不干涉其他国家大型的流行病应对措施的准则,战略性和稳定性就会得到加强。

地缘政治博弈对数字空间全球治理体系的塑造(中国现代国际关系研究院科技与网络安全所副所长　李　艳)

和今天很多在座的和在线的专家一样,我之前一直从事网络空间安全和治理研究,近两年我发现大家似乎更加偏好使用数字空间这样一个词汇。作为一个学者或者研究人员,我有一个基本的习惯和惯性,就是在探讨问题之前首先要做一些基本概念的澄清和界定。请允许我先花一点时间和大家交流一下我对数字空间这个概念的认知。

其实目前无论是学界还是政策界,对于数字空间这个概念并没有一个明确的界定或者没有达成共识,但我注意到中国一些科学家认为数字空间是指地球之上空间的认知和通过数字化而构建的一种空间。具体而言就是经过数字化依托卫星探测、通信导航等空间通信网络融入大数据、人工智能等新一代信息处理技术,将各种包括传统意义上的空间比如海陆空甚至所谓的第五空间网络空间在内的所有空间数字化的结果,目的是利用新一代信息技术提升人类对于空间利用开发的能力。与其说数字空间是一个新的概念或者新的空间,不如说它是所有空间的数字化的升级或者转型。这也是为什么有不少科学家或者政策制定者将数字空间的发展提升到打破当前世界空间格局的战略高度。

这个空间具有什么样的特点呢？主要有三方面的特点。第一,因为它源自现实空间,它必然反映现实空间的规律,它和现实空间是映射、共生和融合的关系。第二,它毕竟是数字化以后的空间,必然产生一些新的特点或者新的发展规律、态势。类似于会发生一些化学反应。第三,数字空间反过来又会对我们传统的现实空间不断地带来一些变革性影响,可以预见未来随着人类各项生活和生产活动会加速向数字空间迁移。人类社会的生产要素其实是在不断拓展的,比如说以前谈到要素的时候我们会谈到人力、资本甚至自然资源,而现在我们更多地会谈技术、数据,把它们作为一种新的战略要素,不断推动人类社会突破发展瓶颈。这也是为什么有专家说数字空间的拓展过程本质就是经济社会数字化转型的过程,以信息技术促进要素改造这个世界的过程。由此可见,数字空间代表未来的社会形态,就像刚才有专家提到疫情过后我们都经历了一个线上活动或者数字活动的激增。近期国际社会对元宇宙的探讨也是非常热,其实元宇宙本身也就是对未来社会形态的一种描述,从某种意义上来说元宇宙与数字空间是有一些共通之处的。

总体而言,数字空间会给人类社会带来一些发展潜力和动力的,代表着未来社会形态的演进方向。对于国际社会而言数字空间的良性有序发展的战略重要性不言而喻,能否跟上形势的发展需要,实现有效的治理,使数字空间保持良性发展,真正造福于人类,在信息时代背景下是国际社会共同面临的重大挑战。但是人类发展的实践早就证明了任何新生事物的发展规律都是机遇和挑战并存,数字空间作为人类空间数字化的转型,它带来的挑战也是可以想见的。既有的治理模式和机制需要适应新的形势发展需要,不仅需要理念和认知上的根本改变,更需要一些治理手段的重大创新。正如鲁传颖博士谈到的,数字空间全球治理需要国际社会各方的共同努力来积极探索一些新的治理规则和框架。

接下来我和大家分享的是数字空间的治理体系会有什么样的发展前景。我们都知道影响规则和体系的因素有很多,我主要和大家谈一下地缘政治对于未来数字空间治理体系的影响。很多时候是一种困惑,而这些思考的参照系来源于不少专家谈到的网络空间的国际治理体系的观察。我长期以来从事网络空间安全和治理研究,我认为网络空间的发展态势是一个很好的参照系。在地缘政治博弈加剧的背景下,数字空间治理的理念应该是什么?记得20年前大家在开始讨论网络空间的时候基本上首先就会谈到它的技术架构,它就是一种互联互通的技术架构。谈到治理必然要谈到国际合作,虽然近年来同样受到地缘政治的影响,这种理念、观念、认知有所松动,但是国际合作的思维惯性还是存在的。面对冲突时仍然还是会强调要建立信任措施,控制冲突升级。面对网络空间的所谓碎片化、巴尔干化态势的时候,仍然有不少声音甚至很强烈的声音在呼吁国际社会应该避免网络空间碎片化,这也是为什么中国也提出了构建网络空间命运共同体的战略构想。对于数字空间而言,似乎从一开始就充斥着竞争和博弈,大家可以看到从5G到数据到人工智能和未来的各种可能的前沿技术,数字空间赖以存在的技术架构或者物质基础一开始就是各国战略竞争的重点,数字空间产生的基础就是博弈和竞争。这样的理念推动下数字空间的全球治理体系会有一个怎么样的发展前景,这是我想和大家交流的第一个问题。

在地缘政治博弈加剧的背景下,网络空间国际治理的规则和机制虽然不是很完善,但基本成型了。国际社会各方对于规则和机制虽然还有不同的诉求和分歧,但基本达成共识。比如说谈到机制,首先谈治理主体,网络空间基本达成的共识就是因为它涉及的问题多元及复杂,一定会秉持多利益相关方共同参与的模式。谈到治理目标的时候大家也很明确,因为网络空间各种分歧根源在于发展,各国有不同的发展和安全利益诉求,促进发展、消除数字鸿沟是实现发展与安全平衡的必由之路。谈到治理规则的时候,要强调建立行为规范,要有效地制约、打击网络犯罪、网络攻击、网络恐怖主义等。比如说打击网络犯罪和恐怖主义,推进国际法在网络空间的适用。数字空间目前有哪些共识呢?目前有相当部分的国家只在抢夺各种技术标准和应用规范的制定权,一谈到数字空间大家要谈到的重要战略要素就是数据,比如说技术和数字经济比较发达的国家会更多地偏好让数据流动起来,而欠发达国家更关心数据资源安全和保护的问题。对于国际规则的整体发展来看,很多时候它的设计是由发达国家基于信任甚至基于共同价值提出的,这是不是就意味着从一开始数字空间的规则和机制就是朝着条块化、碎片化的方向发展?我们对未来是否能形成一个全球治理体系?目前我还没有找到答案,希望在以后的研究和交流当中能和大家共同寻找答案。

我以上的分享核心意思就在于数字空间的问题很复杂,而现在才刚刚开始,目前对于数字空间治理的思考更多是困惑和问题,这也是为什么这次会议非常有意义,给大家提供了一个分享的平台,更为重要的是我希望和在座各位专家一道能够推动我们在未来实践当中研究、观察,共同总结数字空间治理的经验,找到数字空间治理的有效路径。当然最高的目标是在数字空间建立一个数字空间命运共同体。

把政治带回：批判性视角下的网络治理（中国国际问题研究院副研究员　徐龙第）

网络空间国际治理首先要关注网络空间的初心和使命，即发展、安全与秩序。网络空间国际治理应以此为目标共识和导向，努力实现国家立场、技术民族主义和国际主义的平衡，网络空间的目标和实现手段之间的平衡以及大国权益和大国责任之间的平衡。

互联网在设计之初是为了便利信息沟通、信息自由流动。当前，从各个国家和国际组织发布的关于网络治理的战略文件来看，各方在网络治理的目标设定具有诸多相似性，如维护网络空间的和平、安全、开放、自由、合作、秩序、稳定等。不同文本在具体措词上可能有所不同，但是大体方向和内容相似。构建网络空间国际治理，推动各国之间开展网络国际合作，需达成三个方面的目标共识。

第一，发展。发展包括技术的研发、人才的培养和基础设施的建设等。技术发展构成了国家实力的重要来源，也是国家强弱的重要基础，还是国家兴衰的重要诱因。世界各国及企业都非常重视科技研发和资金投入。2021年8月25日拜登政府召集美国大型互联网企业开会，包括一些网络保险公司和学校，研究部署网络人才培养，包括谷歌、微软、亚马逊等互联网巨头在内的互联网企业准备在未来3—5年投入上百亿美元进行人才培养。美国这样网络实力较强的国家仍然把发展放在重要的地位上，可见发展是网络空间治理的首要目标。

第二，安全。安全包括政治安全、技术安全等。美国比较强调大选干预，还有经济、知识产权窃取，技术、数据泄漏等危险。发展的目的之一就是为了获得安全，同时安全也可以为发展提供基本保障。安全面临的一个重要问题是，各个国家是否应该追求绝对的安全。网络空间的安全只是相对的，没有绝对的安全。虽然人们对安全的追求可能是永无止境的，但还是要清醒地认识到并不存在绝对的安全。那些为了维护自身绝对安全而削弱他人安全和利益的做法，最终会面临失败的尴尬境地。绝对的安全最后是不可持续的。

第三，秩序。由治理得来的秩序。网络空间的治理既涉及国际维度，也涉及国内维度。无论是国际治理还是国内治理，目的之一都是为了获得和维护某种秩序,为发展和安全提供比较好的外部环境。网络治理也是一种管理,包括制定一些行为准则、行为规范,比如在国内制定企业包括个人应当遵守的法规,国际上制定各国应当遵守的国际行为准则和规范等。有些规则是具有普遍性的,有些规则是针对具体问题来说的。比如打击网络犯罪是具体领域的规则,包括隐私保护。这方面国际上取得了一些进展,但规则制定方面还有很长的路要走,包括制定全球性、统一性的国际公约或者条约。

网络空间国际治理须做到国家立场、技术民族主义和国际主义三者平衡统一。各国在网络空间都有自己的战略目标,包括技术比较先进发达的国家和企业,都试图努力维护自身在技术和资金投入等方面的优势。但是也应看到,一些国家为了维护自身的绝对优势而无视其他国家利益。追求自身发展和维护自身优势的过程中,坚持国家立场和民族立场的同时,还要兼顾国际社会的共同利益,即国家立场和国际主义之间要维持一个大致的平衡。这也是习近平主席提出推动构建网络空间命运共同体的重要原因。在西方也有这么一种说法,自己活也让别人活,这种基本的哲学思想,应该运用到网络空间治理的合作之中。

网络空间的目标设定可能是非常明确和具体的,但是实现目标的手段可能会受到限制,特别是要依法依规、合法合规。比如,近年来美国不仅对中国企业(包括互联网企业)进行制裁,而且采取极限施压的做法。近来拜登政府又要求韩国三星等企业交出芯片生产和库存等核心商业机密数据。这是一种比较极端的做法,后续发展我们还有待观察。目标和手段之间的失衡最后并不利于目标的实现。发达国家和大国具有其他中小国家不具备的优势,包括信息和通信领域。需要澄清的逻辑是,大国在享有优势地位所带来好处的同时,在网络空间的治理当中需要肩负更多的责任,承担更多的义务,作出更大的贡献。大国应当有这种基本的国际责任、义务和担当。习近平主席提出了推动构建网络空间命运共同体的重要思想,这种共同体不仅仅是一种命运共同体,也是一种利益共同体,更是一种责任共同体。

数据安全:继承与创新(360集团副总裁兼首席安全官　杜跃进)

关于网络信息安全的国际合作,2007年以前我们有过很好的国际合作的经验，很多国家重视安全之后，国际之间的信任反而变坏了，合作反而越来越糟糕。今天我们面临的另一个问题就是数据安全，全世界似乎每一个国家都把数据安全当成一个非常严重的问题，甚至陷入某种恐慌。没有搞清楚到底是什么情况的时候就先踩刹车，不要让数据动起来。这一点对整个人类在这次工业革命的发展上是不好的。我们有没有可能在数据安全领域找到一些更好的方法，能够增强国际之间或者企业与企业之间相互数据安全状态，从而能够让数据流动起来，进而让数字经济能够更好地发展。

第一，我们今天说的数据安全其实是一个新的概念。它并不是我们以前非常熟悉的信息系统的安全。过去美国和欧洲都是信息系统安全的领航者，他们在如何做计算机安全、计算机网络安全等方面都有很多很好的经验、标准，全世界都在向他们学习。但是今天说的数据安全并不是信息系统的安全，信息系统的安全是保护一个系统正常工作，数据显然不是这个概念。我们今天说的数据安全也不是很早以前说的数据安全，之前我们说数据安全的时候有时候指的是电影公司、音乐公司的数字知识产权保护，比如说我们数据库里面的安全，比如说企业秘密保护或者国家秘密保护等，那是之前的数据安全。我们今天的数据安全特指当前数字经济时代的数字安全。它到底有什么特点呢？它是数据在当前这个时代怎么存在、使用、流动、共享，在这个过程当中防止它被破坏、窃取、滥用和误用。我们积累的经验都不能直接保证今天数字经济时代的安全。

第二，我们如何来寻找答案呢？这个数据安全的经验一定要从产业中来，而不是大学、研究机构、政府部门。今天的数据安全和三件事情关系最密切：一是今天的数字经济各种各样业务里，比如智慧医疗、智慧教育、电子商务、互联网金融等，数据到底是怎么存在和使用的。如果不知道数据是怎么存在和怎么使用的，那就不可能知道怎么保护数据安全。二是数字经济里的各种技术究竟是怎么工作的，比如说人脸识别究竟是怎么工作的、语音识别究竟是怎么工作的、区块链到底怎么回事，这些技术要了解，才能知道这些技术下风险来自哪里或者在什么场合下解决什么问题。三是对抗的经验。当前数字经济这样的时代当中，不法者是怎么来偷取数据、破坏数据，新型网络犯罪怎么样利用这些数据，我们怎么和他们对抗。这些对抗的经验是能够被提炼出来用于保护数据安全的。这是三个最重要的条件，显然这些条件都需要从产业中来。

就这三点来说我认为中国在以上方面具有比较多的优势，特别是数字经济新的业务形式走在世界最前列，数字经济技术方面和美国同属世界上比较发达的国家。在数字经济领域安全对抗经验中国也是很丰富的,因为中国数字经济的发达导致中国吸引了非常多的网络攻击和数据攻击。在此时此刻全球对数据安全陷入恐慌的时候,中国有责任和义务更多地对这些经验进行总结提炼,并且分享给全球,帮助建立全球数据流动的机制。

第三,这些工作其实也是要继承过去的经验,并不是说过去的东西一点没用。在继承过去经验的时候,整体上我们数据安全应该是以要保护的数据为中心,以组织为单位,以能力成熟度为抓手。能力成熟度的概念最早是由美国于20世纪80年代提出的,现在它被用于很多领域。我们可以把这个概念引入到数据安全里面,对一个组织的数据进行安全的衡量。能力建设的要素也是可以继承的。用什么东西继承这个能力?美国和中国的说法基本上是一样的。美国说人、技术、流程,中国也是这样的,但是数据安全领域我们增加了另外一个更新的维度,即组织的建设或者组织的结构。我们从2015年开始大力做这些研究,经过4年多的研究已经成为中国的国家标准。这个标准是一个三维结构,里面包括了刚才说到的能力成熟度的5个等级,里面包含了建设能力的4个维度,组织、流程、技术、人,还有一个维度就是整个数据的生命周期。这个标准的名字叫作DSMM,我们在中国已经在用这个东西开展了大量的实践,用它来对企业和机构数据安全的能力水平做评估。当数据从一个机构流入到另一个机构的时候,因为你对对方的数据安全的能力成熟度有估计,就可以决定什么样的数据给到他风险是不会扩大的,这种机制同样可以用在国际之间的流动。

漏洞管理的国际合作(上海国际问题研究院特聘研究员 许蔓舒)

在网络空间国际治理中,漏洞管理的国际合作有着非常重要的战略意义,需要世界各国建立有效的协作机制来推进这一进程。在客观现实中,一方面,漏洞随着网络的形成是很难被消除的;另一方面,漏洞的利用率非常频繁,它是网络安全非常本原性、根源性的问题。不断出现的漏洞没有办法及时消除,网络空间的安全风险会不断叠加。

如何开展漏洞管理领域的合作?这需要各国利用现有的资源、现有的机制,本着自愿的原则,以一种非常公开透明的方式尽可能地去提高ICT产品的安全性。重点有三个：第一，共享漏洞信息。各个国家都有漏洞库，这是一些现成的东西。虽然这些漏洞有可能是比较敏感的，但是在各个国家已经披露的漏洞信息上，实际上是可以合作的。还有一个可以聚焦在软件供应链漏洞的管理上，软件漏洞的管理比硬件要容易一些，也可以聚焦 IOT，也就是物联网的新应用、新场景这方面，可能会出现一些新的漏洞问题。以未来可能出现的漏洞问题做一些合作，可能比纠缠过去的老问题要容易一些。还有可以在漏洞的修复上做一些努力。漏洞披露之后怎么修复，这是一个大问题，也是更需要合作的。第二，聚焦漏洞的更新。各国可以把漏洞信息实时上传到一个国际性漏洞平台上做一个汇总、同步，这是大家可以做的。还有一个就是漏洞状态的审核，我们可以加快它的审核速度，就像美国 CVE 漏洞库，很多漏洞一直处于一种候选的状态。第三，就是漏洞的评估。要评估两个东西，一个是漏洞的严重性，对非常严重的漏洞及时做预警；还有一个是对 ICT 产品的供应商修复漏洞的能力做一个评估，用一种比较透明的方式去促进 ICT 产品供应商以非常负责任的行为为大家提供更好的安全的产品。最后，在漏洞的处置方面也是可以合作的，我们现在都有一个漏洞库 CVE，现在需要建一个漏洞的补丁库，把补丁库的索引和漏洞库的索引关联起来，可以非常方便地找到修补漏洞的方法。还有一个就是要建一个专家池，让网络安全漏洞修复的专家库来制定修复漏洞的优先级，还有制定漏洞的修复策略，这都是国际合作机制可以做的事情。

不安全困境与数字时代的国家安全（上海国际问题研究院网络空间国际治理研究中心秘书长　鲁传颖）

学政治的人都知道安全困境是什么？一个国家觉得自己不安全而加强军备的行为，被它的对手或者周边国家解读为一种威胁，对方也加强了军备，最后导致了军备竞赛，反而让它变得更加不安全。不安全困境指的是在网络空间安全泛在的情况下风险是持续存在的状态。一个国家的数字化程度越高，它面临的风险也就越大，网络安全的防御只能在一定程度上缓解风险，但是并不能彻底解决问题。国家加强通信能力的建设并不能完全解决你的安全问题，对政策的制定者来说，你会一直存在不安全的现状，没有办法追求那种绝对的安全。如果我们不能正确认识网络空间的不安全，我们是很难制定正确的政策，你的政策成本也会非常高。举个例子，美国曾经制订了一个战略叫爱因斯坦计划，在美国互联网出口上加设一个设备，这个设备可以监控所有的流量，通过对流量的过滤可以发现不安全因素、黑客攻击，等等。爱因斯坦系统搞了很多期，最后美国并没有解决自己的网络安全问题。这样的项目我们可以认为它从理念上就是违背了网络空间的特点，所以对不安全困境的理解是很重要的。

第一，安全隐患是永远存在的。因为网络是虚拟空间，它并不是自然界的东西，即使是像人类或者自然界经历了1万年的演化淘汰，我们并不是完美的，还是有很多基因缺陷。网络作为一个虚拟空间，它的历史是非常短暂的，60年，这个过程当中，它没有经历长时间的演变。还有它是人所创造的。所有的都是建立在人写的代码之上的，代码越多它的Bug就越多，内部冲突就越多。安全隐患是永远存在的，人不可能创造完全没有安全隐患的东西。刚才说了漏洞的问题，漏洞是一定会存在的，我们在写编码的时候写10行、100行可以没有错误，但是当你写到100万、1 000万行的时候，能确保这么多代码之间没有任何冲突吗？不可能的。我们没有办法杜绝安全问题的存在。

第二，维护安全的成本是非常高的。大家觉得网络安全加强人员投入、设备投入、软件投入好像就可以解决安全问题，不是大家想象当中那么简单的，安全的成本是非常高的。比如说你发现了一个漏洞，你要把这个漏洞补上其实并没有那么简单。在维系正常功能的基础上再去把它的缺陷补上，其实是非常难的。不像修马路，我可以把这条路封了，我们很多系统是不能中断的，要保持它的运营，成本很大，如此一来，安全就变得越来越复杂。你要讲人工智能的安全首先要懂人工智能，讲量子计算、云计算、大数据、区块链的安全，首先要懂区块链。我们看到整个网络安全趋势从早期的垃圾软件等到后来的病毒，再到今天，每一项新兴技术背后都有网络安全问题的存在。这个对安全人才、安全能力都带来了非常大的挑战。这就是为什么很难的原因。同时，合作的困难性大。一方面要对抗一方面要合作，会发现有很多问题。甚至一个国家内部不同部门之间以及政府和公众之间对这个问题都有不同的看法。国家可以窃取情报，但是可以做得更专业一点，不要有附带的伤害。但是美国的公众不会这么理解。有一个例子，俄罗斯对美国开展的太阳风行动，他认为是负责任的，因为这是一个非常专业、非常精确计算的没有附带伤害的，目的仅仅是为了窃取情报。但是如果你问问美国的安全专家，他可能会这么理解，但是如果你问问公众、媒体，认为这是不是一个负责任的行为，99%公众都会告诉你这绝对是不可以接受的,更不要谈负责任了。这就是为什么合作是很困难的。不安全感给国家带来焦虑。第一个焦虑源自技术发展的颠覆性。我们每天都要应对新的安全问题,我们过去的认知、过去建立的知识框架,在新的挑战面前其实已经没有用了。网络安全空间没有绝对的安全,网络空间没有用一招就可以解决所有的问题,你会持续共存、持续斗争。但是如果你落实到一个具体部门、一个人,天天从事这项工作,可以想象他的焦虑有多大,他不知道什么时候一个问题就出来了,哪个系统就不能运作了。第二个焦虑源自它的威胁的不确定性。我们说的网络空间它的烈度很低,没有触及武装冲突的门槛,是一种灰色地带。你的威胁、风险怎么识别?这是很不确定的问题。但是最不确定的是什么呢?是这个不确定当中我们的累积效应。我们认为它是一种低烈度的长期的,但是并不知道这种低烈度叠加的效应会产生什么效应。今天布鲁斯的发言讲到持续交手、前置防御的概念,这些概念本身也反映了美国对于它的网络安全的焦虑,认为传统的威慑概念已经不再适用了,所以我要和你纠缠,到你家里来监控你。我觉得你会危害我,所以我在你家里装个摄像头,你的一举一动我都知道了,我就放心了。但是这可能吗?大家都在家里装摄像头就会带来稳定和和平吗?显然不会。第三个焦虑源自国家能力的不足。我们面对越来越复杂、多元的网络安全,我们发现国家不仅是认识上不够,在能力上也是不够的。这也是为什么我们每天都在发生网络安全事件。国家持续地投入,但是我们并没有觉得我们安全环境得到改善,甚至像美国这样的国家都把网络安全列为它最重要的威胁。美国是这个世界上技术能力最强、人才队伍最多、大企业最多的国家。即使是在这种情况下,看美国的这些政策,其实都是充满了不安全感在里面。

第三,怎样构建数字空间的命运共同体。一是避免数字技术的竞争意识形态化。这是特别会分裂网络空间的一种行为,所谓民主的和非民主的。互联网自从它的诞生就是统一的,技术标准也是从多元走向统一,从原来的 3G 的标准有 3 个,4G 的标准 2 个,5G 的标准 1 个,如果再退回去,成本谁来承担?二是数据的流动。数据是数字经济发展的动力,有人说数据是石油,数据不仅是石油还是血液,要流通才能有价值。如果仅仅是把数据搜集了存在那儿不去用,数据就没有价值。全球的数据流动是很重要的,需要加强合作。三是 ICT 供应链的安全性。我们 2018 年的时候就提出要维护全球供应链的完整性、安全性,今天美国也在说,拜登政府也在说它的 ICT 供应链的安全。中国说的安全和美国说的安全应该不是一个概念。中国的安全就是美国政府不要轻易地用它的制裁手段来对付中国的企业,美国说的是要在它的供应链当中把来自中国的有威胁的产品剔除出去。不是一回事。但是从全球化的角度来说我们数字经济的发展、互联网的发展其实是建立在高效的供应链基础之上的。

第四,关键基础设施的保护。加强在新冠疫情相关的医疗设备领域关键基础设施保护可以成为一个开展全球合作最早的领域,我们对于其他关键基础设施定义和很多方面都有不同的看法,但是对于疫情期间我们是不是能够把医疗相关的内容作为关键基础设施保护的先例,并且制定出一些规范,这是非常有价值的事情。

议题二：新冠疫情背景下落实联合国 2030 年可持续发展议程：共同的未来和共同的责任

为可持续发展找到新的合作路径（上海国际问题研究院院长、研究员 陈东晓）

今天我们讨论话题是"新冠疫情背景下落实联合国 2030 年可持续发展议程：共同的未来和共同的责任"。这个问题太重要了，新冠疫情暴发以后，联合国可持续发展议程正面临逆转的危险。新冠疫情持续蔓延，发展中国家开始深深陷入疫情、债务、经济、生态和社会生态的多重危机当中。我们也看到，今年 10 月份国际货币基金组织在《世界经济展望报告》中指出，疫情对发展中国家复苏的冲击，正从短期向中长期发展。这说明发达国家和发展中国家的鸿沟再次被拉大了。总之，如果国际社会不迅速采取积极行动，联合国 2030 可持续发展的宏伟目标将岌岌可危。这是我们面临的一个共同的威胁。

今天讨论的主题有两个副标题，叫"共同的未来和共同的责任"，宗旨就是"命运与共"。很不幸，日益增加的全球挑战和风险，正在加速威胁我们的世界和平、稳定、可持续发展，乃至整个地球的生存。但国际社会新的鸿沟在不断扩大，特别是一些国家和政治势力，重新囿于意识形态的圈子，宣扬民主同威权体制的对抗，这些行为和"命运与共"是格格不入的，还是冷战那一套，所以破坏了国际社会的积极行动能力，也加剧了国际行动的分化。

今年 9 月，联合国秘书长再次呼吁国际社会中各个利益有关方加强未来意识，共同承担未来责任。中国在落实 2030 联合国议程中，一直发挥表率作用，中国国家主席习近平在今年联大会议上提出了全球发展倡议，得到了国际社会的积极反响。如何进一步凝聚共识，通过创新，通过赋能，在新冠疫情的背景之下,为进一步推进可持续发展找到新的合作路径,这正是我们在座专家的使命。我们上研院团队和今天到会的国内外同行开展了研究,共同发布了《中国落实2030可持续发展议程国别方案》,上研团队今年根据《联合国2030可持续发展议程实践》,为本次会议专门提交了《中国落实2030可持续发展报告》,这份报告目前还在初步阶段。我们希望这份报告为国内外同行了解中国在该领域的一些政策、行动,特别是贡献提供参考。

跨越挑战,以国际合作促进联合国可持续发展目标实现(联合国助理秘书长兼联合国开发计划署政策规划局局长　徐浩良)

我主要谈论的是SDG(可持续发展目标)执行的准备情况。我将先介绍一下SDG的情况,以及我们在实践SDG方面面临的一些挑战,最后呼吁国际采取合作的行动。

由于新冠疫情,我们面临了可持续发展目标实现的巨大挑战。在过去30年,我们一直在追踪人类的发展,计算人类发展指数。去年,由于新冠疫情,人类发展指数遭到了很大的负面影响,尤其是考虑到这些国家的碳足迹情况。比如卢森堡,它在人类发展指数上位列第23,但是如果考虑到碳足迹,它的排名马上跌到了第54位。而另一国家,按照相同的办法,不考虑碳足迹的话排在第62位,但是考虑到碳足迹的问题,又跌到了第124位。所以我们看到,新冠疫情带来了关于SDG实现方面的逆流,这是由多方面因素引起的,比如贫困、饥饿、教育,以及各种暴力。

现在的问题是:我们应该怎么做？我认为,有三个挑战需要优先考虑:确保全球疫苗的平等;减缓债务和流动性的限制;并且推动一个公正的全球能源转型。发达国家的新冠疫苗接种率相对发展中国家是很高的。如果我们不能应对健康问题,那么经济开放也毫无意义,这就意味着许多国家必须先要在接种率上达到要求。但是现在它们面临着疫苗不平等的问题,从疫苗递送到接种之间也存在着问题。

我们需要更好地实现发达国家向发展中国家的疫苗交付。同时,还需要实施新冠疫苗计划,需要生产至少20亿剂疫苗,确保世界上40%的人口得到疫苗覆盖。要满足2022年70%的疫苗覆盖率,我们需要有70亿剂新冠疫苗的实施计划。由于发展中国家无法更好地应对现有危机,在未来我们需要有更好的融资举措,来帮助弥补现有的疫苗缺口。2021年,我们的新冠疫苗实施计划短缺达到了166亿美元,而这一短缺带来的影响是巨大的。我们预计目前有82个国家无法以可持续性的发展继续发展。我们的论坛就这一话题展开了广泛的探讨,希望能够在未来找到一个相应的解决方案。

如果我们不去应对以上所提到的危机和问题,那么全球在应对疫情方面的差距将会越来越大,同时也会影响疫后经济复苏。一些国家的利率高企,以及赤字或者预算的短缺,将会对联合国可持续发展目标实现带来很大阻碍,这也是我们现在面临的巨大挑战。

以上三个举措是应对我们所面临困境的主要方法,是由我们多边领导工作组制定的。我们要以各种方式帮助那些债务高企的国家,使这些不发达国家在资本和利息方面获得减值。同时,我们还可以与信用评级机构合作,但是并不干预他们的评级,尽量减少在债务充足过程当中信用降级带来的影响。另外,我们向非洲提供回购基金,扩大能源转型、气候适应和基础设施的融资。

今年在格拉斯哥举行的第26届联合国气候变化会议,为各国提供了新的承诺,开发计划署与128个国家合作,加强国家类别的贡献。中国已经在2020年碳中和中发表了重要声明,其他发展中国家和新兴国家也表达了他们达到这个目标的决心。而一些严重依赖化学燃料的经济体也启动从棕色工业向绿色工业的转型。大多数发达经济体已经超出他们的排放预算,而大多数发展中经济体还没有达到他们的排放预算,未来会出现一个脱碳趋同的趋势。也就是说,这些国家都在向中间靠拢,我们需要考虑的不仅仅是追求GDP,或者人均GDP的发展目标,因为我们目标是希望能够共同合作,在我们一个总体的额度之中,满足我们的排碳需求。从这个角度来讲,我们需要共同承担责任,为未来共同努力。有一些发达国家可能会快速达到脱碳,因为他们有财政能力和技术能力;而有一些国家则需要一个逐步的过程来实现脱碳,慢慢实现从棕色工业到绿色工业的转型。当然,这对于所有国家来说都是一个共同的目标,需要认真对待。

我们希望看到发展中国家在实现零排放的过程中缩小赤字差距。我们需要每年在绿色能源和能效上投资约4.4万亿美元。我们需要多边的合作来达到这一目的,这对于所有国家来说都是一个共同的议题。

抗击新冠疫情的多边主义和国际合作：国际合作中面临的挑战（南非比勒陀利亚大学国际关系教授、南非全球对话研究所创始执行所长　加思·勒佩尔）

习近平主席的多边主义外交政策动员国际领导人共同应对国际问题，为解决我们面临的各种困难做出努力。第一是 2030 年可持续议程的执行。习近平主席参与了 8 次相关会议，比如 2019 年 G7 领导人峰会、上合组织领导人峰会、2017 年经济领导人会议、第三届世界卫生组织大会等。习近平主席与世界各国领导人进行对话，这是中国多边外交的一部分。

现在我们面临新冠疫情的重创，没有一个国家可以幸免。但疫情也为多边合作和多边主义设置了新的场景。面对新冠疫情，各国都在积极抗争，团结一致。其中非常重要的一点是，我们看到了中国对发展中国家和最不发达国家抗击疫情的承诺。

习近平主席为我们奠定了一个非常好的基础，推动了一个新的全球契约，发展中国家和最不发达国家的情况是不能忽视的。大概有成百万的人陷入危机带来的各种困难之中。同时，我们看到那些国家不仅有健康医疗方面的缺陷，而且在物流、仓储方面也面临很多挑战，许多人还因此流离失所。所以，我们应该强调纵向的、理念性的，以及名义上的多边合作。现在国际局势有很多动荡和不稳定，具有复杂性和脆弱性，这会使国际社会面临着更多的不确定性。在这种情况下，我们更需要多边机制的合作，使我们能够共同寻找更安全的解决方案。

我们在谈论共同繁荣、共同安全时，需要在这种多边机制下来努力，才能最终实现我们的目标。联合国就提供了一个非常好的平台。习近平主席的多边外交努力，是我们在新的时期可以看到的非常有效的方法。他在领导多边合作和多边外交方面走在了前沿，支持多边机构的参与。在抗击新冠疫情的过程中，他更加强调多边机制的作用，帮助那些陷于困难的国家摆脱紧急情况。同时，也为其他国家了树立一个摆脱疫情的榜样。

接下来，我觉得我们要面临的不是挑战，而是一种超越挑战的情况。我们要拯救人类，使他们能够走出困境。同时要帮助那些最脆弱的人群和最不发达的国家。通过疫情,我们看到了全球合作的新面貌,它不仅仅是一个健康问题,还涉及政治、经济等方方面面的问题。联合国是一个多边机制的平台,它提出我们有着共同的责任,要在疫情面前展示出我们的团结精神,这是非常重要的。

疫苗获得以及疫苗的接种情况也是一个全球必须面临的问题。刚才发言人也提到了这个问题。此外还有资金问题,我们现在有什么样的融资机制帮助各国应对疫情呢?我要感谢世卫组织,它在抗击疫情方面承担了大量的责任。世卫组织在各个地区和国家都积极开展新冠疫情防治方面的工作,并分享相关的信息,使对这些信息并不是很了解的国家,能够尽快获得最新的有关知识。

此外还有一个预防性的工作也必不可少。在区域层次和国际层次上,我们应该有一致的、综合性的健康预防机制。我们可以从家里开始,从国家那里获得必要的支持,进行必要的政府干预。同时,我们要确保能够开展密集的合作,在区域层次上进行有关药物的合作,加强相关的安全体系。要确保政府能够提供相关药品,并且分享疫情相关信息,确保那些最脆弱的社会和国家能够获得相关的药品或者知识。这都是我们需要共同承担的责任。

还有健康安全、气候变化挑战,以及全球供应链的挑战,等等。这些都是我们在危机应对过程中发现的问题。通过谈判,已经获得了对于发展中国家来说非常有意义的结果。但现在,我们需要新的催化剂。发展中国家总是被动接受,成为所谓新资本主义的"牺牲品",新一轮谈判要确保能够建立一个更公正的经济环境。

2030 议程、17 个可持续发展目标,都是一些真正的路径图。要达成这些目标,需要一种更为持续的手段,这正是我想要向大家传递的主要信息。新冠疫情带来了一些挑战,也带来了巨大的机遇,这使多边主义合作成为一种新的态势和可能,从而造福整个人类大家庭。

气候变化议题下实现 SDG 目标的途径(北京大学国家发展研究院院长、博雅特聘教授 姚 洋)

我想谈一下全球合作。格拉斯哥会议的主要举措,就是所有国家能在一起合作,制定政策应对气候变化,它有着巨大的影响,尤其是对全球的经济发展。其中一个重大成果,就是统一碳价格。对于发展中国家而言,我们必须考虑以新的战略来帮助他们进行减碳。最具挑战的是更清洁的能源和碳应对之间的矛盾。大多数国家目前还在利用生物能来生产电力,这导致大量的碳排放。全球都需要新的战略,来帮助这些国家更好地实现转型,从以碳为基础的能源结构,向可更新能源结构转变。但是很遗憾的是,我们甚至没有看到主要国家就这一话题展开过讨论。

中国可以发挥更加积极而主动的作用,帮助这些国家实现能源转型。一方面,中国在过去10年以来承担了更多的国际责任。中国可以鼓励这些国家更多地使用可更新能源,从而实现能源转型。同时,中国有能力来做这些事。从20年前开始,中国开始开发和发展太阳能能源。过去10年里,中国在这一领域成效卓越。现在大概四分之三的太阳能板由中国本地生产,三分之一的太阳能装机也是在中国实现的。因此,中国在太阳能领域发挥着全球领导作用。就其成本而言,中国的太阳能电站几乎约等于火电站的成本。由于火电站在中国并没有进一步发展,所以实际上中国太阳能成本甚至还要更低。其实不单中国,在全世界也是这样的趋势。

中国也开始鼓励使用电动车。在过去10年里,中国在这一领域取得巨大进展。在汽油能源车的销量方面,国内生产部件仅占世界的10%,但是就电动车而言,中国生产量约占世界总产量的30%—40%。从技术角度来讲,中国现在正处于世界前沿。最出色的中国电动车能够达到700公里的续程,表现可以与特斯拉媲美,同时它的成本也非常低。可以想象,10年之后中国会出口大量的低成本电动车。在未来,我们的汽车行业也可以有巨大的产能输出,向那些发展中国家输出汽车制造产能,这将会帮助一部分发展中国家从燃油燃料能源车向新能源车进行转换和转型,同时帮助那些接受援助的发展中国家发展其本土的汽车制造业。

我在这里呼吁所有的国家携手起来,制定一个具体的措施和方案,帮助发展中国家转型,实现节能减排。

联合国发展系统改革与中国的作用(德国发展研究院高级研究员西尔克·温利希)

我今天不会谈太多我们面临的挑战,这个话题之前已经讲得比较多了。前面也谈到联合国如何以一些系统性的,或者是组织性的行为来应对挑战,更好地满足 2030 可持续发展目标。今天希望跟大家谈一谈为什么我们需要改革联合国发展系统,以及中国在其中可以贡献的力量。

首先谈一下联合国发展系统本身。这是最大的一个多边发展组织,它的功能包括了对话、研究、能力建设、技术支持、促进南南合作,等等。同时联合国发展系统有很多关键资产,它自己本身也能够为成员国提供平台,让其就未来所关注的共同话题进行探讨,达成一致。同时,联合国发展系统还支持那些目前有的关键资产进一步实施,以帮助满足 2030 目标的实现。联合国投入很多精力用于能力建设,同时还可以帮助我们实现资源汇总和共享,这些凭借某个国家一己之力是无法做到的。另外联合国希望以更加公正、没有偏私的方式,利用这一平台更好地达到 2030 目标,帮助这些国家履行它们的义务。

联合国发展系统的涵盖范围非常广泛,同时在全球各地发挥了很大作用。它是一个变化的机构,可以利用各种专门知识帮助政府和个人实现可持续发展。当然,这只是理论上的,还没有完全落实。要实现这些目标就先要改革。2018 年,我们开始进行有关改革的探讨,对联合国组织进行改革,并建立一些比较完全自主的机构,像联合国开发计划署,还有人权高专办,以及女性权利委员会,它们可以独立处理所面临的问题,同时争取一些融资。

我们这个系统也面临如何实现 2030 发展议程的挑战。为了实现目标、克服挑战,就需要在各个机构之间进行跨部门合作。联合国可以提供比较综合的服务,例如政策咨询,利用我们手上的资源帮助成员国,按照国家的情况和政府的需求来定制相应的服务。2030 年议程需要我们进行深远的改革,来深刻改变我们机制方面存在的问题。现在改革的结果还没有完全显现。

我刚才谈到改革。改革要改什么呢?改革肯定要面向积极的改变,比如说秘书长要有更多的独立性,同时要加强协调员的自主性,和秘书长一起协调事务,努力面对挑战。同时我们还引进新的规划工具,让发展机构能够一起寻找新的发展机会,提供全方面综合性的解决方案。我们改革要能够帮助更小的联合国单位,同时又提高相应的透明度,引进必要的规范性。

联合国改革现在才刚刚开始,结果还没有完全显现,有些进步并不是那么快。现在联合国各个单位为了争取资金,可能相互之间会有一些竞争,合作关系可能会受到影响,所以对联合国来说,资金池是一个仍在采取的措施。为了让联合国各个机构一起合作,一起花钱,一起寻找项目,就需要很多协调和妥协，这种交易的成本还是比较高的。

因为这个改革有助于联合国未来的发展，有助于2030可持续发展目标的实现，所以无论是联合国国家层面的职员，还是国际层面的职员，都很支持改革的举措。现在主要的问题就是要获得相关的资金。

中国能为联合国改革做些什么呢？中国的角色当然非常重要，中国对发展机制的贡献是不可忽视的，联合国一直很赞赏中国作为一个合作伙伴的角色。中国为联合国缴纳会费是非常重要的，它有助于联合国发展。中国将在什么程度上帮助联合国改革成功？帮助联合国支持其成员国实现2030可持续发展目标呢？

首先，中国在过去的10年为联合国提供的资金大幅上升。这里包括会费，这是必须要缴纳的。我们建议，中国应该提高核心资金的支持。中国还要在多边层次上进行更多的资金支持。和多边的银行相比，中国的资金支持还是很低的。它可以通过联合国提供资金，也可以通过自愿的核心投资等机制来进行资金支持。此外，它还可以进行灵活性的资金支持，和联合国的各种单位进行合作，寻找更有创新性的解决方案。

其次，中国在纽约、日内瓦都是一个积极的参与者。联合国秘书长的权限是有限的，因为有许多的管理机构各自为政。中国希望联合国机构在改革之后，所有机构的声音都能得到倾听，这是一个很有价值的建议。现在是时候考虑进行政府机构的改革，以及联合国发展体制融资机构的改革。现在的机制已经无法应对我们面临的问题，所以我们要改革政府融资的架构。

还有，联合国秘书长提出了一个愿景2.0，即我们要有远见，要搜集更多数据，并向数字化进行发展，秘书长非常支持这方面的变化。在这方面，中国也可以给予更多支持。

联合国可持续发展议程的挑战及未来发展（中国联合国协会原副会长兼总干事　张　丹）

今年，王毅部长在联合国发言，谈到了可持续发展目标的问题。经过多年发展，我们看到许多国家在可持续发展目标的实施方面已经取得了进步。正如发言人所指出的，目前为止，我们在实现可持续发展目标方面已经开始脱轨。联合国只主持了 4 个会议,这些会议均呼吁要为可持续发展目标筹集更多的资金。

我们希望今后一年,在推动可持续发展目标方面,能有切实的行动。在这里,我们必须要处理几个问题。

第一,集体政治意愿正在削弱国家和国际社会实现这 17 个目标的可能性。而新冠疫情大流行,也造成了我们前进道路上的各种障碍。现今的地缘政治格局前所未有的复杂,欧盟对中国妖魔化,美国政府对国际事务进行政治操纵,这导致了很大的问题。不单单绑架了基本的一些国际合作的原则,同时也煽动了对中国的敌对情绪,这一点非常之危险。

第二,我们处在一个分裂的世界中,人道主义危机加重,这对所有可持续发展目标的实现产生了负面影响。疫情也使我们面临粮食危机、贸易不平等社会现象,同时也会导致发展中国家遭受更大的冲击。

第三,有限的实施手段。正如之前几位专家提到的,有限的实施手段会导致我们进展缓慢,甚至会出现倒退的现象。这对缺乏基本社会保障系统的国家来说,后果尤为严重。

第四,资金和发展的合作方面缺乏协调。尽管有很多指南和南北合作的路径图,但这些承诺并未得到兑现。

第五,气候变化的极端影响,导致了更大的影响和灾难,导致了可持续发展目标的进展受阻。

第六,第 17 项可持续发展目标,也就是我们的机制建设,这一个目标在所有的 17 个目标之中,最为西方国家所重视。阿富汗的例子说明,和平是发展的必要前提。但是,外部的干预从来不会带来和平、带来更好的治理。过去 20 年,西方式的民主强加于阿富汗,导致阿富汗的政权垮台,社会经济日益恶化。可以看到,西方民主并不是普世的,而人权尊重和保护却是普世的。

现在我要稍微谈一谈,如何加速实现可持续发展目标的步伐。

第一,我赞成之前演讲人的说法,可持续发展目标是通过以人为本的方式,以可持续性的、具有韧性的方式来创造一个更美好的人类家园的图景。它应该适用于所有国家和所有人,这就是为什么需要有一个更为协调一致的政策,以更统一的步伐和行动来应对这一点。正如我们的总干事数次谈到的,需要重建信任,重建团结,同时激励人们的希望。新冠疫情很大程度上改变了全球行动,也就是实现可持续发展议程行动的路径。而我们需要有一个更平衡、更平等的全球合作伙伴关系,来帮助我们加速实现可持续发展的目标。

同时，疫情也加速了多边主义的发展。需要更好地通过以联合国宪章为基础的多边主义，才能实现美好愿景。同时也需要奠定和平发展的基础。美国政府的单边主义，已经为联合国所领导的全世界造成了严重挫折，它也导致国际社会产生了巨大的分歧，这显然不符合任何国家的利益。选择性的多边主义，对于全球合作来讲是一种灾难和障碍。

第二，国际社会必须拒绝双重标准，在所有问题和目标上，不给政治操纵留下空间。而新冠疫情溯源的政治化操作，已经严重损坏以科学为基础、为了人类福祉的共同努力。应该以一种非政治化的态度来帮助我们走上一条健康的道路，这样才能为未来可能出现的紧急情况做好更充分的准备。

第三，以人为本的方针应该是我们加强可持续性发展目标所有三个方面行动的首要原则。同时，我们也应该考虑到不同的国情，并且制定差异化的政策，来使这些政策能够更好地服务于当地人民的需求。因此，联合国不单需要制定一个总体性的议程，同时还要给不同国家一些空间来制定辅助本国国情的差异化的政策。我们没有一个所谓放之四海而皆准的模式。

第四，协调与合作比任何时候都显得更加珍贵，我们有许多能够彼此合作的共同目标。不同的合作模式，包括南南合作、公私合营、私私合作等，它们都可以帮助我们产生协同效应和倍增效应。我们希望那些发达国家都能够满足承诺，来帮助这些发展中国家。

美国政府在联合国大会第 76 次会议上说，他们不希望在世界上进一步制造分裂，但是他们真正做的事情，正是创造新的地缘政治团队。更有甚者，向盟友更多地推广核武器，这些做法实际上威胁到了现在亚太地区的和平和稳定。我们需要郑重以待，确保可持续发展目标依然是这些区域性国家发展的重点所在。

新冠疫情对加强国家政策能力以实现可持续发展目标和共同落实"一带一路"倡议的影响（英国发展研究院新兴国家和全球发展中心主任　谷　靖）

我们现在处于一个全球发展的关键。在过去两年中，我们看到了种种挑战，比如气候变化，比如在很多地方贫穷和不平等的加剧。新冠疫情加剧了这些挑战的严峻性,同时也影响了全球团结,以及多边主义的进一步发展。

正如徐浩良先生所提到的,多边主义是关键,是我们未来的希望所在。因此,全球的转型以及全球团结比以往任何时候都更为重要。当然取得成功也比以往更为困难。随着中国角色越来越重要,我们要问,未来多边主义发展的方向是怎样的,未来全球合作伙伴关系以什么样的形式才能得以实现,国际发展合作如何能够更多地吸引中国,以及我们看到所有的那些措施,哪些能帮助我们更好实现联合国可持续发展目标,等等。

我们做了相关研究,涉及了140个参与签署谅解备忘录的国家。这两项倡议在形式上是独立的,但有着共同的目标,也就是说,这些倡议希望能够吸引很多国家的参与。我们也看到有一些不够确切的地方,既是挑战也是困难。正如之前张丹女士提到的,现在有一些传统的捐助国成员,已经逆转了"一带一路"倡议以及中国的发展战略。它们的改变基于公共框架下的公共合作关系,并致力于寻找其他的可能性和自己的发展框架。

政治和地缘政治的因素正在发挥影响,"一带一路"倡议要在中长期获得成功,就要一一应对这些问题,因为国际发展团体对"一带一路"倡议的看法也很重要。"一带一路"倡议如何推动各国以及各地区的发展,这也是我们要非常关注的方面。

现在新冠疫情严重影响了世界各国的经济。中国和其他国家都面临着前所未有的经济挑战。共同的基础设施投资、外交危机、亚太地区地缘政治的紧张局势,以及发展多边机构的合作,都是我们所要关注的问题。这些多边合作都在推动共同理解、增进相互认识方面发挥重要作用。

由于新冠疫情影响,发展中国家面临着很多挑战。"一带一路"倡议的实施,也在疫情的影响下受到了一定的冲击,但是这种影响是短期的。

由于疫情,发展中国家与中国的政治关系不降反增,虽然这些国家的债务问题是我们不能忽视的。旅行行业也受到很大冲击,中国的海外务工人员不能回国,不能去到现场工作,这也影响了中国与这些国家的"一带一路"项目的实施。中国在老挝和柬埔寨的许多项目都延期了,边境也关闭了,一些制造业以及供应链都受到了相应影响,特别是原材料的运输,并不十分通畅。所以,中国和"一带一路"伙伴国要在健康方面进行更多的合作,这种合作由于新冠疫情暴发,变得更加频繁。这是一个非常好的机会,让中国和沿线国家就可持续发展达成更一致的看法。

可持续发展目标的第 6 条涉及清洁饮水,第 8 条是体面的工作,第 9 条是基础设施的发展,第 10 条是减少不平等,第 13 条提到了气候行动,这些都涉及采取共同的行动来实现目标。"一带一路"倡议和可持续发展目标是可以互容互通的,有助于实现可持续发展。

刚才发言人提到,中国在近几年积极参与国际发展的机制,中国的全球形象也发生了根本的改变,中国参与国际事务的范围越来越大,项目也越来越多,这种参与有助于向主要的决策者传递相关的信息,让他们更多地了解实际的情况。

展望未来,我们看到"一带一路"倡议和可持续发展目标有着更多的共同点和合力,"一带一路"倡议可以为全球发展提供更多动力。发达国家和发展中国家的投资者以及私营部门、相关的多边组织应该携手努力,共同实现这个目标。为此,我们需要建立一个共同的框架。

中国国际发展共同体的建设与全球意义(中国农业大学国际发展与全球院长　徐秀丽)

9 月 21 日,联大会议提出我们要建立全球发展倡议,这是非常振奋人心的一件事情。我们应该多多来说全球发展倡议的意义所在。"二战"以后建立起来的以发展为核心的国际发展架构走过了 60 年的历程。这 60 年历程是非常成功的,因为我们保持了 60 年的总体和平。要知道,在长时段里面,这 60 年的和平是非常不容易的,这要归功于全球人民建立的这样一个架构。它以发展为架构,并把这种理念转化成一种制度,这种制度又通过资源的注入,转化成一种实践。这是"二战"后构建出来的、维持全球发展的治理秩序。

这个秩序当然存在各种各样的问题,但相对来说,它保证了一定的和平稳定,以及稳定中的发展,为人类社会作出了很大贡献。但同时,以西方学者自己的评估来看,这套体系其实存在很大的问题,因为这样的理念是以西方为标本,推动发展中国家朝着西方标准,也就是现代道路前进。这一理念以现代化理论为指导,里面的规则制定非常细致,像一部机器一样。但东西方的体制和语言有很大差异,这造成了我们之间理解对方的视角不一样。要建立一个兼具中西方特点的、多元的视角体系,进一步落实全球发展倡议,是构建新发展知识的重要方面。

中国在落实全球发展倡议上,推动"一带一路"建设,建立"1+N"多个机制平台,进行了多项实践,在理念、制度、实践层面,达到了很高的成就。下一步,我们要更好地推动全球发展倡议,在理念、制度、实践一致性上,跟世界进一步交流。今天的世界要了解更多的中国,中国要了解更多的世界,这两项是共同发展的。

这里需要注意三点。第一,本体论和认识论。西方人非常强调现象和本质,要透过现象看本质,重视纷扰现象背后的规律到底是什么。所以,"一带一路"倡议推出来的时候,西方人会问,你为什么要有这个东西,这个规律是什么?而这在中国的思维模式里面好像不是很存在。我们强调的是,不管是现象还是本质,都要强调找到那个"道",那个"道"穿越了现象和本质,是一个纵向的过程。而且我们也不是把本体论和认识论分开,我们是强调知行合一。我们做到一定程度,看看有没有规律和总结性的东西。

第二,方法论上的不同。西方特别注重规律,注重透过现象看本质,所以在知识生产和知识传播过程中,会非常注重文本。具体问题具体分析,在什么情况下做什么样的决策,无法有一个放之四海而皆准的方案。

第三,实践论上的不同。西方的国际发展从最源起的时候跟它的宗教传播是分不开的,它认为一个所谓现代的文明要经过主动的传播,所以它有很强的传教理念:我要启蒙你,要开发你,要发展你,我要让你进入文明。但是中国人不是这么思考文明,而是认为:我做得好了,别人自然而然就来学习了,不是说我非要教你。所以人家会看到,中西方的表达方式存在着很大的差异,这导致在交流过程中,实际上会存在很多不同的理解,产生很多误解。

最后我想说的是,现在国家领导人已经提出了全球发展倡议,这是一个非常恰当的时机,已经把过去几十年来我们中国走出去进行发展合作的成果进行了总结和统筹,如外交部发言人赵立坚所说,这是人类命运共同体在人类发展领域生动的体现。所以接下来,青年学者们,学术同仁们,政策制定者们,可以把更多的想法聚焦到全球发展倡议的探索和建立更好的双重主体性的认知上来。

从"行动十年"到"加速行动十年"（云南大学非洲研究中心学术委员会主任、上海国际问题研究院特聘研究员　张　春）

我首先简单回顾一下新冠疫情对国际发展合作的冲击，尤其是对可持续发展目标实现的巨大副作用。刚才徐浩良先生已经把这个讲得比较清楚了，我就不用再多讲具体的数字了。

2019年年底，联合国提出要有一个十年行动，以推进2030目标的实现。事实上由于新冠疫情的冲击，2030目标不加速实现很难，但只要加速，实现的希望还是很大的。可持续发展目标加速，将通过包容性的绿色生长，抵消疫情带来的破坏，甚至可能加速可持续发展目标的实现。但是这意味着另外一个问题，我们到底应该遵循什么样的原则？一味加速，是不是意味着可持续发展目标最后实现了，但存在巨大的不平等，可能有的国家没有实现，甚至还有很大差距，但是另外的国家已经远远超过这个目标。

这个世界非常不平等，尤其是就目前来讲，有三个非常严重的问题。第一，疫苗不平等的问题。疫苗的不平等，不仅仅体现在徐秘书长所讲的，发达国家通过协议锁定疫苗，这是非常恶劣的行为。对于发展中国家，甚至低收入国家来讲，由于没有钱，或者缺乏资金，它能锁定的疫苗其实是非常少的。欧盟、美国等国家远远比非洲不知道要多了多少的疫苗，这种不平等是非常令人担忧的。第二，抗疫支出问题。各国抗疫所支出的额外预算差距非常大，发达国家的平均水平是在8%—10%，而低收入国家只有2%左右。如果考虑到这些经济体经济规模的差异的话，就现今而言，这个差距会更大。第三，政府开发援助问题。如果我们比较2008年全球金融危机救济和2020年新冠疫情之后的救济，特别是就援助而言，这个差异非常明显。这就导致一个问题，单就年度的数字来讲，最不发达国家所获得的政府开发援助（ODA）好像不少，但如果连续来看，从2010年开始到2020年，这10年里，最不发达国家获得的政府开发援助事实上没有什么增长。如果再算上汇率或者货币贬值，事实上是少了。就这样的情况来看，抗疫或者是发展中国家的抗疫，平等性难以实现。

我个人有一点建议和想法。我觉得有三项原则应该坚持。一是坚持共同但是有区别的节奏或者进展。这意味着发达国家抗疫实现可持续发展目标需要加速，但是发展中国家，尤其是最不发达国家，这个加速度应该更大。但是，欠发达国家或者发展中国家没有那么多资源用于实现更快的速度，就需要第二项和第三项原则加以辅助。

二是我们所说的共同待遇区别的责任。我们说了几十年，这项责任或者这项原则仍然没有执行。怎样把这项原则变成可以执行、可以操作的责任？我个人建议，把它变成 SBDR2.0 版本，事实上应该是一个三位一体的结构。第一位，就是传统的援助国，0.7％的标准应该全面兑现；第二位，是这些新兴援助体，可以借用或者参照全球气候变化的原则来设定政府开发援助自愿捐助目标；第三位，对于发展中国家（或称受援国）来讲，他们也应该承担起自己的责任，尤其是其国内资源动员也应该设定自己的目标。如果这个三位一体的模式建立起来，至少对于发展中国家缩小实现可持续发展目标资金差距是有帮助的。

最后一项是共同带有区别的贡献原则。这一项和第二项不完全是重叠的，更多是一种公共产品供应的协调配合机制。现有公众产品供应是基于霸权稳定论基础上的机制得出的逻辑结果，或者是制度结果，就是少数国家垄断公共产品的供应。这种排他性、垄断性的供应结构，不利于其他国家，或者整个国际社会可持续发展的实现。

怎样建立这样一个体制？基于我刚才讲的各国的比较优势，应建立一个劳动分工体系，共同提供国际公共产品。中国是否会提供解决方案？我们还不知道，但是至少中国已经作出一些贡献，而且可能作出更多的贡献。

新冠疫情后的联合国可持续发展议程：中国国际发展合作的角色和展望（商务部研究院国际发展合作研究所助理研究员　刘　娴）

我来自商务部研究院，主要从事的是中国对外援助和国际发展合作的研究，所以在日常工作当中，得以以较近的距离来观察中国国际发展合作。今天我以这个视角切入，谈一谈我的观察和体会。

我想说两个方面。第一是中国国际发展合作在联合国可持续发展议程当中的角色和作用，第二是对未来的展望。

先说角色和作用。2015 年可持续发展议程提出以后，中国在国际发展合作中发挥着一种主动对接、积极助推的作用。今年 1 月份，国信办发布了新时代中国发展合作白皮书，其中一句话是"帮助其他发展中国家落实 2030 议程，是中国开展国际合作重要方向"。在编排的时候，可持续发展作为单独一章呈现。因为可持续发展议程有 17 个目标，还有 169 个子目标，我们有很多项目很难一一对应，所以我们选取了消除贫困、粮食安全、医疗卫生、教育、创新、经济增长、中国对外援助具有长期实践等 8 个领域，来全方位呈现中国为可持续发展议程所作的贡献。

我认为，中国主动对接、积极助推的一个角色，更体现在政策设计上面。特别是 2018 年国家国际发展合作署成立之后，对外援助向着国际发展合作转型升级，中国得以以更高的定位和更广的视角开展国际发展合作，赋予对外援助更多的国际视野和全球关照，发挥应对全球性挑战、完善全球治理的积极作用。

前不久，习近平主席在联大提出全球发展倡议，推动实现更加强劲、绿色、健康的全球发展，这些都和加速落实 2030 年可持续发展议程是相向而行的。

第一，更加注重发展合作的普惠性。以民生为导向，以人民为中心的援助理念，实施小而美、惠民生的项目，实现不让任何一个人掉队的目标，切实让当地民众受益。去年抗疫物资援助和今年疫苗物资援助，都生动体现了这一点。

第二，让发展项目久久为功，持续发挥作用。中国更加注重绿色生态环境的影响，实施更多环境保护、生物多样性保护的项目。同时，也体现在加强软援助，就是智力援助。2015 年成立南南合作和发展合作，实现一种更有后劲、更有韧性的长续的发展。

第三，中国更加注重发展合作的开放性。中国援助从传统的双边援助为主的主渠道，更多转向多双边协同发力的政策。通过设立南南合作基金，还有多边机构设立专项基金，通过提高援助资金的灵活性，激发国际组织比较优势，形成一种全球发展伙伴关系，共同作用于发展中国家的发展。

再说对未来的展望，未来中国发展国际合作如何更好助力 2030 议程。国际发展合作和 2030 年议程是天然相亲，但是又有一些天然的矛盾。因为狭义的国际发展合作，大多数都是国家财政资金，和商业资金不同，天然具有非盈利的目的和发展的属性，可以说是可持续发展议程最好、最纯粹的助力。但是，它的财政性质就决定了它的有限性，特别是新冠疫情之后，各国财政普遍紧缩，要弥补可持续发展目标的巨大资金缺口，单靠财政资金远远不够。所以可以看到国际上动员私营部门资金，像经济合作与发展组织以前提出的混合融资，还有全口径统一调查制度，以及动员发展中国家国内资金，比如说更好实现更广泛税收等,这些成为国际发展合作领域一个新的趋势。

我认为,在这样一种大的形势和背景之下,中国国际发展合作要取得更大的进展,可以从两个方面进行创新。第一,方案和模式的创新。因为在资金相对固定的情况下,要实现事半功倍的效果,就需要进一步优化我们的合作方案。中国作为南南合作国家,要更好地利用发达国家没有的比较优势。我们和发展中国家有着相似的发展历程。现阶段中国正积极致力于分享中国国内的发展经验,但是我认为有一点还可以继续挖掘,即中国同时具有受援和援助的双重经验。大家都知道,改革开放之后,联合国等国际组织为中国提供了大量支持和帮助,中国在这个过程中,也积累了丰富的援助项目管理的经验,这可以充分挖掘并分享给发展中国家,用于提高他们的受援的有效性。

其实,这也和国际组织驻华机构职能转型息息相关。中国已经全面建成小康社会,是不是不需要国际组织驻华机构在中国实施援助了?我认为,中国和国际组织可以转变为一种更加紧密的互动合作,系统总结国际组织对华援助的经验,梳理总结整理出中国利用国际援助资源来服务国内总体发展和各领域行业发展的最佳实践,来提高发展中国家援助的有效性。

第二,资金渠道的创新。前不久习近平主席的全球发展倡议提到8个重点领域,其中发展筹资是未来一个重要的方向。发展筹资是一个很庞大的体系,涉及方方面面的资金,经济学上我们说有为政府和有效市场,我认为在发展领域和发展筹资方面,国际发展领域也同样需要有为政府和有效市场。政府的对外援助资金可以发挥更为重要的政策引导和杠杆撬动的作用,通过前期找项目、降风险、补短板等引方向的功能,来吸引和动员更广泛的社会资本、民间资本、私营行业的资本,共同推动发展中国家的发展,形成一种产融协作、政企协同的筹资模式,为加速2030年可持续发展议程提供更好的助力。

议题三：全球气候变化和碳中和转型展望

气候变化与全球治理（上海国际问题研究院副院长、研究员　杨　剑）

中国古人把天和地比喻为自然，我们谈气候变化，就是谈地球系统的气候变化。中国古代的哲人曾经说过，"天地尚不能久，而况于人乎"。意思是说天地和自然不能持久的话，人的持久无从谈起。我们运用传统的中国智慧加上现代的治理方案，来探讨一下今天人类面临的最大挑战之一，也就是全球气候变化。

英国的工业革命带来的技术让我们变得更强。因为有了蒸汽机，人类有了火车、轮船，可以走得更远。因为有了石油，人类可以飞得更高。因为有了电气，人类的生活更加便利。我们原来居住在森林，觉得森林是容易迷路的地方，现在我们不担心了，因为森林越来越小。我们可以深入万米的海底，我们可以到达极地，这就是我们人类能够在地球上占有主导地位的一个技术上的原因。同时，人类社会的规模也变得更大，我们的农业技术、养殖业技术、医疗技术、医药技术等，让我们的生命周期变得拉长。

"二战"以后世界保持了相对的和平，其结果是全球人口的不断增长。人类的寿命从30岁延长到50岁、70岁，人口规模从30亿发展到50亿、70亿，未来还要奔向90亿。这种技术帮助的叠加，让我们感到这个星球的负荷已经到了所能承受的极限。

工业技术带来的负面效应，已经让我们不得不对自己的生产方式、消费方式和生活方式加以重新思考，这些负面效应就包括生物多样性的消失、其他物种栖息地的消失、大量生产的污染和垃圾、空气中的碳排放等。工业革命早期，因为工业活动少，人类规模小，所以带来的负面效应，比如污染、排放，对整个地球的影响忽略不计，但现在我们必须要改变，这对我们的生产方式和生活方式是一种挑战。

还有信息技术。信息技术可以告诉我们更多,科学家把来自于大气的海冰、洋流、生物的各种信息交织在一起,甚至把远古时期存在冰层里面的信息也挖掘出来,用计算机做预测,让我们能够知道,对于地球的未来,这种变化可能带来的风险。有一种说法是,这种变化可能会让气温的上升到达一个临界点,如果过了这个临界点,整个地球,包括我们人类赖以生存的气候系统、生态系统,都要崩溃。

所以必须要让决策者、企业、学者,让每一个消费者都能够认识到问题的严重性,然后通过一种复合治理的方式,达到碳达峰和碳中和的目标,这都是已经在时间表上确定下来的目标,这会让我们每一个产业,甚至每一个企业、每一个消费者,都进行自我调节和自我适应,以此达到新的生产生活方式。基于目标的治理和基于规则的秩序,在未来的治理中将发挥很重要的作用。所以我们应当把新技术、新方式、新治理、新机制结合起来,找到更好的解决方案和出路。

气候变化的雄心与构建气候领导力(国家应对气候变化战略研究和国际合作中心主任　徐华清)

我想围绕着加强国际间有关碳中和的战略对话,谈几点初步的认识和思考。

首先要跟大家重温一个月前习近平主席在第76届联合国大会一般性辩论上的讲话。习主席进一步强调中国将力争2030年前实现碳达峰,2060年前实现碳中和。这需要付出艰苦努力,但我们会全力以赴。这彰显了作为一个负责任发展中大国领袖的信心、勇气和担当。大家要注意到,这里提到了努力、全力和大力,尤其是支持发展中国家能源绿色低碳发展,不再新建境外的煤电项目,也得到了国际社会的广泛好评。

再回顾一下去年9月22日习近平主席在第75届联合国大会一般性辩论上的重要讲话。习近平主席强调,这场新冠疫情启示我们,人类需要一场自我革命,加快形成绿色发展方式和生活方式,建设生态文明和美丽地球;同时,习近平主席也呼吁各国要树立创新、协调、绿色、开放、共享的发展理念,推动疫情后世界经济的绿色复苏,汇聚起可持续发展的强大合力。我想去年习近平主席的重要讲话就是疫情对我们的最好启示。也正是基于基本的推动绿色低碳发展这样一个考虑，中国提出将提高自己国家的贡献力度，采取更加有力的政策和措施，二氧化碳排放力争于2030年前达到峰值，努力争取2060年前实现碳中和。

对于完整、准确理解2030年前碳达峰和2060年前碳中和，我个人认为有五点值得高度关注。

第一，中国将坚持引领新发展理念，在应对气候变化，尤其是实现碳达峰、碳中和这个领域，我们要做到三个坚定不移：一是坚定不移实施积极应对气候变化的国家战略；二是坚定不移加大应对气候变化政策和行动的力度；三是坚定不移走生态优先、绿色低碳的高质量发展道路。这对中国实现双碳目标尤为重要。

第二，聚焦碳达峰、碳中和两大目标倒逼。这里我想进一步明确，中国2030年前碳达峰、2060年前碳中和，这两个"前"体现了中国强烈的国家战略意图和政策导向。也就是说，应对气候变化是中国可持续发展的内在要求，不是别人要我们做，是我们自己要做，自己要做就应该做到更好。同时，这两个"前"也体现了中国政府决策对科学的尊重，因为当下全球疫情究竟对世界经济和中国经济产生什么样的影响，至今还难以清晰判断，特别是未来的技术进步、技术创新，究竟对中国实现碳中和目标会带来哪些颠覆性的影响，从目前的科学认识来看，也很难做出准确判断。所以无论如何，请大家关注，我们提出的目标是2060年前实现碳中和，这完全符合巴黎协定规定的到本世纪下半叶实现温室气体人为排放源与吸收之间的平衡。

第三，中国实现碳达峰、碳中和，将充分发挥有条件的地方重点行业、重点企业的率先带动作用。聚焦在碳达峰，其实在中国政府2016年印发的"十三五"控制温室气体排放工作方案里，就已经明确要求优化开发区域，率先在2020年前实现碳达峰，力争部分重化工业在2020年左右实现碳达峰。在中国"十四五"规划和2035远景规划纲要里，明确支持有条件的地方在"十四五"达到峰值。由于中国是发展不平衡的发展中国家，发挥有条件地方重点行业、重点企业先行先试，对确保中国实现2030年前碳达峰尤为重要。

第四，围绕着实现碳中和，我们必须要有工业革命、能源革命、技术革命和消费革命的突破。这四大革命的突破对中国实现碳中和极为重要。中国政府高度关注能源革命，早在2014年就明确提出了能源革命实施的战略。目前中国政府也高度重视技术革命,包括消费革命,中国将依托新型的可再生能源发电技术和新型的核电核能技术,来进一步强化这方面的技术创新,也将依托新型的基础设施建设和智能互联,进一步强化低碳、零碳、富碳技术与当下新型基础设施建设的有机融合。同时将进一步强化零碳产业以及相关富碳产业,作为未来重要的战略依托。

第五,在10月12日生物多样性第十五次巅峰大会上,习近平主席明确宣布,中国将发布重点领域和行业的碳达峰实施方案和一系列支撑保障措施,构建起碳达峰、碳中和"1+N"的政策体系,进一步强化碳达峰、碳中和的底层设计。同时习近平主席明确宣布,中国将持续推进产业结构和能源结构调整,大力发展可再生能源,在沙漠、戈壁、荒漠地区,加快建设大型的风电光伏项目,第一期装机容量约1亿千瓦的项目已于近期有序开工。

中国目前在推动碳达峰、碳中和相关工作中,既有顶层设计,又有落地的具体措施,也就是顶天立地,目标与行动的有机的结合。所以我还是期待着与各位就做好碳达峰、碳中和进行进一步的交流。

日本和亚洲能源的转型(日本东京可再生能源研究所所长 大林米佳)

日本可再生能源研究所创建于福岛发生核危机之后,因为看到了核电厂带来的问题,我们开始反思,所以建立了这样一个研究所。

我想在这里讲一下日本和亚洲能源的转型问题,还有日本在这方面有什么法律来应对气候危机。大家都知道,亚洲是世界发展最快的地区,但是它也同时占到了世界碳排放的40%,这会影响到气候危机的到来。日本在这方面深有所感,因为日本和其他不少亚洲国家都受到气候变化带来的灾害的深刻影响。

日本和中国的排放量加在一起占到了全球排放的30%。日本现在依然使用很多化石燃料,甚至到2050年也还会使用相当部分的化石燃料来发电。对日本来说,我们确实也需要跟其他一些国家来分享有关控制温室气体效应的储备技术,例如碳捕获。反过来讲,日本在发展新能源和可再生能源方面也有很大的潜力。

现在全球在气候变化和能源使用方面的情况,因为新冠疫情的影响,很多传统能源的使用率确实是降低了。在日本,化石能源使用量降低了,同时可再生能源使用量上升了，可以说可再生能源的使用已经在迅速扩大。因此，可再生能源的价格也是大幅下降了。日本现在可再生能源的价格在世界范围内也是比较低的。另外，新能源、可再生能源发电的电价也比较低。所以日本要造新的电厂，实际上都是要按照新的方式，要更多地利用太阳能和风能这样一些新能源。

目前世界上占 GDP 四分之三的国家当中，日本新能源电的价格是最低的，这是日本的一个重要成就。国际能源署也说过，可再生能源到 2050 年应该可以占到总能源的 90%，具有零排放的前景，这毫无疑问是一个雄心勃勃的目标，是非常可喜的。

日本目前要新建 6 个能源厂，都是按照新的可再生能源标准来建设的。到 2050 年，我们宣布要达到碳中和，但是到那个时候，整个能源的结构是怎么样的呢？现在政府并没有非常明确地提出来。不过总的来说，90% 的能源将是来自于新能源和可再生能源，所以我们在这里可以把日本和世界上的其他国家做比较，可以看到它们能源转型的情况。天然气的比例会明显上升，然后我们也要大量使用新能源、可再生能源来发电，这是日本整体的发电状况，这个将会明显改善。也就是说，原来由煤和天然气发电的比重将会越来越降低，日本将会进行更多太阳能发电的装机。可以看到，到 2030 年 45% 以上将是可再生能源发电，日本已经将此举部分落实在法律当中。当然对于国民来说，可再生能源价格还比较昂贵。但是日本在整个可再生能源降低成本的方面做的比其他一些国家还是要好，我想这在很大程度上依赖于我们发电企业技术的进步。

总的来说，日本将会更多地引进可再生能源。日本现在还需要为可再生能源，特别是在能源领域当中的转型做些什么呢？日本的新能源和可再生能源已经比较廉价，在 2020 年就已经达到了最低水平，但是在这方面还是有更多的余地可以充分挖掘。我想很重要的就是我们应该保证让那些排放二氧化碳的人付出代价，如果不让他们付出代价的话，他们能转型的自觉性还是不够，所以我们确实需要有更多的规范和政策，来使原来外部化的成本能够内部化。这点很重要。我们需要有一个非常强有力的新能源的定价机制，这个日本在努力推动，而且我们也在亚洲国家推动建立这样一种新的定价体系，这样能使可再生能源得到更广泛的普及。

总之，这种方式让日本能够更多地来使用可再生能源。亚洲确实在世界范围内是一个碳排放的大户，中国也是这样，日本也是这样，我想日本和中国应该尽可能地在这方面做更大的努力,来减少化石能源的使用。日本和中国作为最大的贷款方,向一些国家(如印度尼西亚和越南)的煤炭企业发放了贷款,我们应该在金融领域也鼓励其他亚洲国家,让他们能够尽可能转型。

气候变化与零碳世界的前景(德国气候发展咨询部主任　托马斯·赫希)

全球零排放的转型确实是我们这个时代的一个关键性挑战,它同时也是我们全球繁荣和生态文明的一个重要前提。经济、就业、可持续发展、全球的生态文明,都是高度联系在一起的问题。

国际合作的深化很重要,全球治理的多元化也很重要,我们现在强调的是多样的目标,包括控制气温的上升、对于生物多样性的维护等,这些都是全球的问题,没有哪个国家可以独善其身,这种情况下我们必须要进行全球合作。

根据联合国的报告,地球有可能最终升温 2.7 ℃,可能将会带来气候、人道主义以及经济方面的灾难。因此联合国秘书长特别敦促 20 国集团国家一定要尽量控制在升温 1.5 ℃内。毕竟这 20 个国家的碳排放占到全球排放的 80%,如果他们能够做到这点,那么整个世界也就可以更容易实现这个目标。

现在可以说全球都处在气候变化的紧急状态中,有可能会达到一个临界点,这个临界点是否到来,还要靠我们的行动。经合组织成员如果到 2030 年能够完全把煤炭使用彻底淘汰,而 2040 年,世界其他国家也都淘汰煤炭的话,我们就在控制全球气温上升过程当中,走出了非常决定性的一步。中国和其他一些国家因此不应该再给任何煤电工厂、煤电发电厂提供任何的金融贷款支持。当然光这点还不够,我们还需要在技术方面采取措施,特别是我们要弄清楚,我们未来的行动模式应该是怎么样的。

欧盟有一个大的绿色方案,在三个大经济体,即美国、中国和欧盟之间,欧盟较快地采取了行动。欧盟在碳交易系统、未来碳调整的位置、可再生能源的扩大、有关国有企业的竞争问题等,都推出了一揽子计划。欧盟也表示,要高度关注我们工业内部的情况,同时也要考虑到区域之间的平衡问题,还要考虑社会目标的实现。

总的来说,对于贸易各方非常关键的是,有关的竞争应该要公正。在气候变化当中,我们要考虑到气候转型的正义,这意味着用一种碳中和的方式来生产，这实际上对于我们全球的文明是比较有利的，而且不应该有任何的竞争者通过不法的或者不公正的手段来达到目的。例如，有些竞争者可能在继续污染大气，在这种情况下，他们可能反而在市场上胜出，这对于我们全球的气候生态文明建设是不利的。我想中国必须要行动起来，跟我们一起来推动气候变化方面的正义转型。另外，一些比较贫困的国家转型比较困难，也许他们在一段时间内还需要排放较多的碳，但是我们也要尽量对他们这样的行动加以规范。同时我们当然可以充分考虑到这些贫困国家当中一些比较贫穷的消费者，这也是我们所说的正义转型的一个重要内容。

富裕国家和贫困国家需要一起来协调，在巴黎气候协议的共同框架下进行合作。如果我们要把升温控制在 1.5 ℃ 的话，就必须要充分利用好这 10 年，在格拉斯哥召开的第 26 届大会，必须拿出一揽子计划来，保证 1.5 ℃ 升温的控制线继续有效。

很多国家，尤其是像中国、俄罗斯、沙特阿拉伯这样的大国，需要一起介入进来。英国是这次格拉斯哥缔约方第 26 届会议的主办方，英国也需要展现充分的政治影响力和政治领导力。我们一定要达到巴黎协议的目标，而且是以一种比较公平的方式，以一种相对低成本的方式来实现。第一，要签署巴黎会议最后的规则书，把它确立下来。第二，需要建立一套程序，让我们能够为 2025 年的气候融资做好准备。第三，需要充分考虑因此而带来的损失和伤害。第四，发达国家需要履行他们原来说的提供 1 000 亿美元气候融资的承诺。

实现这样四方面的目标还不够，我们目前还需要做更多。G20 成员国应该设定到 2040 年、2050 年实现零排放的目标。G20 成员国必须完全淘汰煤炭，不管是在国内还是国际，停止建造任何以煤炭为基础的发电、煤电工厂。另外，气候行动的代价非常高昂，但如果我们推迟有关行动的话，最后的成本要高得多。正因为这样，我们应立即采取行动，否则未来我们将无法承受过于高昂的代价。

气候行动，实际上本身也是一个最终可以给我们带来回报的重要投资，它可以创造就业，也可能诱发下一场工业革命。新的工业革命，将为我们未来的繁荣奠定新的基础。应对气候变化不是我们的负担，而是我们一项重要的义务，这也是我们这一代人对于建立生态文明所作出的重要贡献，是为了保证我们的子孙后代也能够享有非常繁荣的世界。

发展中国家建设中的绿色转型路径与中国角色：示范与助力

（北京师范大学客座教授　涂建军）

今天我想谈的是所谓绿色领导力，我重点谈三点大趋势。

第一，权力再平衡。冷战结束之后，在全球化大背景下发生了一轮权力大平衡，就是国家政府的权力向国际组织、商业、NGO以及公民社会让渡，这极大促进了全球化的进程。也是在这个背景下，中国于2001年加入了WTO。但是2008年世界金融危机之后，出现了新一轮的权力再平衡，我们看到的是权力向国家政府重新让渡，关于国家和国际组织，包括和商业界、NGO、公民社会的关系都发生了很多深刻的变化。

第二，我们现在有了全球轰轰烈烈的净零排放承诺，而且还发生在全球新冠疫情期间。中国承诺2060年实现碳中和，那就相当于从2030年开始中国一年减掉的二氧化碳排放量要达到法国全年的排放量，连续减30年，这在人类历史上是空前绝后的。中国最高领导人最近承诺，海外煤炭煤电的投资要停止了，即便是这样，关于中国的评价还是做的不够。在这种背景下讨论绿色领导力是非常有意思的一个过程，但无论如何这个世界变了。国际能源署在历史上是一个很四平八稳、强调能源转型一个国家也不能少的国际组织。这个国际组织今年早些时候已经发布报告说，为了实现2050年净零排放，从今年开始石油行业的上游投资要全部停掉，连国际能源署都认同了本世纪中叶净零排放的愿景，这个世界真的已经变了。

第三，我们要非常重视能源转型，即便清洁的能源转型与地缘政治有很大的冲突。2014年，由于美国页岩油气革命的成功，美国和沙特的关系发生了深远的变化，4年后《经济学人》杂志关于能源的特别报告，更关心像中国这样在全球清洁能源转型走到前面的国家和产油国这样一些在清洁能源转型比较困难的国家，未来在地缘政治格局上会发生什么变化。

从这些角度来讲，我想谈一下全球能源供需的新形势。首先不得不谈一下现在国内国外讨论很多的重大的能源市场波动。请注意我没有用"能源危机"这个词，我认为现在影响的严重程度还没有到能源危机的程度，但是新闻媒体上已经非常危辞耸听。

能源市场的波动有几个原因。第一，以可再生能源为导向的能源转型叠加部分国家去煤去核，它在过渡期内强化了天然气的重要性。第二，间歇性的可再生能源并网。如果没有一揽子的有前瞻性的理论体系和行动方案，就很容易造成供应稳定性的问题。第三，现在的清洁能源转型议程使得一些欧洲国家，甚至新兴经济体国家，在化石能源上游行业投资的意愿降低。这从中长期来讲是一件好事，但是短期内又成了问题之所在。当然还有地缘政治的原因，例如围绕北溪二号的地缘政治博弈，还有新冠疫情导致对于经济活动水平预测不准确性的提高，北海天然气资源的枯竭，市场的竞争加剧，等等。

但是对中国来讲，原因其实非常复杂，有明面上的，也有体制性的。因为中国现在出现的问题是煤炭供不应求，为什么中国这么一个煤炭消费超过55%的国家会煤炭供不应求呢？因为中国政府现在对管制煤炭行业动真格了，而且对于煤矿的超产，从今年3月1日起动用刑法来管制，一下就把中国境内的煤炭供应的价格弹性曲线降下来了，这是我认为最根本、最重要的一个原因。

另外我们谈绿色领导力，这也和历史责任有关。首先是欧盟。从历史角度来讲，欧盟累计碳排放占的份额比较高，但这些年它一直都发挥着气候领域全球领导力的作用。现在英国在全球碳排放占比大概是1%，欧盟大概是7.5%—8%。但有一个问题，一方面因为欧盟冲在前面，确实发挥了领导力，但是如果欧盟碳排放未来在全球已经无关紧要了，这对发挥全球的绿色领导力其实又是一把双刃剑。

其次是中国。对中国来讲，发挥绿色领导力也有它的优势所在，中国二氧化碳排放占全球排放比例的30%，中国减排的潜力巨大，2030、2060气候的承诺，在全球确实影响深远。但是从另一方面来讲，中国现在还不是发达国家，我个人从学术上认为中国是现代社会第一个混合经济体超级大国，因为它既有发展中国家的心态，也有超级大国心态。中国成为发达国家的转折点更多可能发生在2030年，这就是为什么中国在2030年之前碳达峰，因为要给自己一个10年的缓冲期。2030年后，中国的能源和气候政策会越来越接近经济合作与发展组织成员。在这样的情况下，中国一方面渴望发挥全球绿色领导力，另外一方面也受它的发展阶段的制约。

美国的问题在于克林顿政府签署了京都议定书，小布什上台之后，马上公开表示反对，奥巴马和中国一起花费巨大努力，在2015年达成了巴黎协议，特朗普上台又推翻，现在拜登上台的第一天又宣布加入。美国的问题永远是下一届政府会怎么样。从政治上来讲,其可持续性是令人怀疑的,这也影响了美国在全球发挥绿色领导力。

用以下三点来总结我今天的发言。第一,历史上每次能源危机或市场大幅波动出现,都有其偶然性,也有其必然性。这一轮虽然我们市场上出现了大幅波动,但是我认为国内外有关各方不需要大惊小怪,能源市场的波动是周期性的,未来依然会出现,关键在于如何做好综合平衡,在短期内找到推进长期战略目标的方法,这将真正考验各国领导层的政治智慧。第二,全球清洁能源转型的地缘政治影响值得大力关注,无论是在国际上还是在国内,相关的研究需要进一步深化。第三,我想强调净零排放承诺浪潮中的绿色领导力,呼吁国际合作而非对抗。我个人虽然持谨慎乐观的态度,但是每每看到在新冠疫情防控这么急迫的全球公共卫生挑战面前,包括中国、美国、欧盟在内的世界大国,并没有放弃成见、形成合力,我对未来国际合作的前景,既充满期待,也有很多的担忧。

美中关系与追求零排放(美国全球安全研究所联席所长 盖尔·拉夫特)

就在昨天,在北京结束了有关能源安全的一次会议,我们进行了很多对话。去碳化确实在世界引发了很多的讨论。在会上提出了不少的问题,有些问题我想在座的各位也是高度关心的。

前面我们也听到有些发言者提到了这些问题,首先是我们要关心是否会发生能源危机。当然现在讨论这个问题还有点远,但是确实已经发生了一些小型的危机。在一些大的经济体,像中国、印度、欧洲,确实出现了矿物能源供应的问题。我们因此要得出教训,就是不能走太快,太快了也会出问题。

另外,现在出现的问题也是一种示警。第一,如果我们过度去碳化,有可能在近期对世界经济会带来不少不利的影响。尤其是现在出现了新冠疫情危机,假如又出现了能源危机,然后再加上经济危机、食品危机、粮食危机的话,就非常麻烦了,我们不希望现在面临一种多元危机齐头并进的局面。有人说碳排放和控制气候变化不是一个包袱、不是一个负担。我认为不对。它是一个包袱,它会影响很多现实当中活生生人们的生活,有的人可能因此死亡。很多人可能在冬天过不下去,我们需要考虑他们的生存。世界上很多人并不像我们这么幸运。

发达国家有很多人确实跟现实脱节了,在世界上有数以亿计的人生活在贫困当中,也生活在缺乏能源的状况当中。当然有的人说现在出现了新冷战,好像是大国之间在进行恶性的竞争。我要说的是,这种竞争毫无疑问也会反映到能源这样的部门。我想实际上在美国和中国之间,在能源和气候控制,还有整个能源技术的有效性方面,确实因为这样的对抗,没有任何合作了。现在两国之间没有正常的交流,也没有正常的人员交往,很多人甚至都害怕与对方来讨论任何问题,因为一旦讨论了某些问题,包括能源相关的技术问题的话,联邦调查局就有可能来找你。这种情况确实为美中两国有关气候方面的合作带来了不利的后果。所以如果没有最基本的信任,没有最基本的国家之间的良好关系的话,去碳化就是空话。其他国家也就不会太认真对待他们的承诺了。

最后是相互洽谈的情况。举个例子,上个星期美国禁止出口重水,这使得中国无法获得核工厂所需要的重水,意味着中国的核工厂可能会更难以开发民用核能。这让我感到非常惊奇,实际上核能是唯一去碳的,而且也是能够大量使用的、比较廉价的能源提供方式。

承诺到某一年来减少多少的碳排放,已经成为大国竞争的一个部分,很多国家实际上完全是作秀,无非是向人展示自己也是一个负责任的利益相关方。但如果不认真地考虑这些承诺的后果,则将对人民和经济产生不利。我已经跟踪了10年,知道很多承诺完全是出于政治目的做出的,跟现实并不匹配。政治领导人可能做出很多承诺,但是从来没有兑现过。所以,在谈去碳化之前我们要去政治化。能源政策的政治化最后反而会导致经济出现混乱,对人民没有好处。我们应该充分关注这个问题。

经济繁荣非常重要。我在2008年金融危机之后一个月,观察了不同经济部门遭受的影响,可以说受到影响最大的还是绿色能源部门。在追求绿色能源和去碳化的过程当中,必须要维持经济的繁荣,因为只有经济繁荣才能保证这样的目标能够得到坚持。因为只有有钱人,才会去关心这样的全球问题。同样也只有富裕的国家,才能够考虑得起这样的问题。在对抗能源的气候升温这个方面,我们要保证经济的繁荣,否则,很多基本的问题最后不会提上议事日程。这意味着,将来需要重视在绿色能源方面的投资,这个投资也需要维持经济繁荣才可以做到。

我要强调的是,可持续性本身也需要可持续,在经济上可持续,而且像前面所说的那样，我们一定要在政治上也是可持续。只有让某一件事情长远可持续，那么它才可以真正兑现有关的承诺。如果没有可持续性，最后很多很好的设想都无法实现。只有和缓的、平稳的、可持续的坚持，最后才能够有效果。所以，我希望大家能够以更加负责任的和更加平衡的、有机的方式，来推进我们的绿色转型。我想所有国家都需要携手来这样做，而不是让一部分人往前走，把更多的人抛在后面。

美国未来零碳战略（美国约翰霍普金斯大学能源系副教授、美国环境和科学理事会前执行主任　彼得·桑德瑞）

新上台的拜登政府现在也有非常雄心勃勃的减排目标，希望在2030年，比起2005年减50%—52%的排放。而且我们政府出台了很多的政策来达到这个目标。

我认为，经济的重要性可能大于政治。美国每一个政策的目标都是为了能够带来更好的经济效益，这样我们才能够为环保带来切实的改变。我们必须要在技术方面做出更多的投资，不管是政府还是私有部门，都必须做出更多科技方面的投资，这样我们才有更多的机会进行去碳化，同时也可以以更低的成本来进行环保的工作，这些都是我们要考虑到的。

新冠疫情使得2020年美国的碳排放降低了10%—20%，也就是说美国至少目前暂时达到了它在哥本哈根的承诺。现在我们也走在达成巴黎协定承诺这个正确的轨道上。从这个大方向来说，美国是在逐渐履行承诺的。在外界看来，现在美国的政治情况和经济情况都比较混乱，但是我们还是履行了现有的承诺。

在过去的10年中，我们也大量使用电来代替煤炭。交通一直都是温室气体排放的主要来源，所以我在这里首先跟大家简单说一下交通部门。在过去多年当中，美国一直都是通过新能源汽车的推出来实现减排，它带来的影响也非常巨大。我们也希望在2030年有更多的美国汽车能够电动化，但现在看来很难实现。现在新能源的储存和运输的成本也比较高。当然我们希望它未来能够有一个比较稳定的下降。现在，很多汽车公司也在基础设施方面进行大量投资，特别是电动车的基础设施投资。除了家用车以外，许多运输用的卡车也已经在使用电力。

虽然美国不太可能对内燃机做一些强制性的措施，但是交通工具的能源转型在美国整个转型过程当中，一定会扮演非常重要的角色或者说承担起非常重要的责任。现在我们仍然面临很大的挑战，政府所能做的也只有这些了，私有部门要承担起自己的责任。我们也要认识到做到这些事情所要花费的时间。我们也必须认识到，在转型过程当中，我们是否会面临很多经济上和社会上的问题。要考虑一些传统车辆的滞销，是否也会成为我们未来去碳化的障碍。当下，传统车辆转换成为电动车的比率也是不够的。我们可能还需要较多的时间来完成这一转型。

这里想再说一下电的使用。2020年，电的使用和2005年相比降低了40%，当然除了经济方面的原因，更多地是政策方面的原因，因为在过去十几年当中，我们天然气的价格一直都比较低，而且天然气的生产也大幅发展，这是我们天然气使用量上升的重要原因。虽然煤炭的使用在2020年降低了20%左右，但是要注意到的是，未来煤炭的使用可能还会反弹，不过大体的局势还是往好的方向发展。

风力和太阳能的使用也会受到未来政策的影响。在过去10年当中，风力的成本降低了70%，而太阳能的价格降低了90%，这些都是非常利好的消息。拜登总统说他的目标是2030年达到80%的清洁电，而2035年达到100%的清洁电使用。在过去几十年中，我们也一直在往好的方向努力，我们已经有了约占比20%的核能发电，还有20%的可再生能源发电。现在拜登政府也发起了全国的清洁能源使用项目，它的目标是每一年都要有清洁能源或核电使用的增长。

现在非常关键的一点就是时间，要注重去碳化的经济效益。几周的能源存储和几个月的能源存储价格是不同的，我们现在的目标是100美元每千瓦，未来可能是20美元每千瓦左右。在这个方面需要更多的创新，才能够带来成本的下降。

最后我要说的是，美国的工业由几大块组成，包括生物、化学等。未来电动车的使用，应该会减少部分产业的碳排放，但是有些产业还是需要一定的发展过程，这个过程当中必定会产生污染，比如水泥、钢筋的制作等都是碳排放的主要来源。世界上还有很多人生活的环境中仍然缺乏能源，我们要意识到，其实现在的技术也是有限的，可能无法解决这些问题。现在世界上的移民和难民问题,也会为减排问题带来许多障碍。这些都是由贫穷带来的,而其中能源的缺乏也非常关键。所以我要说的是,互联互通非常重要,无论是能源问题,还是环境问题,还是世界上其他所有的问题,都是互联互通的。

大国需要协力合作(中国社会科学院学部委员、联合国《全球可持续发展报告2023》专家组成员　潘家华)

大家提到了地缘政治妨碍我们的合作,确实我们看到美国在一定程度上是在这样做,所以刚才这样讲也是对的。但我们回顾一下2015年时,习近平主席和奥巴马总统联手推动巴黎协定最后达成,这是大国之间良好合作关系的表现。这意味着大国需要协力合作,让有关议程更快落实。因此要在各方之间进行合作,特别是当有的国家比其他国家资源更多,在这种情况下,他们更应该进行合作。当然现实世界并不是理想化的,存在着很多冲突,所以气候变化和碳中和的谈判当中,我们也不应有过高的期待。

从2019年到现在的将近3年中,应对环境变化的进程是向前推进的,但并不总是那么顺利。中国确实在太阳能板、风能发电、生物能源这些可再生能源方面做得更好,也有更大的力量可以进行这些方面的生产和发电。中国总的发电量占据世界首位,所以这个时候中国的加入,特别是当中美两国携手合作时,产生的力量非常巨大。

道路是曲折的,在气候变化的国际合作方面也是这样。虽然会有干扰、冲突和问题,但是总的趋势仍然是前进的。现在关键的一点是要考虑能源贫困的问题。为什么会有能源的贫困?因为有一部分人比较贫穷,处在偏僻的地区,无法拥有比较可靠廉价的能源供应。我们应该通过什么方式应对这一挑战呢?我想,能源贫困应该放在绿色的框架当中来解决,我们已经有了这样的技术和有关政策机制了,所以重要的就是落实好、推进好这一进程。

此外,碳中和确实是一个挑战,甚至对很多人来说是一个负担。但它并不能一蹴而就,我相信会有转型的时间。可以不把碳中和当作一个马上要解决的问题,而是需要通过长时段的努力来逐步实现的目标。我们可以逐步制订计划,然后分步地往前走。如果不这样做,最后气候的风险将对人类的稳定生存构成巨大的挑战。对于人类生活,我们要以一种可持续的方式来提供能源,也就是说必须用绿色的碳的方式来实现,不然的话我们是无法实现最后碳中和目标的。

我们要用一系列步骤来实现碳中和。习近平主席已经讲到,到 2030 年中国太阳能和风能的装机总量要达到 1.2 亿千瓦。我们固然有问题,但我相信随着时间推移,可以通过技术创新、制度创新找到解决方案,实现碳中和的目标。我们也要推动国际合作,这样多管齐下的话,碳中和的目标是达得到的。

第三分论坛：
中国"十四五"规划与世界经济复苏

议题一：新冠疫情后亚洲经济复苏面临的挑战及对策

中国经济发展有利于世界经济的增长（中国国际经济交流中心常务副理事长、全国政协经济委员会副主任　毕井泉）

今年3月，全国人大通过了《中华人民共和国国民经济和社会发展第十四个五年规划》和《2035年远景目标纲要》，这是中国全面建成小康社会第一个百年奋斗目标以后，全面建设现代化国家、实现现代化新历史阶段的第一个五年规划。"十四五"规划强调创新、协调、绿色、开放、共享的新发展理念，努力实现更高质量、更有效率、更加公平、更可持续、更为安全的发展。"十四五"规划提出要逐步形成以国内大循环为主体、国内国际双循环相互促进的新发展格局，更充分发挥中国国内超大规模市场优势，通过繁荣国内经济，畅通国内大循环，为经济发展增添动力，带动世界经济复苏。

中国经济是世界经济的一部分，改革开放以来，中国积极参与经济全球化的进程，中国经济更加紧密地融入全球经济体系。中国在国际市场采购了大量能源原材料、农产品、机械设备等，中国经济发展有利于世界经济的增长，中国经济的发展也促进了世界经济的繁荣。

随着中国"十四五"规划的实施，中国的开放型经济新体制将继续完善，中国的市场经济体系将更加健全，中国的经济规模将进一步扩大，中国市场的吸引力也进一步增强，中国经济发展给世界各国带来的机遇将更多。中国经济更是亚洲经济的重要组成部分。亚洲是全球经济最具活力和增长潜力的区域，未来世界经济的火车头。这里有强大的市场,有完善的工业体系,有互补的产业链条,有不同层级的发展市场,在世界经济上的地位越来越重要。

受疫情和贸易保护主义的影响,全球经济一度出现了逆全球化倾向。在这种形势下,亚洲各国加强合作、共同走出疫情尤为重要。去年,中国与东盟双边贸易额达6 846亿美元,东盟超过欧盟和美国,成为中国的第一大贸易伙伴。今年1—8月,中国与亚洲各国的经济总贸易额达4.9万亿美元,同比增长31.3%,占中国进出口贸易总额的50.5%。通过RCEP(区域全面经济伙伴关系协定)和"一带一路"等平台,中国与亚洲及中国周边地区建立了更紧密的经贸合作关系。

2020年,中国经济实现了2.2%的增长,是全球唯一实现正增长的主要经济体。今年1—9月继续保持强劲增长的势头。中国始终与亚洲各国风雨同舟、荣辱与共。在疫情的背景下,中国秉持人类命运共同体的愿景,利用多边合作机制,将新冠疫苗作为与各国分享的公共品,与亚洲国家共同抗疫。"十四五"期间,中国将在确保人民生命健康安全的前提下,继续打好疫情防控的阻击战,实现经济社会平稳运行,带动亚洲经济的增长。

今年是中国"十四五"开局之年,也是中国与亚洲各国关系迈向新的历史阶段的一年。正如习近平主席在博鳌亚洲论坛2021年年会上所说,我们所处的是一个充满挑战的时代,也是一个充满希望的时代,让我们高举和平发展合作共赢的旗帜,携手合作,共克时艰,努力开创亚洲和世界新的未来,推动人类社会朝着更加美好的方向发展。

后新冠疫情复苏:来自柬埔寨的看法(柬埔寨亚洲愿景研究院院长强万纳里)

我们大家都知道柬埔寨很快就要担任第十三届亚欧首脑会议这样一个重大国际活动的东道国。我们现在也还是经受着新冠疫情的影响,但是我们相信,随着亚洲其他地区疫情的缓解,柬埔寨也可以进一步恢复经济。当柬埔寨接任亚欧首脑会议东道国的时候,毫无疑问,我们将更好地克服现在所遭受的经济冲击,同时也可以因此更好地加强与其他亚欧国家的合作。现在对于世界而言,很重要的是,应该建立一个非常有包容性的、开放的、多边主义的国际合作架构。这样的架构对于整个后新冠疫情时代的经济复苏非常重要。

当然,新冠疫情的影响是非常广泛的,特别是给经济联系、人员往来带来了巨大的限制。特别令人担心的是,有可能会出现病毒的变种。目前人类确实开发出一些比较有效的疫苗,但是这些疫苗未必总能有效预防新变种。在欧洲,病毒变异已产生一些不利影响,当然,亚洲一些国家也遭到严重影响,甚至可以说,像新加坡和柬埔寨这样的国家现在同样受到影响。

疫情现在还远未定局,在此情况下,为防经济遭受持续影响,应做好一定的准备。但是,同时也可以看到,亚洲地区,特别是中国比较好地控制住了疫情。在中国经济的带动下,整个亚洲经济出现了重要的复苏信号。柬埔寨毗邻中国,所以我们相信,我们也可以逐步走出经济低迷状态,重新获得经济发展的强劲势头。当然,这需要国际合作。我相信,当我们接过亚欧首脑会议东道国这样一个荣耀的时候,我们就有机会让世界经济联系得到更多的恢复,特别是在亚洲和欧洲经济之间,而不仅仅是在亚洲经济之间。

国际社会强调开放的多边主义、共享的增长。对于在困难当中前行的世界经济而言,这些理念相当重要。柬埔寨政府发布了两项声明,一个是克服新冠疫情危机带来的冲击,另一个是要更好地规划下一阶段的经济发展。我们现在决定进一步加强与中国和其他周边重要国家的经济关系,这是小国经济发展所必须的。这就是我们对开放的多边主义的理解。

只有通过区域经济一体化,才可以获得更大的繁荣。在此过程中,互通互联显得尤为重要。只有互通互联,才能促进合作,才能让经济表现出更强的韧性。在多边主义发展当中,还有一个重要的维度,那就是进一步发展绿色经济。世界已看到气候变化给经济和社会带来的冲击,因此,在今年格拉斯哥召开的气候峰会上,大家都深入讨论减排节能等问题。在经济复苏过程中,很重要的一点是规划绿色的复苏。绿色复苏不仅将可以应对当前的新冠疫情,还可以使未来世界经济走在可持续的轨道上。

绿色复苏还需要我们更多地利用技术,尤其是 ICT 技术,即信息与通信技术。ICT 技术的创新,将使我们真正实现绿色的,而且是可持续的复苏。但是,众所周知,当前世界在数字领域确实存在鸿沟,这对各方面的绿色恢复不利,因此,我们需要进一步分享技术以克服鸿沟。另外还有一点非常重要,那就是更好地推进基础设施的建设,基础设施建设本身也有利于互联互通。

中国在"一带一路"倡议的框架下努力为各国基础设施建设作出贡献。我认为，这对柬埔寨乃至其他一些经济体而言都是重要机会。毫无疑问，基础设施建设将为经济增长提供重要支撑。对于区域扶贫、公平性增长的实现，都非常重要。总之，在当前危机状态下，应有更高层级的思考和规划，这不仅有利于我们度过目前这段困难时期，还能使我们未来克服其他的、各种各样的危机，而且可以实现更可持续的经济增长。

众所周知，气候变化将是下一个重要挑战，该挑战可能比新冠疫情对人类的影响更大。所以我们必须携起手来，通过共同合作来建设更有韧性的经济，在这个"经济韧性"的建设过程当中，基础设施更好的发展、互联互通更大的提高等非常重要。至少现在，东盟内部已形成这样的共识，即我们需要互联互通。而且我们还形成另一个共识，那就是要适应变化、随时调整、临机应变。只有这样，才能在这个快速变化的世界随时掌握主动权。

当然，东盟内部也强调创新。创新实际上是世界的一个关键点，如果我们要保持韧性，那么创新就是必不可少的。另外，我们要充分利用市场机制。在目前状态下，政府固然可以进行更大的干预，但我们还是要依赖市场运作。

中国的双循环战略：对中国和世界的影响（新加坡国立大学东亚研究所所长　郝福满）

双循环战略将是中国"十四五"规划当中的重要一环。中国以往的经济增长一部分依靠人口红利，另一部分是靠生产率的提高。但是，人口红利正在逐步缩小，生产率的提高也在放缓，所以有一段时间，中国通过资本的形成来加以弥补。

那么，未来情况又将如何？可以预见的是，到2100年时，中国人口将会大幅减少，有的专家预测将会减少一半。所以，这是一个大趋势，我们需要了解这一点。众所周知，中国确实已经出现了对人口萎缩的担忧，至少在当前，老龄化已成为越来越严重的现象。因此，国际货币基金组织预测，随着老龄化的发展，中国原来引以为荣的高家庭储蓄率一定会下降，会给消费、整个中国资本的融资等带来影响。

此外，中国政府的储蓄或者说积累，也会越来越少。这是因为中国需要更多地把资本用在应对老龄化上。在这种情况下，中国必须拿出更多的原有积累,这也意味着中国资本积累或者说资本形成方面的能力会减弱。

当然,中国正在加强研发,通过研发来提高生产率。在这一方面,中国做得不错。它增加了在研发方面的花费,而且GDP当中研发所占的比重也在扩大。但是,中国在形成的有效技术方面,还是与其他一些发达国家存在差距,特别是和美国存在差距。当然,在这一轮的数字创新当中,中国做得不错,但是还有很长一段赶超之路要走。在芯片、纳米技术等方面,中国实际上比较落后,特别是在一些小尺寸的芯片方面,如微芯片,中国现在被卡了脖子。

此外,现在中国还需改善其监管机制。监管不仅仅是为了让经济更有韧性、更具竞争力,而且是为了能够化解更多的风险。比如,中国需要反垄断,需要增强数据的安全性,需要应对金融风险,需要化解中产阶级身上的负担,这些意味着中国还需在监管方面做出很大的调整。如今,中国越来越注重其在研发方面的花费,一些企业层级做得越来越好,如华为、阿里巴巴、腾讯。这对中国未来技术进步和生产力提高非常有用。

另外一点是企业家精神,或者用凯恩斯的话说,那就是"动物精神"。这种"动物精神"、企业家精神本来在中国就非常旺盛。中国的企业数量,尤其是新创企业的数量一直增长较快。很多企业并非脱胎于实验室,归根到底还是来自于企业家。过去20年间,中国企业蓬勃发展,不仅是合股公司,更重要的是,个人个体的企业创新非常旺盛。但是,这种势头有所减缓。如果未来中国经济要克服新出现的不少短板,那就必须在鼓励技术,尤其是鼓励企业家要在创新方面做得更好,我认为这是未来经济增长的重要基础。

中国全面建成了小康社会,未来还要成为一个共同富裕的社会。我认为很大程度上需要有更多的企业家创新创业,提供就业,提供税收,那才是中国经济生生不息的源头所在。还有一点非常重要,那就是要通过它的财政系统,更好地进行社会财富的再分配。这一点目前做得很少。并且,在市场的力量下,中国的贫富分化已经显得相当严重。现在提倡共同富裕,就说明问题具有一定的严重性。从未来经济增长的角度、从一个更大的消费者市场培育角度来说,中国必须把再分配做得更好。

另外,中国税收如今也是一个重要的、需要加强设计的方面,重点是让老百姓有更多的收入。

经济规则的形成与中国经济的外循环(香港中文大学[深圳]校长讲座教授 郑永年)

我觉得统一经济规则的形成对经济发展是非常重要的。中国政府这几年提出了双循环,即国内国际双循环。它不仅仅是为了实现中国本身的可持续发展,而且是为了实现区域甚至国际经济的可持续发展。中国经济是在开放状态下实现的,也就是说,中国的经济发展是包容性发展,不仅内部如此,外部也是如此。

关于"循环",我觉得不仅仅是简单的货物、资本、人才的循环。它背后存在一整套规则,没有规则是循环不起来的。在规则方面,最近几年,中国面临很大的外在压力。一方面,美国对中国多有指责,说中国不遵守 WTO(世界贸易组织)规则、航道自由规则等。我认为这些指责并不符合事实。其实,学界发现,中国在 WTO 里面是一个非常乖的角色,非常遵守 WTO 的规则。如果中国不遵守世界的规则,又怎么可能成为贸易大国?但是,美国本身是以往规则的制定者,现在它对规则的解释和界定有着自己的看法。是它自己在变化,而不是中国没有遵守。

尤其是在特朗普时期,如果美国觉得世界规则对它不利,甚至会选择"退群"。同时,世界上也有一些人过分强调中国规则与世界规则之间的差异,说中国规则是共产党的规则,这是在意识形态化,尤其是在妖魔化中国的规则,也不符合事实。实际上,中国改革开放走过了几个阶段。早期,中国把世界的规则请进来。20 世纪 90 年代,为了加入 WTO,中国实现了车轮式接轨,即修改中国的法律法规、政策体系以符合国际规则。因此,不能说中国规则与世界规则存在较大差异。

中国现在是世界规则最大的拥护者。中国加入世界体系后,提出了一些对规则的改革,只有当其他国家都接受了以后,这些改革才会成为规则。所以,不能说中国推翻了世界的规则。中国有时是在对规则进行补充,如金砖银行、"一带一路"倡议、亚洲基础设施银行,就是补充一些规则。中国改革开放以来,亚洲是世界上最和平的地区。虽然亚洲国家之间有些矛盾,但是从来没有发生过大的冲突。背后是什么呢?这是因为亚洲国家,尤其是中国,在遵守规则。90 年代我在美国读书的时候,大家都认为中国和日本之间必有一战,因为日本当时是亚洲最大的经济体,中国是第二,这就是美国所说的"修昔底德陷阱"。但是现在看来,中国的经济是日本的两倍,两国之间有些小矛盾,却没有爆发战争。这是因为,尽管亚洲国家对规则存在不同的理解,但是大家尽量遵守规则。这是和平最重要的方面。

面对未来,中国作为世界第二大经济体,不仅仅是生产量大,消费量大,还要做一个守规则的大国。我认为,国内大循环就是要把中国国内的规则统一起来。珠三角、长三角、京津冀等经济带的规则,如土地、贸易、税收、投资等都没有统一起来。长三角内部的规则也没有统一起来。

我认为规则的统一能够大幅提高劳动生产率。欧洲为何强大?首先是实现了国家内部规则的统一,然后走向欧洲国家之间的规则统一。在互联网领域,美国有很大的互联网公司,中国也有很大的互联网公司,欧洲没有,但是互联网规则呢?美国有规则,欧盟没有互联网大公司但也有其规则,中国有那么多互联网公司,但是我们的互联网规则有没有?没有。因为中国互联网公司之间的关系与美国互联网公司之间的关系是不一样的,美国是互信开放的,中国是互相排斥的,这造成了中国规则的碎片化,导致中国国内市场大而不强,更难走出去。

下一步,中国应该通过内循环把国内的规则统一起来,这将利好国内投资者及国际投资者。人们再也不必担心投资到广东、甘肃或者内部某个省份的区别。更重要的是,中国的规则还可以走出去。中国已经与东盟国家签署了RCEP(区域全面经济伙伴关系协定),也已提出加入CPTPP(全面与进步跨太平洋伙伴关系协定)。无论是RCEP,还是CPTPP,这些都是规则。因此,我认为中国要分几步走,首先,实现内部规则的统一化,然后,在与国际进行接轨的基础之上,实现中国规则的"走出去"。不仅是为了中国自身,也是为了区域经济可持续发展。因为,基于规则之上的发展才是真正的发展,没有规则的发展只是简单的贸易、资金的流动,是不可持续的。这是为了中国自己的利益,也是为了区域、国际的利益。

亚洲的未来:推动亚洲经济增长的领先消费者(麦肯锡全球研究院中国院长兼董事合伙人　成正珉)

我今天分享的内容主要侧重于亚洲消费市场的一些长期的、结构性的变化。

首先，我们认为接下来 10 年，亚洲仍然是全球经济增长非常重要的因素，将近 50% 的消费增长很可能来自亚洲，其中一半来自中国，所以，在全球经济复苏当中，中国扮演的角色非常重要。亚洲发展的潜力是有目共睹的，我们认为接下来 10 年的发展和过去 20 年还是会非常不一样。所以，我的报告主要关注三个巨大的变化。第一，关于消费阶层的变化；第二，关于城市消费者的多样化；第三，关于消费曲线的变化，我们认为以后会有不同的消费曲线涌现。

第一，关于消费阶层的变化。我们认为接下来 10 年我们需要关注阶层内部的流动。比如过去 20 年，80% 的消费增长来自于初级以及中等的消费者群体。接下来 10 年，80% 的消费增长将来自高级消费层和中等消费层。这意味着以后消费的方向有可能更多是与服务业相关，或者在自由支配相关的品类上发生。这个过程当中，会有消费升级、降级以及取舍等方面的很多变化。

第二，关于城市消费者的多样化。过去，人们认为城市非常重要，城市是消费的增长引擎。接下来 10 年，我们更需要关注城市内部消费者的变化。我们的研究报告讨论过 10 个不同的维度，前面四个是关于人口变化导致的影响，后面 6 个是消费者行为的变化。举两个例子，第一个是家庭规模变小，日本等发达国家大概 30% 的家庭是单身家庭，中国 20% 的家庭也是单身家庭，这意味着什么？这些单身家庭会有新的住宿、娱乐、社交或者产品包装的需求，所以我们需要应对这些变化。第二个是老龄化。发达亚洲国家，包括中国都在进入非常快速的老龄化阶段，但是很多人忽视了老年人的消费能力。我们认为，老年人群体的消费增长要比全国的平均速度快 1.5 到 2 倍，这会带来新的消费机会，比如说新的健康领域的消费，或者金融、娱乐方面的消费。

第三，关于消费曲线的变化。过去，一些人认为，随着收入的增长，特定品类的渗透率以及消费也会增长。比如，如果年收入达到 3 000 美元左右，冰箱消费会突然崛起。如果达到 10 000 美元左右，汽车消费会崛起。消费崛起的态势是遵循着英文字母 S 的样式，所以叫作 S 形消费曲线，这是过去的做法。由于技术的发展、消费者行为的变化，新的消费曲线不断出现。举例而言，按照过去典型的 S 形消费曲线，随着收入的增长，汽车的保有量或渗透率会增多。可是，出行服务的渗透率其实与收入没有什么关系，只要有几块钱，就可以享受非常好的出行服务。从其他品类，如游戏、金融等，也可以看到类似的变化。

为了抓住变化中产生的新机遇，我们需要调整思维，重新绘制未来亚洲消费增长的地图。

影响亚洲经济复苏的三个因素（日本国际公共政策研究院理事长　田中直毅）

中国目前正在大胆做出政治决策。我们可以看到，中国现在试图改变很多监管政策，同时也树立起很大的政治目标。面对新冠疫情，中国在努力应对，而且控制得不错。另一方面，马上就要召开《联合国气候变化框架公约》第26次缔约方大会（COP26），中国也在进行有效的气候变化应对工作。但是这些归根结底都是外在的一些情况，中国经济本身其实也出现了一些新特征、新形势，有的会对中国国内生产总值的增长造成影响。

目前，中国改变监管措施的一个重要焦点在于规范民营企业。它有可能给未来带来一定的不确定性。中国的货币市场、资本市场现在也比较迷茫。对于整个世界经济，特别是东南亚经济体，可以说是产生了直接的影响。不少亚洲经济体依赖于对中国的出口，现在由于中国经济增长放缓，给他们带来了一些不利效应，这是需要高度重视的。

改革开放之后，中国有60%的外商直接投资来自华侨资本或者说跟华侨相关的资本。华商大会具有强大的力量，他们以往对中国的投资贡献高达60%。但是，目前华商也感觉到某种不确定性。这种不确定性最后也会反映到中国的经济增长放缓上，使得经济增长出现低迷，这可能是未来的一个趋势。

同时可以看到，中国的国内企业也遇到融资困难的情况。正因如此，美国经济学家保罗在《纽约时报》中说，日本曾经遭受泡沫经济的崩盘，中国现在也可能会发生，或者说，现在也许已经发生了泡沫崩盘的现象。这种对比值得深思。

"明斯基时刻"反映出体系性的危机有可能会发生。其他诸多国家的"明斯基时刻"从何而来？是因为一些次贷的债务，或者说其他的、没有得到很好抵押的债务最后出现了问题，不少企业和个人遭遇流动性的危机。当大家都感觉到流动性危机时，会集体性地想要抛售资产、债券来获得流动性，结果导致危机被弄假成真。中国应考虑是否可以充分防止系统性金融危机发生的可能性，而不仅仅是简单地防止经济增长率下行等趋势。

如今,东亚、东南亚,还有其他不少国家对中国的依赖性较大,所以,如果中国发生此类风险,一定会给其他国家带来影响。日本也是如此,过去15年,日本也进行了货币量化宽松,另外,日本政府的赤字也上升了。可以说,日本的宏观经济形势也有不少脆弱性,但是现在,日本对于东亚其他经济体的直接风险连带应该不算大。

关于如何避免风险,日本在这方面具有一定的经验。目前,日本新首相非常希望带领政府很好地掌控经济,同时更多地进行深入的分析,以保证在目前这样一个相当有波动性的形势下维持日本经济的稳定,同时也能够很好地预防来自其他国家的波及。我认为这对于日本和中国,都是需要考虑的重大话题。

新冠疫情后的亚洲经济前景(中国国际经济交流中心副理事长、国务院发展研究中心原副主任　王一鸣)

今年以来,在疫苗的广泛接种和各国大力度政策的支持下,世界经济步入了复苏的轨道。但病毒变异和疫情的复发,使全球经济复苏举步维艰,面临多重挑战。疫苗的鸿沟和各国应对能力的差异,使不同国家经济前景呈现分化趋势,主要经济体极度宽松的政策和能源资源的供需矛盾,推升了全球的通胀水平。全球公共债务规模接近GDP的100%,很大程度上源于各国在危机中采取的措施,沉重的债务负担将使经济复苏步伐更为艰难。世界经济复苏进程将呈现什么样的前景?复苏进程中将遇到哪些主要风险和挑战?如何更高质量推动世界经济复苏?这些都是需要我们探讨的。

过去一个时期,亚洲一直是全球经济最具活力的地区之一,全球增长最快的20个经济体当中,亚洲占一半。亚洲也是全球潜力最大的市场,因为它具有庞大的人口规模。去年,受新冠疫情的冲击影响,亚洲也经历了经济下滑。根据今年10月国际货币基金组织的《世界经济展望报告》,去年亚洲新兴市场和发展中经济体收缩了0.8%,七成以上的经济体出现了负增长。但是,亚洲经济还是表现出强大的韧性,按购买力平价计算,2020年亚洲经济总量占世界的份额比2019年提高0.9个百分点至47.3%。

今年以来,得益于疫苗的加快投放,以及强有力的财政和货币政策,全球经济加快复苏。但是,疫苗供应存在着巨大的鸿沟,世界经济也呈现出双轨复苏的态势,发达经济体更为强劲,多数新兴市场和发展中经济体复苏明显滞后。亚洲经济复苏同样是不均衡的,近期东南亚、南亚国家疫情进一步扩散,对经济又造成新的冲击。

根据IMF(国际货币基金组织)10月份的最新预测,今年亚洲新兴市场和发展中经济体增长的预测值由IMF 7月份报告的7.5%调低到7.2%。所以,今后一个时期亚洲经济复苏仍将面临诸多挑战。我认为,有三个方面的挑战。第一,疫情仍在持续演变,疫苗供应分配不均,变异毒株扩散,造成经济复苏的一波三折,并可能进一步加剧复苏的不平衡,出现强化保护主义和民粹主义的情绪。第二,制造业的复苏仍然受到供应链不稳定的影响,供应链关键环节不时受到疫情的冲击,比如芯片断供、国际大宗商品价格的大幅上扬、航运和物流成本不断攀升,对亚洲制造业复苏造成新的影响和冲击,并推升通胀水平的抬升。第三,美联储货币控制调整带来了负外部效应。现在,市场都预期美联储将于年底前缩减量化宽松规模。如果美联储货币政策调整提前,全球融资环境收紧,将对亚洲一些基本面比较脆弱的新兴市场经济体造成新的冲击。实际上,土耳其等一些亚洲新兴市场国家为了应对物价上涨和资本外流压力,已经在进入加息的进程。韩国前些时候也调高了基准利率。

新冠疫情不仅给亚洲带来挑战,也将创造新的机遇。去年11月15日,东盟十国和中、日、韩、澳大利亚、新西兰正式签署了RCEP(区域全面经济伙伴关系协定),体现了亚洲对多边贸易体制坚定的支持,为亚洲经济复苏注入了新的动力。根据美国国际经济研究所的预测,2030年,RCEP将使全球收入每年增加1 860亿美元,为成员国GDP增长贡献0.2个百分点。我相信RCEP的签署落地还会进一步推动东亚,特别是中日韩自贸区的谈判进程。

展望未来,亚洲要有效应对挑战,深化区域合作还是必由之路。第一,要合理抗击新冠疫情,扩大在疫苗和抗疫领域的合作。第二,要加强供应链修复的合作,保障供应链的稳定和安全。第三,加强宏观政策的协调,共同应对主要经济体政策调整带来的挑战。第四,深化区域经贸合作,推动RCEP落地生效。

更长期看,亚洲还应加强数字化和应对气候变化的合作,共同推动产业的数字化、智能化转型,推动绿色低碳的转型,为亚洲经济复苏和可持续发展注入新的动力。我们有理由相信,只要各国携手合作,就一定能够创造亚洲更加美好的未来。

亚洲经济增长前景展望（中国社会科学院世界经济与政治研究所所长、中国社会科学院国家全球战略智库首席专家　张宇燕）

今年，全球经济复苏呈现出"前高后低"的态势。根据国际货币基金组织的预测，今年全球的经济增长是6%。当然，我们觉得这个预测有点乐观，但是，这个预测是今年7月做出来的，10月份的最新《世界经济展望报告》可能也会对全年的经济走势作一个修正。

美联储前不久下调了美国全年的经济增长预测，原来是7%，现在降到了5.9%，下调了1.1个百分点。美联储的下调一定程度上反映了全年世界经济复苏的态势，即前高后低。同时也反映了经济上的一些新变化。变化主要有两点。第一，和新冠疫情有关。疫情出现了反复，特别是在有些国家出现了比较大的反复，比如变异病毒的出现导致疫情对经济的损害变得更加具有不确定性。第二，有些国家，特别是主要的发达经济体，它们的通货膨胀水平在上升，这意味着货币政策可能要出现转型。美联储在刚刚结束的会议上已经表示，可能开始考虑缩减每月1 200亿美元的债券购买规模。该行为主要是为了应对不断上涨的物价水平。

最新数据显示，美国8月份的CPI（消费者物价指数）为5.3%，虽然比7月份的5.4%略有下降，但是这个水平还是比较高的。美国货币政策的调整，特别是随着将来经济逐步复苏、稳定以后，其退出步伐可能还会加快。自然而然地，不仅会给美国，而且会给很多新兴经济体和发展中国家造成较大影响，其中包括亚洲。

从发展趋势来看，国际货币基金组织预测，明年全球的经济增长将从今年的6%下降到4.9%。这个增长速度可能略为乐观。其原因何在？有几个问题特别值得关注。刚才我说到了两点，即疫情的影响短期内不会结束，未来3个月、半年就完全结束的可能性不大，而且出现反复的可能性仍然较高。所以，疫情是我们展望未来经济增长，特别是未来半年、一年全球和亚洲经济增长的重要变量。

再一点，美国的货币政策调整。根据欧洲央行的说法，欧洲明年3月份也会停止紧急抗疫购债计划（PEPP）。整个经济可能会下降，或者说下降的可能性还是比较大的。4.9％也是国际货币基金组织预测的数据,我觉得这个下沉的可能性较大。

刚才说的是两个短期问题,实际上还有一些中长期问题。我们研究所比较关注的问题包括供应链方面的问题。它可以是短期的,当然也可以是中长期的,现在短期的比较紧迫。一些供应链出现障碍,甚至出现断裂的情况,这和疫情有关,也和一些国家的政策有关,这也是掣肘世界经济健康复苏的一个中短期原因。

另外,亚洲开发银行这个月刚刚发布《亚洲发展展望报告》,并在报告中提了三个问题,值得当今亚洲国家关注。第一个问题是变化中的需求。需求在变,结构上也有一些变化。第二个问题是人口,主要是年龄结构的变化。日本的老龄化当然是一个中长期问题,中国也同样面临着这样的问题。去年,中国的出生率降到1.3％;韩国更低,只有0.9％。这个影响也是非常大的,在此不做展开。《亚洲发展展望报告》提到的第三个问题是环境问题,不仅是亚洲,整个世界都面临非常严重的环境问题,而且环境问题变得越来越紧迫。上个月,IPCC(联合国政府间气候变化专门委员会)发布报告,强调全球问题如今变得越来越紧迫。这些都将影响未来的经济增长和长期发展,特别是二氧化碳的排放问题。中国政府已经非常明确地提出2030年碳达峰、2060年碳中和的目标,特别是习近平主席刚刚宣布,中国不再新建海外煤电项目,这是对世界的庄严承诺,也反映了中国的大国担当。

总之,从全球复苏的相关数据来看,我们大致认为,今年经济增长约为5.5％,明年下降为4.5％。亚洲发展银行公布的《亚洲发展展望报告》讲的是整个亚洲的经济增长数据,今年是7.1％,明年是5.4％,大体也符合我们的预期。当然,还要看事态的发展,也就是刚才我说的各种因素的影响。

议题二：中国"十四五"时期经济发展与亚洲经济一体化进程

中国"十四五"期间的经济走向（香港中文大学蓝饶富暨蓝凯丽经济学讲座教授　刘遵义）

首先我要说的是，在"十四五"期间，中国的年度经济增长将是6%，这样的增长已经相当不俗。而且我们也考虑到，中国不仅仅是注重数量上的增长，还要注重它的质量。我要强调的是，在"十四五"规划当中，中国将会出现一个比较明显的向双循环转变的过程，双循环转变实际上更大的方面是向内循环转变，我觉得这点也是重要的，因为，中国做法也可以对其他一些亚洲经济体产生一定的榜样示范效应。其他经济体也可以采取一定的内向的政策以应对危机。

第二，我认为中国将会加大创新的力度。毫无疑问，中国在很多领域都会加大创新力度，特别是一些国家在对中国实施贸易上的脱钩，迫使中国进行创新。而且，过去几年间，中国表现出比较活跃的创新度。可以说，中国在专利申请方面已经是世界第一。

另一方面，中国现在也需要应对气候变化。中国提出要在2030年前实现碳达峰，在2060年前实现碳中和。这些实际上都将对中国未来的经济增长产生重要的影响。对于亚洲国家来说，未来5年它们会有很好的机会，不仅仅是相互参与亚洲经济的运作，而且是参与世界经济的运作，这可以说是一个双赢的过程。

众所周知，我们每个国家都要积极地参与世界进程，在这个参与过程当中，大家都能获利。参与也会带来赢家和输家，赢家自不待言，针对国内的输家，政府有责任来帮助每一个输的公民。做得好就可以使大家对全球化的看法更为乐观，而且也能真正在全球范围内、在国别之间实现双赢。

我认为在世界范围，大家应展开贸易和投资关系的协调。现在，世界各地出现了用本币结算贸易的趋势，我觉得这是很好的趋势，实际上使每个国家都能获利。如果大家都用自己的本币来结算，就不需要用第三国的货币。

中国"十四五"规划中的环保内容（哈萨克斯坦总统战略研究所驻阿拉木图市代表处负责人　阿谢尔·阿边）

在中国经济的发展过程中，中国对环境问题重视程度不够，主要精力放在了消除贫困、提高人口收入水平和提高经济增长率上。所以说，随着过去几十年快速的工业化，中国的生态状况严重恶化。中共十九大以后，生态文明建设成为中国未来20年发展的重要指导方针之一。2017年，习近平总书记在十九大报告中指出，加快生态文明体制改革，建设美丽中国。根据规划，到2035年，中国将从根本上改善环境状况，美丽中国的建设目标也将基本实现。

"十三五"规划期间，中国也实施了一系列重要的措施。所以说，中国在采取一系列积极主动的措施以应对生态环境。但是新冠疫情以来，各国的经济形势都出现了不同程度的负增长，整体的经济前景并不乐观。新冠疫情的突发给经济带来了巨大的冲击。

当前经济正在向着积极健康的方向发展，我们要采取更加积极的措施，来应对危机和疫情所带来的负面影响。不久前，习近平主席在联合国的会议上也发表了重要讲话，也提到了环境保护的问题，所以说中国在经济快速发展的同时，也要更加重视生态建设。

此外，中国也是世界上重要的消费国，中国现在的经济复苏较快，特别是在疫情暴发的一年，中国的经济呈现出正增长，这是非常难得的。在全球经济衰退的背景下，为了实现我们的规划和目标，需要加强合作。我们提出了未来的发展远景规划目标。

我们也在积极探索和讨论其他一些措施，来确保在经济发展的同时更好地保护环境。我们在很多领域都做了一些尝试，还设立了一些合作模式，这也是我们为积极应对疫情所带来影响而采取的一系列举措。此外，在能源领域，我们也在做一些积极努力的工作。尤其是在能源的可持续发展方面，各国也在加强相关领域的交流与合作。

当前中国是疫情后经济恢复最好的国家,也是经济增长最快的国家。这当然得益于中国所采取的一系列积极的防疫措施,还得益于中国经济的新发展模式。当然,我也深信,中国现在更加主动积极地重视环保问题,也相应地做出一系列积极的努力。所以说在很多方面都作出了很大的贡献。我想强调的是,在经济发展过程中,经济问题固然很重要,但是环保问题更加重要。

亚洲经济一体化:疫后经济复苏之路(新加坡驻上海总领事 蔡簦合)

新冠疫情已经给全世界带来了很大的影响,很多生命甚至因此而消逝。从经济角度上讲,按照亚洲开发银行的估测,亚洲经济在2020年底实际上已经受到了影响,其他地区影响更大。亚洲区域GDP已有所恢复,问题是个人的消费减少了,主要是因为人们的居家时间变多,出口市场的需求也萎缩了。当然,亚洲依然是全球经济增长的引擎,全球化可能放缓,但是亚洲的作用还是比较显著的。

新冠疫情使我们认识到供应链的多元化多么重要。如果单纯依赖于某一个源头,就会导致巨大的被动性。在此背景下,亚洲内部的经济一体化就显得更为重要。经济需要规模性,全球市场和区域市场需要更多的互补,只有这样才可以提高劳动生产率,增加人们的福祉。这种情况下,我们需要加强区域合作,保证供应链的韧性。

比较好的情况是,亚洲签订了RCEP,即区域全面经济伙伴关系协定。包括中国和新加坡在内的15个成员国能够更多地实现相互开放、经济合作。毫无疑问,它将加强整个市场相互协作的程度。作为世界上最大的自由贸易协定,RCEP将消除92%的贸易关税,所以这是一个重大利好。

在这个协定当中,有一个条款专门规定,要进行贸易的便利化。贸易便利化必将提高通关效率,促进贸易增长。服务的提供商也将从这些合作当中获利。

另外,中国和东盟在2002年建立起了自由贸易区,2010年正式建成。中国-东盟自由贸易区大幅提高了合作水平,而且,在此过程当中,中国企业在东盟国家的投资大幅增加,东盟企业的经营成本降低,东盟地方政府的行政管理环节有所减少,这毫无疑问将使电子商务也得到更好的发展。

那么，在后新冠疫情时代，新加坡应如何参与经济一体化？现在，新加坡高度强调应通过数字合作、网络合作，将这个城邦国家与其他国家更紧密地联系起来。新加坡已签署不少数字领域相关协定，这将把新加坡与区域经济体更加深入地结合起来，继续维持新加坡的强大研发基础，进而进入高附加值的技术领域。

"研究、创新与企业计划 2025"将使新加坡如虎添翼。在绿色经济发展的相关领域，新加坡也将成为一个可持续服务的提供者，为碳交易相关服务提供便利。另外，2030 年新加坡绿色发展蓝图将会帮助一些企业抓住当前绿色经济发展的机遇，不仅可以实现自身的发展，而且使得整个经济能够更好地可持续发展。

新加坡也支持有竞争力的企业，推动它们与区域其他国家展开充分的合作。我认为，新冠疫情不会严重伤害外部经济联系，我们确实需要作为一个开放型的经济体，与外国经济体更好地进行合作。这种国际合作对我们永远有益。

接着，我要讲一下中国和新加坡的关系。一直以来，两国充分发展政府之间的合作，例如苏州-新加坡工业园区，还有天津、重庆等国家级项目。我们在发展过程当中总是强调要搭中国经济快速增长的便车。虽然暴发了新冠疫情，但是我们一直与中国保持着联系。而且，习近平主席和新加坡总统哈莉玛最近就两国建交 30 周年互致贺电。上周，李显龙总理与习近平主席通了电话，确认要强化两国之间的关系。可以说，中国永远是新加坡的重要经济合作伙伴之一。现在，中国实际上已经是新加坡对外投资的重要基地，新加坡也是中国对外投资的重要据点。

随着中国在"一带一路"倡议下继续加深与外国的合作，新加坡将会发挥更大的作用。在中国对"一带一路"沿线国家的投资当中，有近三分之一都是先流到了新加坡。展望新冠疫情以后的经济发展，新加坡与中国的协作关系将会成为一个重要的经济亮点。中国的"十四五"规划高度重视创新、绿色、可持续、高科技等，这些都会给新加坡带来更多的发展机遇。

中国对区域而言是一个重要的伙伴，对新加坡而言更是一个重要的伙伴。虽然新冠疫情带来了一些不利的影响，但是一个开放经济体将必须依赖于更多的对外联系。在此格局当中，中国和新加坡必将更多地踏上双赢合作的轨道。

全球化新思考（澳大利亚全球基金会秘书长　史蒂夫·霍华德）

众所周知，中国在崛起，并且随着中国的崛起，几亿中国人摆脱了贫困，十几亿中国人都进入了小康社会，这是人类历史上一大壮举，是一项重大事件，将会使中国的中产阶级释放出巨大的消费潜力，同时也释放出巨大的智慧和创造力。这是值得我们特别欢呼的。

在这个时候，对于全球经济的前景，人们当然有一些忧虑，这种忧虑当然与新冠疫情相关。另一方面，人们也在思考不同国家的发展模式如何能够更好地相融。现在，国家之间也会出现一些贸易摩擦，还有一些贸易限制。为什么经过全球化发展之后，还会出现这样的状况？很大程度上是因为全球化既带来赢家，也带来输家。不仅仅有国际间的赢家和输家，也有国内的赢家和输家。赢家通过参与全球化进程获利，同时也有因为参加全球化而产生的国内输家，他们会抵制全球化，甚至会推出很多保护主义措施，要求政府进行更多的保护，甚至转向单边主义。这对全球合作来说并不是好消息。中国这样的国家能获得巨大发展，很大程度是通过全球化。未来中国的持续发展还是需要中国高度融入到全球化当中。

这就要求我们必须处理好国内的全球化输家。只有这样做，才可以使整个国家一致进一步利用好全球化。

此外，地球的可持续发展也出现了一些问题，如气候变暖，以及其他一些挑战。因此，我们需要修正一些生产和消费的方式，修正或者说调整全球化的步伐。毫无疑问，合作是必须的。全球化必须是合作性的全球。全球化应该把经济、环境、民生和国际发展等都平衡起来，这方面需要政府和政府之间进行更多的协调。所以，我强调的是合作性的全球化。

意大利即将召开的 G20 峰会，格拉斯哥即将召开的《联合国气候变化框架公约》第 26 次缔约方大会（COP26）等，都指明了人类应该往哪个方向努力。这些努力都是对以往全球化发展的一些矫正，这样的方向可以使我们获得更可持续的、更绿色的、更包容的、更平等的全球化。澳大利亚全球基金会将充分分享大家的忧虑，同时也愿意与大家一起促进这个新的、合作性的、全球化的发展，一起来更好地探寻新的全球化道路。

我们明年将会召开一场会议,这场会议将高度关注全球的生态问题。不仅是全球的发展问题,我们还要讨论生物多样性,以及地质结构等问题。我知道中国也会派人参加。这些问题都关乎整个人类的未来。所以,希望大家都能分享各自的目标,分享我们的一些理念,促使我们在亚洲和太平洋地区做得更好。

这个地区也需要合作性的区域化。在这个区域当中,中国发挥着独一无二的作用。中国与其他一些国家已经在环境、经济、社会等各个方面建立了不少区域性的架构,而且中国也已经发起设立亚洲基础设施投资银行(AIIB),签署RCEP,还提出要加入CPTPP(全面与进步跨太平洋伙伴关系协定)。这些都充分表明,中国很愿意参与区域合作。

所以,我们邀请政府、智库积极参与合作性全球化的行动,这样才能让亚洲经济体走到一起,走上我们所期望的发展轨道。希望有更多的合作,而不是冲突,有更多的共识,而不是更多的分歧,有更多的双赢,而不是有赢有输,这就是我们的价值观。

新冠疫情对人民生活和全球经济造成的长期影响尚未充分展现。我们可能还将在"疫情时代"生活很多年,或许终将无法恢复到以前的正常状态。目前的不平等现象正在不断加剧。如果不加以控制,很可能导致我们的子孙后代幻想破灭,国内和国际社会动荡加剧。与此同时,这场疫情迫使我们思考,在我们的星球面临重重压力、人类健康的脆弱性暴露无遗的情况下,继续走不可持续增长的道路是否明智。为了美好的未来,在国内外探索新的增长和合作模式既明智又必要。我们必须立足于宏观战略角度,不能仅仅注重短期技术层面。因此,我们需要付出很多的时间和精力。让我们保持并继续弘扬全球化的优势,我们需要保证全球供应链的稳定并继续深化相互依存的经济和社会。竖起壁垒、宣扬民族主义和保护主义并非解决之道。与此同时,我们需要考虑如何更好地管理社会,以确保更加公平、包容及繁荣。

亚洲经济一体化背景下日本企业所面临的课题与应对方法
(日中经济协会北京事务所所长　川合现)

日中经济协会是一个拥有 250 余家日本大型企业成员的组织协会。我们也经常派遣日本经济界的代表访华团,举办日中能源论坛等大型活动。

RCEP（区域全面经济伙伴关系协定）也是为了推动经济的全球化，是个促进相互协作的机制。人、物、财、创意是需要流动的，RCEP也会进一步降低人力、物力、财力与信息技术流动的壁垒，而且能够大幅度削减物流成本，进一步推动区域经济的发展，推动日本和其他国家的贸易。

RCEP也可以推进东亚地区的经济全球化。东亚地区也是未来经济发展非常快速的一个地区。非常遗憾的是，印度没有加入RCEP，中国、菲律宾、印度尼西亚在今后的一段时间里会取得更大的经济发展，而且这几个国家都会为今后全球经济的发展作出更大的贡献。为此，需要构建一个具有强劲韧性的供应链。新冠疫情导致全球供应链遭到影响，经济的全球化也遭到影响。但是，我个人认为，经济的全球化不会受到太大阻力，带动全球经济发展还是要靠全球化，日本企业也会根据RCEP框架来做出战略调整。

我的结论主要包括以下三点。

第一，关于地球环境问题。气候变暖是全球所面临的一个重大挑战，现在各个国家都制定了相应的目标，为达到各自的目标都在采取各自的措施。当然，各个国家减排的程度有所不同。排放量比较大的领域也在加大减排的力度。现在，投资者也把环境问题视为企业投资选择的一个因素，各个企业也制定了相应的减排目标，而且也在大力推动清洁能源的使用。

第二，关于数字化的发展。数字化技术是企业发展的源泉。现在，跨境电商已经在这个方面发挥出了巨大作用。日本尖端制造业也在B2B领域当中加快数字化转型的速度，也是为了使日本的企业与新兴经济体的企业相比具有更高的竞争力。在价格竞争方面，日本企业是无法和中国企业相竞争的，日本的企业成本相对来说还是居高不下。如何创造、生产、销售出高附加值的产品和服务？这是关乎日本企业生存的一个重要因素。另外，在健康领域，政府在搜集个人信息数据方面拥有优势。如何进一步地活用这些个人数据是一大课题，这也涉及个人信息的保护。

第三，日本政府于去年10月制订了"商务与人权相关行动计划"，敦促企业承担尊重人权等义务和职责。因此，当日本企业在国内外自主开展经营活动时，必须尊重人权，预防人权问题的发生。举例而言，缅甸今年2月发生了军事政变，市民不断地发动抗议和集会，日本企业也重新调整了它们与政变政权相关企业之间的交易。

由于新冠疫情的到来，面对面的交流受到影响。但是，总有一天新冠疫情会过去，全球范围内人与人之间的交流会恢复。在 RCEP 的框架下，企业会重新调整其制造基地、服务网络和供应链，都需要进一步研讨这三方面的问题。各个国家在打造各自的营商环境时，也要考虑到全球变暖、数字化和企业经营模式，力图打造有吸引力的营商环境。从这个意义上讲，亚洲经济今后会打破这些壁垒，朝着一体化的方向发展，各个国家都会重视打造各自的优良营商环境。

此外，中国人在生活中经常使用微信支付，所以购物非常方便。如果能够发行数字货币，我认为会给社会带来便利。另一方面，尽管中国大力推进数字货币的发行，但是民间金融机构的数字支付和中国中央银行发行的数字货币还是有所不同。各个国家的央行并不是大力推进数字货币，其原因在于，他们需要维持原来的金融体系。如果既能确保原有货币体系的稳定性，又有便利性，人们还是会对数字货币表示欢迎。归根到底，这需要技术的稳定性、可靠性来进行支撑，所以很多政府还处在观望状态。

"十四五"时期中国的经济发展与亚洲经济一体化进程（印度尼赫鲁大学东亚研究中心前主席　谢　钢）

前面的发言者，包括刘遵义教授也讲到，在中国的"十四五"规划当中，要求有更多的创新，更多的供应链的强化，还有更多的区域合作等。这些确实是非常重要的。中国现在高度重视创新，这是大家已经看到的。大家都说，要让中国成为一个高质量的制造中心，成为一个高质量的 IT 中心，成为一个网络强国、制造业强国等。在很多方面，中国都提出了"强国"的目标，如文化强国、人力资源强国、体育强国等。就体育而言，在东京奥运会上，中国金牌总数位列第二，确实可称为体育强国。

在制造业领域，中国现在有 200 种产品都是世界第一。在中国国内生产总值当中，制造业所占比重还是非常高的，尽管现在有所降低，主要是因为中国要发展服务业。中国在"十四五"规划期间还会继续保持制造业的高比重。但是，在这个过程当中，中国强调要发展高质量的制造业，这就需要靠创新来实现，也要重视 3D 打印、5G 技术、绿色发展等，这些都是重要的抓手。此外还有网络安全。我想，中国在各个方面都是在努力往前。

从总体发展模式来说,中国现在更多地偏向德国模式。在中国内部,有一个到底是走德国模式,还是走美国模式的讨论。中国更加倾向于走德国模式,也就是通过实业来促进国家的富强。在能源、制造业、IT、农业等领域,中国都强调要打好基础,然后进一步转型升级。中国现在提出要高度重视质量问题,我想这个质量的楷模包括日本、韩国、德国等国家。

另外,中国要成为一个网络强国。中共十九大提出,中国到2035年基本实现社会主义现代化。现代化的实现越来越需要网络技术的推动。中国的5G技术领先于世界,还有其他很多方面中国也是走在前列。当然,在5G方面,美国的制约导致华为受挫。不仅是美国,其他一些西方国家也跟着限制中国。从孟晚舟事件可以看出,中国有必要在网络方面做好强国的工作。在教育方面,中国也表示要成为教育强国。这种努力也有点类似于德国模式。中国强调新版职业教育,一方面加强研发,另一方面要求锻造高素质的劳动力,这就是中国的目标。

在交通方面,中国提出要进一步地进行提升。在以往几十年当中,特别是十几年当中,中国已经建造了非常强大的交通网络。从交通设施的角度来看,中国不仅在亚洲,而且在世界范围都堪称发达国家。现在,中国通过"一带一路"倡议把强大的基础设施建设能力输送到其他国家,有助于中国与其他国家的互联互通。

在贸易方面,中国提出了贸易强国战略。中国与许多国家开展技术贸易,成为那些国家的第一大贸易伙伴。中国积累了大量的外汇储备,外汇储备一度达到近4万亿美元的高度,现在降低到3万亿多一点。我认为这点无需担心,因为中国有非常强大的出口能力,而且中国现在提出要加入CPTPP(全面与进步跨太平洋伙伴关系协定),这就使得中国将来能够更多地融入整个地区的商品交换和资金融通网络。

现在,中国共产党的很多政策都提出,要进一步加大改革开放。因此,我相信贸易的开放度及合作意愿不会降低。另外,在海运方面,中国也与世界港口和航运线建立了不少合作,这种合作只会增强,不会因为新冠疫情而减少。

此外,在体育方面,中国"十四五"规划提到,到2025年,40%的人会固定、经常、定期地参与体育运动。

可以看到,在一些非经济领域,中国也在致力于齐头并进。当然,中国对原来大西洋方向的合作进行了一些调整,现在更多地瞄准亚太地区,也就是说,这是一个转型。而且，我们可以看到，RCEP（区域全面经济伙伴关系协定）也促使中国与东南亚地区、东亚地区的国家展开充分的合作。印度作为南亚的一个重要经济体，期待能与中国在公平合作的基础上，发展更多的伙伴合作关系。而且在贸易方面，印度也实施了一些有利于海关便利化的措施。

在 RCEP 框架中，印度也被邀请成为观察员国，所以，这也是印度与东南亚地区深化经济合作的良机。当然，在亚洲范围内，新冠疫情并没有过去，而且随时都可能回潮。我们要充分注意这个问题，确保不会因新冠疫情而导致国门关闭，进而影响到区域合作。

网络发展也是亚洲地区需要强化的方向。网络的发展意味着电子商务的发展，而且，电子商务一定要向跨境层面发展，这将给我们开辟一个新的重要的合作领域。至于金融和基础设施方面，并没有受到新冠疫情很大的限制。刘遵义教授刚才提到本币结算贸易的趋势，这确实是我们今后合作的一个重要方面。新冠疫情以来，印度经历了大起大落，现在又出现了百分之二十几的经济暴增，这确实是一个很陡峭的经济回升。因为印度有很强劲的国内经济消费潜力，特别是随着人们生活水平的提高，经济回升是完全可以实现的。而且，在印度新冠疫苗接种较为普遍。新冠疫苗的普及将使印度在守住健康的基础上，更好地发展经济。只要印度能够稳住，就可以充分收获中国"十四五"规划带来的一些好处。

关于数字货币，今年 9 月份印度中央银行专门考虑了这个问题。现在除了有这个计划之外，还有其他一些计划。相关技术的应用需要合法化、规范化。在印度，先要找出应用软件当中可能存在的漏洞，然后排除这些漏洞，之后才可以推出数字货币。我们也认识到，这种加密货币确实是一件需要认真考虑的问题，印度的电视节目等都热烈地讨论过这个问题。加密货币本身也是电子货币的一种。比特币出现以后，促使我们思考如何规范这样的货币。

总之，我认为在"十四五"规划期间，亚洲地区的区域一体化一定会继续强化。

议题三：后新冠疫情时代世界经济复苏前景、挑战与对策

全球化是不可阻挡的历史前进潮流（中国国际经济交流中心常务副理事长、执行局主任 张晓强）

本次论坛举办正值世界经济经历新冠疫情重创、艰难复苏和中国"十四五"规划实施的开局之年，十分有意义。2020年初暴发的新冠肺炎疫情，使全球经济陷入深度衰退。在各国的通力合作下，疫苗研发成功和有序接种，为全球经济重新走上正轨创造了条件。今年以来，全球经济呈现明显复苏的态势。根据IMF（国际货币基金组织）的最新预测，今年全球经济增速为5.9%，WTO（世界贸易组织）预测，今年全球货物贸易将增长10.8%，但与此同时，病毒变异、疫苗分配在贫富国家间的失衡、贸易保护主义、单边主义等，给全球经济复苏蒙上阴影，全球经济复苏的基础仍然薄弱，面临较大的不确定性和不稳定性。

新冠疫情发生以来，在中国政府的有力领导下，中国疫情防控取得重大成果，成为第一个恢复增长的世界主要经济体。中国也同世界各国携手合作，共克时艰，积极分享防疫、抗疫经验，开展疫苗研发合作，派出医疗专家组，出口防疫物资，充分展现了社会主义制度的政治优势和负责任大国的形象。今年以来，中国加快统筹推进经济社会全面有序发展，今年前三季度GDP增长9.8%，货物贸易进出口增长22.7%，生产需求继续回升，消费复苏的态势巩固，经济持续向好。IMF预测，2021年中国的经济增速将达8%，继续领跑主要经济体，成为全球经济强劲的增长动力。

2021年作为中国"十四五"规划开局之年，我们正处在百年未有之大变局的深度调整期、新冠疫情的持续影响期、两个一百年奋斗目标的历史交会期。立足"十四五"，面向2035年远景目标，我们将继续贯彻落实创新、协调、绿色、开

放、共享的新发展理念,系统解决经济社会发展的动力问题、发展不平衡问题、人与自然和谐发展问题等,加快构建国内大循环为主体、国内国际双循环相互促进的新发展格局,充分发挥超大规模市场的优势和内需潜力。同时继续高水平对外开放,加强与世界的经济合作与联系。在全面建成小康社会、实现第一个百年奋斗目标的基础上,开启迈向共同富裕、建设社会主义现代化国家的新征程,让发展成果惠及全体人民。

中国的发展离不开世界,世界的发展也离不开中国。中国将推动更大范围、更宽领域、更深层次的高水平对外开放,推动规则等制度性开放。我们将敞开国门,欢迎全球朋友来华投资兴业,我们将不断提高知识产权的法治化水平,并创造更加公平、透明、可预期的营商环境。我们将进一步提升区域经济融合度,包括加快推动 RCEP 协议(区域全面经济伙伴关系协定)的落地实施。我们已正式申请加入 CPTPP(全面与进步跨太平洋伙伴关系协定)。同时,我们也支持和鼓励更多的中国企业走出去参与全球合作,为稳定全球产业链、供应链安全,保障贸易投资畅通,贡献中国力量。我们将推动高质量共建"一带一路",使中国的新发展为世界提供更多的新机遇。

各位朋友,世界的未来需要我们共同塑造,全球化是不可阻挡的历史前进潮流,面对经济复苏的困难和全球化的逆流,我们愿意与全球志同道合者共同坚定地捍卫多边主义,扩大国际经贸合作,秉持共商、共建、共享理念,积极参与全球经济治理体系的改革和建设,推动经济全球化朝着更加开放、包容、普惠、平衡、共赢的方向发展。

中国国际经济交流中心是国家首批建设的 25 家高端智库之一,在理事长的领导下,我们在重大课题研究、服务国家决策、开放国际经济交流、引导社会舆论方面做了很多工作,我们愿意和各国的朋友继续开展多种形式的交流合作,为共同发展作出贡献。

后新冠疫情时代世界经济复苏前景、挑战与对策(中国人民大学副校长 刘元春)

众所周知,整个经济因新冠疫情影响而出现复苏受阻的情况。但事实上,在疫情出现缓和的阶段里,我们的一些结构性问题已经全面凸显。我们以前总是关注增长潜力所面临的一些结构性问题,传统来讲,一般指四个方面。第一,人口老龄化导致全球人口红利的消退。第二,专利技术增长速度下降,导致技术红利衰竭。第三,资源环境的约束导致传统的一些资源红利不仅不起正的推动作用,反而起到强烈的阻碍作用。第四,在疫情之前讨论的结构性问题,主要是指全球化逆转以及地缘政治的恶化所带来的全球化红利、和平红利出现衰竭。

然而,分析当前世界经济状况时,如果只是简单地着眼这些结构性问题,展望中期前景,那么实际上会面临一系列难题。也就是说,对于疫情波动和趋势性的变化,难以通过上述结构性问题进行明确的判断。纵观这一年半以来整个疫情变化和经济增长之间的关系,以及出现的一些非预期的现象,我们就会知道,我们必须要关注疫情所引发的一些供求难以匹配的结构性问题。

举例而言,今年初期,汽车芯片严重短缺,直接导致美国CPI(消费者物价指数)在第二季度上涨了2个百分点,同时直接导致全球汽车生产下降了接近20%。当然,在中国第三季度,我们的汽车销售下降了11%左右。其中很重要的一个因素与汽车芯片的短缺有关。

第二个例子也很重要。在芯片问题还没得到解决的时候,能源的供求关系恶化,甚至有很多人预言能源危机。疫情的冲击、天气的变化等状况导致能源出现了严重的供求不平衡。这种不平衡直接导致石油价格突破80美元一桶,天然气价格出现暴涨。这种现象也是全球性的,而非区域性的。欧洲的能源问题、中国的煤荒,看似只是偶然事件,但是,如果把它们放在全球背景下分析,会发现后疫情时期供求双方的不平等所带来的问题。

第三个例子是,国际运价在整个第二季度、第三季度出现大幅度上扬。另外一点也很重要。我们的集装箱运价指数也出现了大幅度上涨,中国到美国洛杉矶的集装箱运价指数曾经超过2万美元。同样,这些变化与港口的堵塞、供应链及产业链在全球的不匹配性等密切相关。

如果是在过去,我们会认为这些都是很小的问题。然而事实上,都是由于新冠疫情所诱发的一系列的短期结构不匹配、恶化,导致宏观的震荡。这种震荡对经济复苏产生了诸多影响。除了这些因素以外,关键问题在于,这些短期结构性问题往往很可能中长期化,特别是中期化。比如说,很多人都认为能源问题可能会随着我们的重视、随着供应链的恢复而出现快速回升。但事实上,我们看到的是,大宗商品价格,特别是大宗商品价格中间的能源板块,目前呈现出持续性的上扬趋势。问题是,这种上扬趋势会不会导致整个金融资源匹配模式发生变异,从而使现货的供应关系发生一系列的变异,使短期的一些变化演化成中期的问题?

这个是大家所关注的问题。最为典型的现象就是,大家现在都在讨论石油价格能不能、会不会在年底突破 100 美元一桶。如果突破 100 美元一桶,就会直接给许多石油输入国家的复苏带来系统性的挑战,比如中国、美国、日本等可能会受到较大的影响。再比如,汽车芯片。目前,汽车芯片问题已经开始中期化,至少从现在的供求状况来看,第四季度已经不可能得到根本性的缓和。

因此,我们必须分析后疫情时期供给状况的这种瓶颈因素。复苏路径的变化和变异所直接导致的短期结构性问题会上扬到整个复苏政策的一些关键点,这就需要一些思路上的变化。第一,我们不能简单地从传统的疫情救助、总量复苏的角度着手,来应对未来所面临的各种问题,这是我们可能要思考的。第二点非常重要,我们在政策分析上要下更多的功夫,对于未来产业链、供应链的一些变化,劳动市场上的一些变异,特别是非自愿性失业、劳动生产参与率这些参数的变化,要开展更仔细的研究,这些研究能为我们提供一些前瞻性问题的指引。

所以,新冠疫情所导致的供求双方不匹配等短期结构性问题会显著化、宏观化、整体化。在复苏结构里面,宏观问题还有很多。目前,金融市场和实体经济复苏之间的不对称性引发了"脱实向虚"所带来的结构性问题,这个问题实际上是需要我们重点考虑的。因为,上述几大短期结构性问题,往往会在这种金融环境下得到全面的助推。

近期,很多参数出现了一些异样的波动和变化。比如,中国煤炭和有色金属的指数在国家干预下出现了明显的回调,回调幅度接近 25%。因此,很多人就讲,这里面会不会存在着囤积现象,以及金融炒作现象?这是我们需要思考的问题。

更重要的一个问题是,大宗商品整体价格上扬背后的助推力到底是什么?很多人认为,其中一个因素是复苏所带来的需求上扬,当然,另外一个重要因素是,货币的大量发行导致这样一些泡沫化的趋势。但是事实上,诱发机制比我们想象的要复杂得多。再举一个很重要的例子,就是我们的货运价格。人们一般认为,货运价格上涨是劳动力紧缺、港口堵塞、传统供应链和新供应链之间的不匹配所带来的。但是,最近我们发现,在 10 月份,中国-美国洛杉矶的运费每 fcu（以长度为 40 英尺为国际计量单位的集装箱）暴跌 9 000 美元，跌幅达51.4%。对于这种跌幅，又该如何进行解释？它说明了一个很重要的信息，即未来的一些价格参数、资产价格的这种参数，有可能在一些短期结构性问题得到疏解的过程中，出现大幅度的风险释放，这种风险释放也许不会像货币政策全面退出引发的风险释放那么猛烈，但是它给局部市场、局部区域带来的冲击，也是需要我们高度重视的。我想强调的一点是，我们在分析后疫情经济复苏的过程时，除了按照传统模式对总体趋势加以研判以外，还要高度重视短期的一些结构性错配问题。通过全面的分析，才能把握住一些新的规律和演变趋势。

在华欧洲公司现状：持续旅行限制如何最终阻碍业务进一步发展及世界经济更快复苏（中国欧盟商会副主席、上海分会会长许倍帝）

去年，我专门参加了一场有关欧盟与中国关系的重要会议，我们在那场会议上得出一个结论——在经历了动荡的 2020 年后，中国现在正引领着后疫情时代的全球经济复苏。然而，中国和世界其他地区仍面临挑战，新的变异病毒的影响和持续暴发的新冠疫情、疫苗接种率的不同以及持续的旅行限制阻碍了中国贸易和投资格局的发展。旅行限制的不断变化、广泛的隔离措施以及外国人才来华困难重重，给欧洲企业在中国恢复业务运营蒙上了一层不确定的阴影。

今年 6 月份，我们专门发布了在华欧洲企业信心调查报告。这项研究主要是为了调查新冠疫情引发的中国旅行限制，及其对在华欧洲企业业务造成的影响。73%的受访企业称，这种限制导致他们的业务发展受到影响，而且他们把现在中国因新冠疫情而设置的一些旅行障碍视为最需要关注的一个问题。同时，他们把旅行限制及其给家属自由流动带来的影响当作一个重要因素。欧盟商会有不少人才不大愿意回到中国，因为他们担心在中国会遭遇旅行的困难，甚至难以获得有效的签证。而且，中国和欧洲不少国家之间也缺乏直飞航班，漫长的隔离期也使他们感到沮丧。

因此，我认为这些问题给欧洲与中国之间的经济合作带来了重大的影响，也使整个世界的经济复苏步履维艰。上周,欧盟国家的相关机构专门对他们开展业务的风险及机会进行了分析和评估。中国和欧洲企业要有一个平等的竞争环境,这是他们最为关注的问题。欧盟商会2021年企业信心调查的结果显示,45%的人认为在目前情况下,他们确实丢失了在中国发展业务的机会,而且他们也认为这些方面并没有出现明显的改善。他们指出,中国有很多有形和无形的经营业务障碍。另外,行政规范上也有不少程序性的低效率。毫无疑问,中国在应对新冠疫情方面是卓有成效的,很多欧洲公司的总部也承认这一点。另一方面,从推动欧洲在华公司的业务发展角度来看,显然,新冠疫情导致中国没有回归常态,这给整个欧中业务关系的发展带来了一些困难。

未来中欧关系是否能够恢复常态?人们对此疑虑重重。当然,三分之二的受访者表现得较为乐观,他们认为未来两年也许会出现积极的变化,也许可以一定程度上回归正常。对于中国的疫情对策、中国疫苗的普及程度,他们抱有积极评价。但是,40%的公司认为他们在中国的业务受到政治影响,对此,他们并不赞成。另外,欧洲公司认为,新冠疫情对供应链的干扰是一个大问题,甚至可以说,很多欧洲的投资者完全是在黑暗中摸索,而且,不少欧洲经理现在认为有必要在中国之外的其他地区进行采购。所以,我认为这对未来的欧中经贸关系不利。

当然,中国的经济复苏态势还是比较好的,疫情得到迅速控制,在中国的很多欧洲企业认为他们受到的冲击较小,因此,他们对中国的严格防控表示赞赏。但是,从中国与世界的关系角度来看,如果只有中国做得好,其他国家做得没那么好,而中国又需要与他国互通互联,在此情况下,中国必须想出相应的方案。毕竟,只有一国采取病毒零容忍的方式是不现实的。中国对新冠病毒的零容忍态度往往会打断整个经济和业务的持续进行。那些总部设在欧洲的公司对于在中国开展业务感到非常迷茫,信息沟通、人员派驻等都面临着诸多困扰,这也是他们抱怨较多的事项。外派人员有时需要回到总部,总部有时也需把人派到中国,而且工作人员经常需要携家属一同出入境。但是现在,人员往返处于凝固态势,这种态势不可能长期坚持下去。因此,是否能够对各国的安全系数进行分类?这并非彻底放弃零容忍,而是采取分类指导、分类解冻的方式,以确保人员的流动性。

在长三角地区,欧洲企业对于中国碳减排方面的业务较为赞赏,但是也觉得这方面的政策转型较快,有时会给他们的经济业务带来一定的影响。他们需要充分地平衡经济复苏的需求和减排的要求。欧洲公司希望能在可持续发展的轨道上推动和中国和欧洲的经贸关系。作为中国经济发展的驱动力，长三角洲地区一体化发展表明，在我们渡过新冠疫情的同时，有必要重新审视当前的限制，以接受外国行业专业知识和投资，抵消外部经济冲击。需要非常规的政策小心谨慎地让全球快速复苏，并为中国和欧盟可持续的繁荣的未来而努力。

全球发展与展望（国际货币基金组织驻华首席代表　史蒂文·艾伦·巴奈特）

首先，现在世界经济复苏还是受到了新冠疫情的影响。其次，世界各国需要团结协作。最近，我们发布了一个预测，我们预计2021年全球GDP增速为5.9%，2022年全球GDP增速为4.9%，可以说，目前全球范围内的增长看起来是比较高的，以往一般是3%左右。但是，这种高增速并不真正代表世界经济处在一个非常好的水平上，主要是因为之前经济明显下滑。而且，目前的世界经济萧条态势甚至可以和20世纪30年代的大萧条相提并论。在很多方面，我们都遇到了前所未有的困难，这些困难给世界经济构成了巨大的挑战。

当然，现在我们有很多手段，可以使经济下滑显得不那么严重（本来去年可以下滑到9%）。但是，现在看到的下滑也已经相当严重。下滑得厉害，意味着复苏也会比较显著。目前，经济受到较为严重的伤害。2020年全球经济萎缩3%，这对全世界来说是很大的规模。我们期待明年年底，整个世界经济恢复正常。在此过程中，各国的状况各有不同。中国处在一个坚强的复苏轨道上，而在其他一些国家，复苏速度比较缓慢。

有些国家推出了支持经济增长的有效措施，包括更有效的疫苗接种计划，但是在其他国家，却看不到这样有效的支持。毫无疑问，全球经济复苏是不平衡的。如何来保障全球的经济复苏？首先，要确保良好的防疫效果，主要是靠接种疫苗。疫苗不仅能拯救生命，还可以防止病毒变异，有利于恢复经济。需要在今年年底前达到全球人口40%的接种率，到2022年年中达到70%，那样才可以使整个经济复苏有一个非常强劲的基础。

所有国家必须要有效实现疫苗接种，特别是低收入国家，正面临着特殊挑战，一是疫苗接种，二是面临着融资需求大、债务负担高、融资成本上升等问题。

因此，确保经济复苏的另一项全球政策是帮助受困及低收入经济体，为其提供流动性支持和债务减免。疫情暴发之后，IMF（国际货币基金组织）批准了规模为6 500亿美元的新一轮特别提款权普遍分配方案，大部分用于援助低收入国家。我认为在危机时刻，这些措施是必要的。当然，IMF还有其他措施用于支持成员国，已向包括54个低收入经济体在内的87个国家提供了超过1 150亿美元的新融资，为29个最低收入成员国提供了债务减免的优惠政策。同时与20国集团（G20）就"暂停偿债倡议"以及《缓债倡议后续债务处理共同框架》展开合作，保证有关国家不会因为新冠疫情导致崩盘。

最后，我要强调，全球共同应对气候变化、向绿色经济转型也将成为经济复苏的一个巨大机遇，对于人类可持续的未来和中长期的繁荣都是非常重要的。当然，绿色经济转型是一项巨大的挑战，包含着很多机会。我们需要发展更多的技术，强化技术交流，如果一切顺利，到2029年，这一转型可将全球GDP提高约2%，并创造3 000万个新工作岗位。

总而言之，现在我们确实处在一个比较困难的时刻，特别是新冠疫情的冲击，给我们造成了巨大的伤害。但是我想，这也是我们开展共同合作的重要机遇期。通过开展多边合作，我们将获得一个有保障的复苏，也可以让人们获得更好的福祉。

私营部门在全球经济复苏中的作用（美国全国商会亚洲事务高级副总裁　傅瑞伟）

说到后新冠疫情时代的恢复，我认为主要会遇到四个挑战。第一，医疗健康方面的挑战。如大家所言，疫苗接种相当重要。此外，商业方面的互联互通也很重要。第二，供应链方面的挑战。我们需要更加安全和更加稳定的供应链，当然，我们现在面临着一些障碍，这些障碍未来可能还会继续存在，特别是在　部分国家。第三，气候变化方面的挑战。目前存在很多环境问题，包括气候变化问题等。它要求我们采用新能源。第四，全球经济平等问题上的挑战。低收入国家和高收入国家之间的差距尤其巨大。私营部门应该扮演一个比较重要的角色，在科技创新、资本分配方面贡献更多的力量。

相比国有企业等，私营部门表现出更加强劲的增长潜力，对经济发展的贡献也应该更大。在全球化的今天,开展贸易关系谈判时,我们都希望互相增加透明度,增加平等性,以减少贸易壁垒。疫情期间,政府扮演了非常重要的主导角色,出台了许多强制性的规定,来平衡供求关系,或者说是促进某些产品的生产,特别是家庭生活的必需品等,结果可能导致市场在其中扮演的角色被削弱。

中美贸易战期间,一种令人担心的情况出现了。美国、中国,甚至是其他国家,都觉得自己要和他国展开经济方面的竞争而非合作。疫情期间,我们发现全球经济的效率实际上有所下降。

现在,美国也做出了一系列努力,或者说是采取了一系列手段。但是,美国现在的很多举措其实是在往回走,或者说是在开倒车。我会更关注美国国内的某些企业或者说某些产业,仅仅是因为他们可能在和其他国家竞争时更加具有竞争力。过去,美国可能在贸易方面占据优势,但是现在并非如此。

如今,各个国家之间也有安全方面的顾虑。私营部门或许非常愿意与其他国家的公司开展技术等层面的合作。但是,安全问题也被列入考虑范围。我们不希望安全问题成为保护主义的借口。这是不应该发生的。

很多国家,特别是中国,取得了惊人的经济成就。我们现在面临着诸多挑战,其中一个挑战是政府现在扮演的角色越来越重要,越来越必不可少。因为,他们做出的决策其实也有利于经济的快速复苏。但是,现在存在一种趋势,即市场的角色可能被降级了,或者说是没有那么重要了。我们也需要政府的支持,需要政府来支持一些新兴产业,特别是在一些相对发达的国家,我们就需要政府为半导体产业提供更多的支持。美国有很多半导体公司,如果美国政府规定这些半导体公司不能与中国进行贸易活动,那么不仅会影响到中国的半导体产业,同时也会影响到美国的半导体产业,它带来的影响是非常严重的。所以,政府当然有其正面作用,但是也有可能带来一些负面影响。所以,我们希望各国不要把全部的注意力集中在是否有利于本国与他国的竞争上。

2021年9月,中国正式申请加入CPTPP(全面与进步跨太平洋伙伴关系协定)。此前,由于美国曾是TPP(CPTPP的前身,跨太平洋伙伴关系协定)的主要成员国,在该组织的规则制定方面作出了诸多贡献。虽然特朗普政府宣布退出TPP,但是,因为美国曾是规则的主要制定国,所以,如果中国要加入CPTPP,必将讨论是否要遵循这些规则。那么,中国是否能够遵守CPTPP的规则?尤其是中国的私营部门,是否能够遵守相关的规则?这点也非常重要。这对美国在亚太地区的投资,以及中国在美国的投资,都非常有利。很多私营部门相当活跃,并且他们很清楚自己应该扮演的角色,特别是在气候变化和环境保护领域。但是他们现在面临的挑战是怎样从高碳经济向低碳经济转型,这是不可能一蹴而就的。这也是美国商会感到担心的一点。转型是需要机遇的,我们可能错失了很多机遇。

现在,拜登政府也已注意到美国的能源成本越来越高。尽管我们希望达到绿色经济的目标,但是我们还需要用更低的成本来进行环保方面的生产,需要更加具有战略性的方法,需要其他一些低碳燃料,比如液体天然气等,这些都可以促进环保及绿色经济的发展。美国的天然气生产力较强,未来应该会进一步开发天然气。

总而言之,私营部门在后新冠疫情时代应该扮演非常重要的角色,当然,它们也面临着种种挑战。而且,在一些新兴经济体当中,人们首先需要解决最基础的问题,比如医疗问题、疫苗接种率等。私营部门还应承担起自己的责任。我们也应充分认识到私营部门的重要性,这样就可以通过以市场为基础的方法来促进全球贸易。

后新冠疫情经济复苏中的风险敞口(韩国对外经济政策研究院院长金兴钟)

新冠疫情确实改变了我们的生活,去年和前年都是如此。世界各地的人们都戴上了口罩,开始注重社交隔离。毫无疑问,疫情给整个经济的发展带来了影响,而且不会马上结束。

一方面需要防控疫情,另一方面需要快速实现经济复苏。如何在防控疫情的同时恢复经济,这是一项双重任务。在防控方面,我们需要进一步依赖医学,需要保持社交隔离,现在还需要进行疫苗接种。至于复苏,则是指经济方面的复苏,需要花费更多的力气来修复经济体。可以说,经济层面遭受的伤害是前所未有的。现在,人们已经很大程度上适应了新的生活方式和工作方式,比如居家办公,如今几乎成为一种时尚。在世界各国,他们都在疫情的影响下做出相应的改变和调整,包括重新规划基础设施。

在此状态下,绿色转型也夹杂其中,使得经济形势愈发复杂,愈发具有不确定性。各国政府和民间都在讨论如何修复经济,如何恢复常态。欧盟也推出了不少临时复苏经济的计划,要在资本市场筹措数千亿欧元以支持各国恢复经济,同时也致力于应对气候变化。中国同样推出了不少用于刺激基础设施建设和经济发展的措施。比如5G网络、更高速的铁路、人工智能、新能源汽车等,都是中国重视的领域。韩国政府也是如此。韩国发布了数字新政推进计划,这就意味着将投入更多的资金。

因此,IMF(国际货币基金组织)对今年和明年的经济复苏还是抱有一定的乐观看法。按照IMF的预测,2021年全球经济预计将实际增长5.9%,但是明年可能只有4.9%。美国的2021年经济增长预期目标由之前预测的增长7%,下调至6%。所以,这实际上是一个重要指标。

此外,世界经济的供应链也受到巨大的冲击。在恢复经济的过程当中,世界供应链有可能会得到重组,给部分经济体带来不小的影响。需要注意的是,我们应该高度关注市场的反应。政策固然能引发巨变,但是我们也要注意市场能够在多大程度上接受这些政策。如果单纯依赖于强大的政策,必然会产生巨大的成本,因为这些成本主要来自企业和个人的补贴,所以最终还是要由经济来承担。

尤其是在绿色转型过程当中,如果过多地依赖于政府的运作,不顾及企业和市场的变化,其效果将是激进的,可能也是不可持续的。所以,在后疫情时代的恢复过程当中,我们需要一些短期的刺激,毫无疑问这是对的,但是从长远来看,我们还是要让市场复位,让企业能够有更好的运作环境,这点比政府的激励更加重要。

或许,重要的是,我们应该更多地依赖市场,而不是简单地通过资金发放和其他的政策刺激来恢复经济。如今,G20国家为遏制企业所得税的下调竞争,就各国共同采用"15%以上"最低税率达成了一致。我认为这个趋同的措施将是非常重要的,可以使各国企业处在一个比较公平的竞争环境当中。同时,绿色低碳也已成为新热点。希望可以通过推动绿色低碳,来创造新的经济机会。

总之,希望能够通过各方努力,让我们走在经济复苏的坚强轨道上。

新冠疫情时代的全球协议(比利时布鲁塞尔研究所所长 刚特·沃尔夫)

加强疫情防控不能等到新冠疫情结束才开始,因为未来的疫情时时刻刻威胁着人类，我们需要做到未雨绸缪。虽然我们在遏制疫情和有效应对新冠疫情方面拥有足够的能力，但在疫情防控方面却需要进行更好的协调和更具针对性的投资。全球化意味着，准备充分、防范周全的全球措施不仅有助于实现人道主义目标，而且还符合所有国家的利益。为此，G20高级别独立小组提出了一系列针对性建议。这份报告字面上就叫"全球大交易"，或者说"全球新政"。已经于7月份向G20财长会议递交。到底需要采取怎样的金融措施以应对当前的新冠疫情，乃至未来可能发生的类似冲击？该报告就这些问题提出建议。

这场疫情不仅给人们的生命、健康带来伤害，而且给整个世界的经济、社会生活带来巨大的冲击。回顾过去可以发现，我们确实进入了一个所谓的"疫情年代"。何为"疫情年代"？首先，在这样一个年代，任何疫情，不管是新冠病毒还是其他病毒，发生的概率都大幅提高，给人们的生活、健康带来重大威胁。这场新冠疫情其实只是一个提醒。本来世界上就有很多具有传染性的病毒，比如艾滋病、埃博拉、禽流感、猪流感等。

疫情的蔓延可以说与气候变化相关。随着气候变化的持续，将会有更多的病毒被释放出来，有可能给整个人类的生存带来重大威胁，所以说，我们已经进入了"疫情年代"。在这样一个年代当中，我们需要采取各种措施，其中一个措施就是接种疫苗。新冠疫情期间，疫苗研发得很快，中国、美国和其他一些国家都迅速采取了有效的措施。另一方面，目前还存在不少病毒变异的可能性，给人们带来了巨大的威胁。如果有一个人不安全，那么所有人都是不安全的，这是我们学到的一个重要教训。既然病毒具有此种威胁，那么我们必须采取有效的工具来应对。疫苗开发和疫苗接种所需付出的代价相对较轻，是可以接受的对策。

疫情可能给经济增加了数万亿美元的成本，这确实是世界经济面临的重大压力之一。当我们思考人类生存安全的时候，一定要考虑到我们现在处在一个疫情频发的年代。我们需要建立起某种安全架构，这个安全架构，首先包括对疫情的严密监控和迅速回应。世界各地应加强医疗方面的相关研究，强化国家公共卫生应急管理体系，以确保人们能够做出快速有效的反应。同时，我们也需要做好相关储备，一旦再次发生类似的疫情，能够迅速拿出我们的方案，以保护庞大的人口。

各国政府要保证各类应对疾病的系统是相互协调的，而且这种协调能够保证最终达到良好的效果。我们在报告当中提到，应建立一个全球治理和融资机制以应对未来大规模和复杂的挑战,每年应投资150亿美元以应对疫情相关风险。这笔资金数额远远多于从前的规划,但是,从全球经济的角度来看,这样的资金数额只是一笔小账,是为了避免未来产生更大的成本。我们需要各国拿出资金,这可以使经济更加具有韧性,而且可以减少人员方面的伤害。

还有一点非常重要,即提供充足的国际援助。不少国家需要援助。这样的援助其实是一种国际公共产品,该产品是必要的。而且,也需要向国内并不富裕的人群提供这种公共产品。

此外,若要解决当前的问题,第一,各国合作非常重要。不仅仅是大国,其他的利益相关方都应分享有关资源。这既符合中国的利益,也符合美国、欧洲的利益。大国应该携手合作,拿出更多的资金用于疫情防控,而非仅仅用于当前的疫情。第二,我们要确保有关资金确实能够最终达到它们的目标点,比如说能够进入到研发环节,进入到人群。作为学者,我要强调一点,未来,在全球范围内建立全球治理体系可能尤为重要。也就是说,我们需要在目前的国际体系当中建立起更多的制度框架,通过这样的制度框架,不管是在现有的国际组织,还是在未来需要建立的国际组织当中,我们都能源源不断地为疾病防控筹措资金。这不仅有利于人们的生命健康,而且能在其他方面起到良好的效果。随着气候变化的进一步加剧,人类受到疾病威胁的程度也会加深。所以,从这个角度来看,倘若每个国家都能拿出一些资金,并且携手合作,相互支持,那么许多问题就可以解决了。

我们有那么多重要问题有待解决,比如气候变化问题,所以不应该在大国地缘政治等方面消耗太多精力。当然,要改变现状也是非常困难的。应对气候变化、预防疫情的成本极为高昂,但是对全世界有益。由于受到地缘政治紧张的影响,要拿出一个全球性的方案可能还不现实。我认为,在我们实现全球合作之前,也许可以先开展一些区域性的合作,比如说在欧盟范围内展开合作,让各个国家承担各自的责任,来支持并且投资于这样一个新政。至少先在区域范围内做起来,这也许是可行的,也是合理的。我认为,这是一个并非最完美的方案,但是,它是一个很好的替代品,或者说是很好的妥协。

国际社会需要进行更好的动员。我们不是孤岛,大家都在同一条船上,所以很重要的一点是,我们必须秉持同舟共济的精神来解决问题,这对谁都有好处。

议题四：今后一个时期中国与
世界经济的互动发展

当前世界经济面临的巨大挑战与出路（中国国际经济交流中心总经济师、执行局副主任　陈文玲）

世界经济面临着巨大挑战，新冠疫情前的存量问题和疫情中的增量问题叠加，百年未有之大变局和百年疫情交织，各种风险陡然增加，可以说，世界经济面临着巨大的挑战，解决这些挑战的难度在增加。当前主要的风险和挑战表现在以下 8 个方面。

第一，当前影响最大的公共卫生风险。新冠疫情已经持续两年，现在已经超过 1918 年到 1919 年西班牙大流感的时间，全球确诊病例累计 2.41 亿人，死亡接近 500 万人。这场疫情何时结束？我们到底会以何种方式战胜疫情？怎样在疫情中恢复经济？这些都是巨大的挑战。如果不能摆脱疫情，我们将在两难之间进行选择。

第二，经济增长的风险。虽然说今年经济复苏增长，而且达到 50 年以来最高增幅，但是，它是对去年低增长和负增长的反弹。世界经济的恢复具有极不确定、极不稳定、极不均衡的特点。IMF（国际货币基金组织）预测全球经济今年增长 5.9%，2022 年增长 4.9%，2022 年之后一段时间内，可能放缓至 3.3%，所以，世界经济的增长不稳定，也不确定。另外，增幅也极不均衡，出现了深度的分化。

第三，通胀风险。通胀风险主要表现为大宗商品的价格上涨，表现为运费的价格上涨，表现为电力的价格上涨。许多国家都出现通货膨胀。比如，美国的运费同比上涨 210%，食品价格同比上涨 33%，能源上涨 71%，房价上涨 20%。中国也受到大宗商品价格上涨的影响，9 月份的 PPI（工业生产者出厂价格指数)是10.7%,虽然CPI(消费者物价指数)是0.6,但是PPI上涨幅度还是很高。根据2021年世界CPI的排名,上涨幅度最高的是委内瑞拉,高达4 505.01%;印度是4.95%,排在第52位;中国是2.6%,排在第98位。今年的通胀风险对世界经济的影响非常之大。

第四,债务风险。全球的债务最新统计已经达到282万亿美元,最高的是美国,美国国债现在已经达到28.7万亿美元,美联储的资产负债表已经超过8.4万亿美元。按照美国机构的统计,美国总的债务超过90万亿美元,美联储临时提高了债务上限额度4 800亿美元。但是到12月3日,上限达到28.8万亿美元,有可能还会继续突破。到底是彻底放开上限,还是继续收紧上限,政府关门?在二者之间不知怎么权衡。

第五,供应链断链的风险上升。全球海上运力紧张,美国一些超市的货柜空架,特别是眼看圣诞节快到了,圣诞老人和圣诞相关商品却不能如期运到美国,今年美国的圣诞节有可能受到影响。所以,供应链断链风险不仅关系到生产者,也关系到人民生活、市场的供应。越南和中国的供应链连接比较紧密,但是,现在越南有4万家工厂停工。全球的汽车芯片短缺,导致今年全球的汽车产量减少450万辆。所以说,供应链的断链、国际物流体系的阻滞,会给世界经济带来非常大的影响。

第六,金融风险。现在40多个国家负利率、低利率,还有28个国家负收益率、低收益率。如果美联储发出明确信号,要采取趋向紧缩的政策,未来会出现美元的流动性短缺。金融的另一个风险是有形货币体系将逐步走向重构,无形的货币正在加快变异,空气币将会爆破,比特币已经突破6万美元,这个离爆破已经不太远了。美元内循环、外循环的体系在重构,美元内循环的比重在加大,外循环的比重在降低,因此,按照美联储8月2日的金融稳定性报告,现在美国金融体系的债务赤字已经达到90.6万亿美元。

第七,极端气候的风险。如加拿大、美国的高温、野火,欧洲的大洪水,东亚、南亚的洪水,中国郑州、山西的洪水等。世界正经历10万年以来最温暖的气候,出现了异常天气的变化。

第八,能源风险。能源总体上是供大于求,每年能源需求的增幅为0.6%,但是现在,受到以美元为首的宽松货币政策,以及流动性泛滥的影响,能源价格被推高。第一季度、第二季度能源需求上升,但是OECD国家(经济合作与发展组织)和石油产油国家出现了石油库存8年以来最大的跌幅。加上能源的转型过快,新能源无法全部替代和跟进,一场全球性能源危机正在爆发,缺电、缺气、缺煤,能源价格上升,对经济秩序和生产秩序造成影响。40个国家明确宣布了碳中和的目标,这种能源转型的速度和企业转型、社会转型的速度不匹配,市场和政府到底应如何推动这场能源转型、能源革命,都是摆在世界面前的极其严峻的任务,也是重大的挑战。

我认为,这八大挑战就是世界经济当前面临的最重要挑战。要战胜当前的风险和挑战,要真正走出阴霾,需要全人类携手合作,需要各个国家摒弃前嫌,携手战胜我们面临的巨大挑战。我觉得应该从如下几个方面来重新梳理各个国家的经济关系。一是要结束一切形式的金融战、科技战、贸易战,共同推动世界经济步入合作的轨道。二是要共同战胜疫情,提高经济复苏的确定性。三是要合作推动世界经济复苏,提高经济发展的均衡性、协调性和包容性。四是要合作推动全球宏观经济政策的沟通和协调合作,维护以联合国为核心的国际体系,建立以国际法为国际秩序,以联合国宪章、宗旨和原则为基础的国际关系。要在多边主义的框架下推进宏观经济政策的协调。五是要维护世界和平发展,弘扬和平、发展、公平、正义、民主、自由的全人类共同价值。要摒弃小圈子、拉帮结伙、围堵遏制其他国家发展等影响到世界经济整体复苏的行为。六是要维护全球供应链的稳定、畅通、连接,使全球供应链断链的风险降低,使全球供应链的黏性提高。七是合作推动有助于提高经济连通性、帮助贫困国家及中小国家发展的倡议或行动计划,如"一带一路"倡议等,为疫情后创造更好的合作局面,为世界经济真正走上和平发展、包容发展、可持续发展的道路创造条件。八是合作推动数字经济、绿色经济发展,共同构建地球生命共同体,把我们的经济发展建立在人类和地球共同生存发展、构建对子孙万代负责的明天这样一个牢固的基础上。

中国经济与全球经济的互动性发展(美国布鲁金斯学会约翰·桑顿中国中心高级研究员 杜大伟)

中国从新冠疫情的冲击当中较早恢复过来。确实,作为一个大的经济体,中国在2020年已经收获了不俗的经济增长率。2021年第三季度GDP增速回落至4.9%,虽然这样的增长率不够高,但是已经相当好了。不过,我们还是要分析一下导致中国增长率下行的一些要素。

当然，一个重要因素在于一些政策是相互冲突的。在中国的房地产行业，我们可以看到，中国为了防止房地产行业的泡沫，收紧了对房地产的贷款，搞出了几条红线。如此严格的金融管控导致恒大集团等企业步履维艰。关于电力方面，我认为，全国多地大面积停电很大程度上是因为价格控制太严。也就是说，国家对电费和公用事业的价格控制过严。地方政府有时候也鼓励这些企业关停，这样才可以达到减少碳排放的目标。阿里巴巴、滴滴、美团等企业也出现了一些状况。我认为每个方面都存在一些行政监管方面的顾虑。比如，一些数字企业的行为不合规，它们的一些做法可能是有风险的。另外，如果从孤立的角度来看，减少碳排放毫无疑问是对的，设立一些目标也是非常合理的，但是现在不同领域的政策一起出台，确实出现了相互矛盾的局面，进而给中国经济带来不小的压力。大多数人因此预测，这些因素导致的经济增长放缓不会很快停止，有可能还会延续下去。这是第一点。

第二，全球投资群体已经充分注意到中国监管方面的变化，他们得出这样一个结论——在中国投资的黄金时代已经结束。国际上的投资家们有很多讨论，认为中国的监管可能在不同领域继续加码，给私有企业带来很大约束。我不知道中国是否能够做得更好，把它的一些有关监管方面的信息很好地传达给外部世界。如果不能，那么一些投资家确实会产生想法，这不会给中国经济带来好处。中国是否真的在改革开放、市场化等方面向后退？是否真的要回到原来的、封闭的经济，而且要降低它的劳动生产率？我想，如果真的这样做的话，中国将难以维持经济繁荣，难以维持它的影响力。

最后一点，非常鼓舞人心的是，中国在不少地区建立了伙伴关系，这些都是非常积极的信号。外国观察家分析中国的时候，提到了一些监管方面的变化，也许人们从中得出这样一个结论，私有投资者可能已经不再受中国欢迎。但是，我认为，中国与外国的一些贸易和投资协定可以为外部投资者提供一个比较好的制度框架。

不管怎样，这两种趋势好像在朝着相反的方向运行。如果中国能够坚持它与外部的合作伙伴关系，特别是坚持它与其他一些国家达成的协议（包括申请加入CPTPP、推动中欧全面投资协议），如果真能坚持下去，并且把协议落实到位，那么，这将给国际社会带来一个非常积极的信号，让他们对中国的未来抱有信心。

变迁中的中国与世界：后新冠疫情时代的经济挑战与机遇
（世界银行东亚太平洋地区宏观经济、贸易与投资局副局长　艾卡思）

全世界正在呈现出一个不平衡、不均匀的复苏。目前，不仅仅在中国，在地区乃至整个世界主要有三个大的结构性的趋势和方向。

首先，在地缘经济的背景下，我们可以看到现在有一些新的经济方面的转变。整个世界的经济中心会向亚太地区或者说亚洲地区进行转移，60%的全球经济增长都来自亚洲地区。同时，全球也有一些一体化，或者说整合的发展，比如，全球统一的规则等。

当然，各个国家之间也会有一些紧张情绪，甚至在一些国际组织之内，各个成员之间也会存在一些冲突。这会影响世界的经济复苏。我们现在可以运用一系列的政策或者说一系列的手段，来尽量减少这些紧张情绪所带来的影响，或者说，我们可以采取措施减少紧张的情绪本身。这样就可以帮助亚洲与世界其他地区更好地融为一体，或者采用统一的标准，包括我们的消费者等，也可以更好地在欧洲市场或美国市场获得一些服务。

如今，不管在亚洲还是全球，经济关系、贸易关系都越来越具有重要性。最近的数据显示，60%的亚洲贸易都是发生在亚洲内部，当然，其余的40%是发生在世界其他地区，并且亚洲很多产品都是出口到世界各地的。虽然说很多贸易发生在亚洲内部，但是最终产品还是出口到世界其他国家。所以我们可以非常清晰地看到，在亚洲有一定的机遇，我们可以进一步推进这个区域的经济一体化，或者说进一步推进这个区域的经济和贸易发展。如杜大伟先生所言，亚洲地区签订了很多自由贸易协定，比如RCEP（区域全面经济伙伴关系协定）、中国—东盟自由贸易协定等。而且，在亚洲，特别是东亚地区，消费需求越来越高，越来越多，这也会给我们带来很多机遇。

第二点是和不平等有关。在2000—2010年这10年中，中国的经济发展非常迅猛，但是与此同时，中国存在贫富差距问题。一部分人的财富增长得相当迅速，但是也有一些贫穷的人群。这个问题不仅仅发生在中国，世界各地都有贫富差距和不平等问题，国家和国家之间也有不平等。特别是在新冠疫情之后，很多国家可能更多地采取内向型的发展模式。对于一些比较贫困的国家来说,赶超富裕国家的步伐可能会变得更加艰难。

未来,民族主义甚至是民粹主义的政策可能会在一些国家盛行,这可能会引发地缘政治和地缘经济方面的紧张情绪。这也是疫情给我们带来的主要挑战之一,而且它的影响力可能不会在短期内消失。

还有社会安全网的问题,这个问题不仅仅是在中国发生,在很多其他国家,特别是一些中等收入国家,都会是一个比较严重的问题。我们需要有这样一个社会安全网,来确保我们免受或者少受一些经济危机或者说其他危机带来的冲击。当然,中国一直在强调共同富裕,同时,中国也强调高质量的经济增长,而不是一味追求数量。我认为,中国的这种政策倾向非常正确。

最后,我想说的是气候变化和碳排放。中国现在是最大的温室气体排放国,但是,中国本身也是环境恶化的最大受害者。因此,我认为环境保护也应该是中国未来发展的一个重点。中国的经济在很大程度上依赖于工业发展,所以减排对中国来说肯定是一个挑战。减排应该会影响到中国经济的各个方面,中国必须在减排和经济发展之间取得一个平衡,这就意味着中国需要有恰当的政策来抓住正确的机遇,来成功实现能源转型,也就是转型到绿色能源或者是可再生能源。

其实,全球跟绿色能源相关的工作有50%是在中国。而且,中国仍在广泛使用煤炭。怎样才能有效实现绿色能源转型?对中国而言,这也是一个很重要的机遇。当然,这必然会给高污染的产业、公司等造成巨大影响,政府也应为它们提供恰当的管理。

我们的最终目的就是希望达成目标,并且让那些可能会反对政策的人也能得到比较满意的答案。因为中国是全世界第二大经济体,也是亚洲最大的经济体,中国在这里扮演的角色非常重要,中国的目标是实现共同富裕,是中国未来的一些社会政策、经济政策将会以共同富裕为中心。同时,中国未来会是新技术和新能源的庞大市场,中国应该努力降低成本,圆满完成绿色经济的转型。

在过去的40年,可以说,中国经历了巨大的转变和转型,经历了彻底的经济改革,而且也成功地实现脱贫。在未来的40年当中,我认为去碳、减排应该会成为中国最大的目标,当然,和前40年一样,这个目标也是非常难以实现的。但是,如果中国顺利实现改革,采取正确的政策,那么我相信,中国一定会达成这个目标。只要我们正确应用我们的人力资源、正确分配我们的能源,那么我们一定能达成可持续发展。

中美商贸面临的挑战（中国美国商会主席　葛国瑞）

美国和中国的商务关系正处在美中关系不稳定的大格局下。根据最近的调查，中国美国商会的成员公司把紧张的美中关系列为他们现在在华经营的头号焦虑点。本来，中国经济的恢复对于中国经济和国际经济而言都是非常重要的，但是现在，美中关系持续紧张，很多人都说要"脱钩"。另一方面，他们预测世界上最强大的两个国家有可能会滑向更多的对抗。我认为，现在确实需要阻止这样的趋势。我这里要强调的是，美中双方都做了很多会导致"脱钩"的事情，不仅仅是美国，也不仅仅是中国，双方都搞了很多政治化的东西，政治化的东西与贸易关系交织在一起。两国商贸关系本应为两个国家服务，但是现在并非如此。所以，我们现在希望能够保持在这个轨道上。

在双边关系当中，我们看到很多高调的话语，这些实际上会妨碍双边关系。我想，目前可以说，没有哪一方是100%的错，也没有哪一方是100%的对，大家各有责任。从这个角度来说，我们一方面需要乐观，另一方面也需要务实。总的来说，双边关系是紧张的，但是双方还是可以在各种各样的领域展开合作。也许我们不可避免地要搞一点"脱钩"，我希望这是一种"部分的脱钩"，千万不要走向"全局的脱钩"。希望两国政府在这方面采取恰当的立场，我想，我们的双边关系本身也需要进行校正，这样才能保证对双方都有利，而且是平等的、长期可持续的。

作为中国美国商会，我们要坚持维护美中关系。我们希望未来美中关系能够得到很好的发展。坦率的对话实际上是一个最基本的前提，目的就是让我们的关系更加友好。

美中关系：全球经济未来的基石（乔治·布什美中关系基金会商业项目与企业事务总监　罗宾·古德曼）

随着中国进一步融入全球经济周期，其持续的经济改革对越来越多的全球利益相关方产生着越来越大的影响。中国在过去几十年里迅速融入全球经济，很大程度上得益于成功驾驭了自身与最大贸易伙伴美国的关系。尽管两国在过去和现在均在政治和意识形态上存在分歧,但中国与美国的实质性经济接触,历来都是促使其他国家推进与中国交流的强烈地缘政治信号。因此,美中关系的状况不仅对两国的未来发展至关重要,而且也构成了世界经济发展的一块基石。

我在这里想讲的是中国和世界经济最近的互动当中所表现出的一些特色。首先,我们可以看到一个类似于双循环的结构。说到全球经济的发展,就不得不说全球化,总体来说,全球化目前受到很多攻击,特别是在美国。这个世纪或者说这10年间,最大的一个政治特点就是,全球很多领导人,特别是发达国家的领导人可能不再特别热衷于和其他国家进行贸易,或者说,他们觉得这种贸易已经没有那么好了。

关于全球化,很多人不再认为它是好现象,不再觉得全球化是对中国好、对美国好、对全世界好。现在,每个国家都希望以自己的方式来开展最有效率的生产和贸易。中国正在进一步融入世界经济,它就必须注意到这样一种值得人们警惕的趋势,即全球化的倒退或者说是逆转的趋势。当然,这种趋势在未来也会对世界各个利益相关者产生非常重要的影响。中国在过去取得了经济上的巨大成功,而且非常积极地"走出去",甚至鼓励其他国家,希望其他国家可以模仿它,也来获得类似的成功。

我们现在较少讨论到的是,中国和美国之间政治关系的转变,及其对世界经济发展产生的影响。当然,无论是在历史上还是在现代,中国和美国都有很多意识形态上的不同。对于其他的国家来说,这其实是一种地缘政治的信号。如果中国和美国的关系比较平稳,那么可能很多国家会更愿意与中国进行合作,而如果中国和美国的关系相对来说不那么平稳,这些国家可能就不会做此选择。

布什(指老布什)担任总统期间,美中关系也经历了一些困难,但是布什总统非常重视美中关系,他认为美中关系有两个重要的特点。首先,它是世界上最重要的双边关系;其次,双边面临的任何挑战都是可以通过沟通交流、合作来进行解决的。这是他抱有的一种理念。同时我也认为,只有中美两国之间积极合作,才可以达成自身更好的发展。当然,两个国家之间有很多无法改变的差别或者说是不同,但是我们完全可以求同存异。现在,世界上有很多重要的、全球性的挑战,比如,全球公共卫生问题、气候变化问题、国际贸易的公平性问题等,需要两个国家共同合作进行解决。

我最后想引用布什总统的一句话,我们两个大国,中国和美国,要一起共同合作,要有更多的友谊和合作,这样才会为全世界带来繁荣和和平。他说这句话的时候已经退休很久了。希望中美之间的关系能够如布什总统所愿,发展得越来越好。我也希望我们的这种愿景能够为中美关系带来更好的、更正面的影响。

中国的战略目标及对世界的影响(俄罗斯科学院世界经济与国际关系研究所中国经济政治研究室主任　谢尔盖·卢科宁)

鉴于当前的国际形势,我们要关注中国的战略目标,以及中国国民经济和社会发展第十四个五年(2021—2025年)规划。国际形势的主要特点是中美博弈的加剧,以及中欧竞争的激化。中国的崛起将进一步加剧中美之间的竞争。

在此背景下,两个进程将并行进展。第一个是新的两极的形成,第二个是多中心化的形成。在全球化的框架内,围绕美国、中国,会形成新的两极。可以这样说,旧的两极关系是在过去美苏之间的冷战时期。在美国,私有财产是神圣的,现在,中美关系之间没有这种矛盾,在中国,私有财产受到国家的保护。然而,还存在另一种矛盾,就是中美之间正在形成和将会发生的高科技产品之间的竞争,首先就是通信领域,包括第五代和第六代移动通信技术、智能产品、智能管控的软件、物流生产,以及无人驾驶汽车等。

当然,美国将中国列为意识形态的敌人,指责中国各种"违法行为"。与此同时,俄中美之间的分裂尚未完全发生,很可能发生,但还需要一段时间。中美都在形成他们的支持团队。在这个层面上,多中心开始形成,即,除美国和中国两极以外,其他地区和欠发达区域层面的权力和吸引力中心正在形成。

在经济竞争的基础上,也会形成意识形态领域的冲突和博弈。为了支持这一观点,美国已将中国称为意识形态的挑战。总体而言,国际环境本身在推动中国发起真正的全球倡议。中国全球倡议能否成功在很大程度上取决于2035年远景目标、"十四五"规划能否成功。当然也存在一些风险。虽然中国一再提出全球倡议,但通常是针对中国内部的发展,它的原则并不总是适用于全世界。然而,现在中国在发展全球思想方面取得了重大的进展,比如中国国家主席习近平在联合国大会上提出的全球发展倡议具有很强的普遍性和适用性。中美在相互竞争的框架下,可能会更积极地宣传自己的意识形态,来巩固自己的阵营,重要的是要了解这种可能僵化的边界在哪里。

第三,重要的是不要让意识形态接管理性思考、科学的发展或互利的经贸合作。比如,全球的碳排放趋势不会成为限制中国工业增长和发展的机制。总体来说,中国的碳达峰、碳中和可能会对全球的经济发展产生积极的影响。那么,其他国家是想利用中国带来的发展机会,还是拒绝这样的机会?

复苏和绿色转型:中国和欧盟在全球运动中发挥着关键作用

(法国可持续发展与国际关系研究所所长　塞巴斯蒂安·特雷耶)

现在,整个世界都在经历着经济上的复苏,同时也在经历绿色转型。中国和欧盟在这场全球运动中发挥着关键作用,如果两个实体能够有更多的交流和合作,将会产生更好的效果。

中国和世界上很多国家都在朝向零碳排放努力。特别是中国和欧盟宣布了碳中和这个目标,这就意味着需要通过绿色转型来实现碳中和。如今,日本、韩国,包括最近的印度尼西亚都提出了类似的目标。碳中和不可能一蹴而就,因此,需要制订一个长期的计划,然后逐步实现这个目标。同时也要确保一直走在正确的道路上,并确保经济的发展。

欧盟希望未来的发展,包括经济复苏,都与碳中和、绿色发展目标紧密结合。欧盟需要实现 2030 年的气候目标,因而较为关心中国的"十四五"规划。环境保护非常重要,这也是我们强调碳中和目标的原因。我们也可以看到,中国和欧盟,或者说中国和法国之间本来就有很多相关的合作,特别是在碳中和方面。例如,清华大学和法国的相关机构就有这样的合作。

我们也希望通过双边合作,找到更加高效的方法来实现碳中和目标,同时确保不对经济发展造成太多不利影响。这不仅需要私营部门的努力,还需要各国政府的努力。我们要对相关领域进行投资,比如科技、新能源等,这已成为我们现在及未来进一步努力的目标。

其实,很多人对于中国和欧盟关于碳中和的合作抱有一些疑问、疑虑,或者说还有一些不确定性。这些都是非常正常的。因为我们确实面临着很多挑战。

但是需要强调的是,绿色经济复苏之路并不只和经济部门相关。所有部门、所有方面都需达到绿色,因此需要双方的通力合作。这也是我们的美好愿景,希望我们能够通过一种绿色的方式来达到经济的复苏。双方需要对一些比较重要的部门、产业进行投资,比如数字产业等,还需解决一些重要的挑战。

最后,举一个非常重要的例子。在粮食方面,双方需要进行更多的合作。例如,在粮食生产过程当中,如果想要减少碳排放和氮气的排放,就要对更多的新技术进行投资,这样才能最终达成目标。这就需要我们双方的合作,以及对相关标准的统一。两边的智库,包括相关学术机构,都可以进行更多的合作。我们可以对现有的一些计划进行重新审核和评估,当然,也可以共同商讨制订新计划,提出我们的想法和要求,最终目标是实现碳中和。

为了实现碳中和,我们一定要做好脚踏实地往下走的准备。要让整个世界看到,我们确实是在认真地做这件事情。同时,我们也有能力来共同完成这项事业。我们要确保双方之间的合作经过了充分的交流和沟通。毕竟,现在的中国是碳排放的大国。我们都希望我们自己的经济体能够在这个绿色转型之路上发挥正面和积极的作用。欧洲已经在这个方面做出了很多努力,也收获了许多正面的成果。如果中国也能够做出类似的努力,或者说走上同样的道路,我相信,未来中国也会有非常积极和正面的收获。

同时,我们希望为世界其他国家制造出一些准则或者政策工具。这样做的话,整个世界就可以更加好地获得未来的共同发展和共同转型。我们也希望未来能在全世界范围内有更多的相关对话。

第四分论坛：多彩的文明·共同的命运

议题一：国际关系中的共同命运与各国路径

呼吁建立真正多彩的国际秩序（匈牙利国家发展部前部长　陶马什·拉兹洛·费莱基）

我们知道各个国家在一段时间内都选择了同样的文明发展途径。但是在这个过程当中有一些国家开始出现新的发展途径，权力变更和更替也在不断出现，在某些情况下也伴随着国际化的进程出现了各种各样的变化，匈牙利也是如此。匈牙利是全球政治经济文化重组的重要贡献者，并且也坚定地支持变革。我们对于全球的未来也在贡献自己的力量，这对于世界不同的文化、不同的价值观、不同的文明都是有着非常重要的影响。我们知道全球各种不同的文明需要竞争也需要合作，这在日渐多样化的世界当中显得尤为重要。我们知道在这样的环境下只有通过合作才能共同应对人类所面对的挑战。

在我看来，我们目前面对的国际合作以及能源危机，和所带来的全球经济政治方方面面的问题都需要我们重新思考。比如说，在中国和美国之间的经济、政治、文化、知识产权方面所出现的各种各样的问题，我们都需要在国际化框架下共同思考。目前出现了新的联盟合作，在目前的国际秩序下，传统的国际化现在出现了新的含义。在某些情况下我们看到出现了一些冷战的思维，因此我们知道竞争和合作实际上就是一枚硬币的两面，它们经常是同时出现的。但是在冷战时代，竞争冲突是多于合作的，这也决定了当时决策者的思维。实际上我们要取得共赢，还是要进行合作，即便是在竞争的同时也可以进行合作。

只有这样我们才能解决问题,而且也可以在国际冲突当中提升地区间的和平。这不仅仅是一句口号,也应该成为国际机构的主张。我们不应该忘记过去冷战给全世界带来的伤害,不仅仅是给中国和美国,也包括其他的国家。一旦出现冷战,各个国家都是输家,没有赢家。国际秩序也在决定着国际关系,因此我们应该回顾过去所经历的,特别是要吸取冷战时代留下的教训,共同找到未来的发展途径。特别是对于美国来说尤为如此,要考虑到与各个国家之间存在的经济、政治、文化之间的差异。很多规范、标准不应该是单一的,应该更多地去思考如何以友好的方式制定国际治理的原则、主张、标准。

中国在这个进程当中发挥了重要的作用,中国是在遵循国际秩序的前提下发展自己的政治、经济、社会、文化,并且取得了无可否认的进展。从这个角度来说,中国和其他新兴国家正在重塑国际新秩序,这种秩序要摒弃过去冷战时代的思维,朝着更为友好合作的方向发展。在这个过程当中,美国和中国的双边关系也非常重要,只有中美两国友好发展,才能有利于世界其他国家的和平相处。像匈牙利这样的国家也和很多其他国家共同在追求一种互相融合平衡的发展关系。匈牙利意识到世界正在发生剧变,发展是不可以被阻挡的,全球化进程也不可能会逆转和倒退。我们应该摒弃对全球化的恐惧心理,共同发展全球文明,这是唯一的出路。我们必须要遵守国际秩序,1945年9月所签订的《联合国宪章》中强调,我们必须要尊重各个国家的主权,要互相尊重,尊重《国际法》。这样才能更好地实施国际秩序的基本原则,这样一个国际秩序和体系才是符合我们所有人利益的。这些国际原则的基础也可以帮助我们建构一个更加稳定的国际秩序。这样一种稳定的国际秩序同时也是更加强有力的,能够让国家之间更加容易相处。国际社会可以共同行动,来遵守原则和规则,共同解决问题,构建更好的国际秩序。

我们都知道我们无法避免恐怖主义,所以需要不同政府之间在全球层面上进行合作,在国际体系当中进行更加广泛的合作。在国际秩序之间,各个国家有不同的文化和历史,这个国际体系会让我们更加稳定。比如说像环境、恐怖主义以及新冠疫情,我们意识到非常有必要让大家一起来合作,所有的这些问题都超越了国界,单个国家很难独立解决。所以我们必须要想出一个共赢的局面,只有这样才能让整个国际体系走向共赢和合作。对匈牙利来说,在国际秩序的重构方面,我们也希望能够贡献自己的力量。

"一带一路"、复苏计划与重建美好世界：一个对真实发展与世界和平的机遇（诺丁汉大学商学院[中国]经济政策学教授、上海纽约大学金融客座教授、意大利经济发展部前副部长　米凯莱·杰拉奇）

20世纪90年代以来，当中欧双方致力于增强双边交流之时，中国正在将市场经济引入经济改革当中。我们在20年前就意识到全球治理非常重要，希望能够建立一个更加强有力、更加繁荣和健康的关系。

长期以来，西方不仅试图增进非洲不同国家领导和元首相互认识与相互了解，也希望能够推进非洲社会的进步与人民生活水平的提高。当时有一个非常著名的歌唱家，他提醒公众注意非洲的发展，比如贫穷、饥饿，认为非洲当时最主要的挑战是贫困和饥饿。对此，西方发达国家的主要手段是向非洲国家提供资金援助，取消他们的债务。这的确给当地社会带来了一些好处。然而，我当时虽然还是一名年轻的学生，也知道这种做法的意图是很好的，但也清楚这并不可能达到预期目标，也不足帮助非洲走出经济和社会发展所面临的困境。要摆脱困境，单纯的慈善活动是远远不够的，因为慈善活动只是消费而已，并不是一项投资行为，也带不来更多的收益。如果只是简单进行资金援助，并且对于资金的使用缺少更为长远的规划，那么慈善活动就不是一项改善落后地区经济与社会困境的可持续性手段。因此，我们需要注重投资与收益两个方面的问题，进行资金援助的同时，也要保持利润率。而在20世纪90年代，西方社会过多偏重于注入大量资金，忽视了收益在解决非洲贫困问题中的重要作用。90年代后期，中国开始成为国际社会解决非洲贫困问题中的重要一员，在非洲地区投入了大量的资金和债券，发挥了重要的作用。现在，非洲经济有了发展和改善，但是更加重要的是，贫困发生率有效降低，从原来的55%下降到现在的40%—45%。中国的合作者在非洲投资成立的中国企业，虽然也想要盈利，但是他们更加重视基础设施建设、修造公路。这些经济活动中尽管存在慈善的成分，但同时也注重可持续性。中国的发展模式和中国模式的城市化，让农民能够从农村地区移居城市地区。中国的基础设施建设，改善了居民的居住条件和生活环境，提供了大量的工作机会，促进了中国经济社会的进步。对于非洲等欠发达地区而言，这是一个很好的模式，可以帮助各国共同发展。

我们没有必要相互竞争，中国能够在这个过程中发挥作用，推动西方国家认识到单纯进行援助和慈善的局限性。同时，"一带一路"对基础设施的关注，可以让投资企业的包括修建公路、铁路在内的各项事业获得一定的利润。我在这里提出一个愿望，亚洲、非洲、拉丁美洲、欧洲都需要大力推进基础设施建设，也需要世界各国的积极参与，既包括欧盟、美国等西方国家和地区，也包括中国。

建立"人类命运共同体"：一项关于不同路径与实践的研究
（巴基斯坦穆斯林研究所所长　萨赫巴扎达·艾哈迈德·阿里）

我们看到了目前社会经济文化以及地缘政治方面出现了很多问题，引起大家思考文明和不同的路径与实践，这也就是我今天演讲的主题——如何建立人类命运共同体。

说到共同体，既包括虚拟的共同体也包括实体的共同体，如国家共同体、地区共同体，等等。我基于希腊、印度、中国，以及伊斯兰等过去文明体的相关实践，设想找出共同体建设的最佳方法以及它对个人和社会福祉的影响。

我们知道在古希腊社会和共同体这两个概念是合二为一的，在罗马帝国共同体和社群这两个词是共通的，并且它们之间的内涵也没有明显差别。这种模糊性实际上在哲学当中也得到了传承和体现。这种概念上的复杂性也使得共同体和社会的概念吸引了很多人参与交流，来共同分享，也出现了很多合作、兄弟情义、同伴情谊、友谊，等等。共同体在穆斯林的生活当中占有重要的位置。在伊斯兰历史中我们可以看到穆斯林在朝拜的过程中，来自麦地的人会把自己的家、财产和朝圣者进行分享，这是一个群体能够为另外一个群体服务奉献非常好的例子。我们知道在伊斯兰历史中这样的故事很多，这就意味着共同体和社会这两个概念在伊斯兰文化中是互联互通的，也体现在生活的方方面面。对于穆斯林来说共同体或者社群是不同的民族与文明用平等和友好的方式对待彼此。互相帮助彼此，就体现了人性的光辉。

大家也可以看到在共同体的发展当中有很多这样的例子。有一些基于共同体的方法，基于地区的方法，还有基于人权的方法。这些方法中最重要的一种就是共同建立命运共同体的方法，而且它在各种具有不确定性的社会环境下会帮助人类社会克服挑战。为了要找到这种共同体的建设，我们还要寻找更多的案例，并且进行研究。巴基斯坦共和国的莫哈莫德博士曾经说过这样一句话，所有的人不管贫富，不管生活在南半球还是北半球，不管生活在怎样的文化中，说到底都是人。这种人性会跨越国界线去营造一个人类命运共同体，这就是宏观层面上我们可以建立的人类命运共同体，去解决国际舞台上出现的各种敌意。

超越文明优越论的人类命运共同体理念（上海外国语大学副校长查明建）

"九"在中国文化当中是一个非常重要的概念，也是一个非常吉祥的概念。"九"成为中华文明当中表达多的概念，证明中国在传统上就注意到事物的多样性，这种朴素、平等的思想恰恰符合当代《联合国宪章》的精神。国家所属的不同的文明不是国际关系当中谋求国家利益的主要根源，但是国际关系实践当中文明常常成为一部分政客和学者考察国际关系行为的重要视角。

大家知道美国学者认为文明间的差别将越来越突出地显现为我们这个时代国际冲突的主要变量，文明力量强弱变化造成各个文明之间秩序的变动，全球势力会重新洗牌，世界格局会重塑。"9·11"之后的国际局势演变在某种程度上印证了文明冲突论的现实存在，有人认为伊拉克战争和阿富汗战争本质上是基督教文明和伊斯兰文明之间的激烈冲突，这种定性是西方国家唯我独尊、唯我独霸、唯我独大的文明霸权思维。以反恐为切入口，伊拉克战争和阿富汗战争最终演变成对伊拉克、阿富汗文明的讨伐，实际上是西方国家对18世纪以来西方文明优越论的继承和发展。从人种决定论到技术进步决定论进而到今天的制度决定论，每个历史阶段都深深印刻着西方中心的价值取向。排除其他人种和制度具有相同质量文明的资格，和《联合国宪章》文明平等原则完全相悖。

近年来随着西方社会硬实力的相对下降，西方社会生活方式与价值观念的国际感召力逐渐消退。作为软实力的西方文明不甘心，把中国的崛起视为威胁，千方百计地遏制中国的发展，其对抗性的一面愈发放大，文明冲突论大有死灰复燃的趋势。与之不同的是中华文明着重关怀人类进步的整体性，而不是各不同文明之间的差别和优劣。习近平主席主张文明没有高下优劣之分，只有特色和区域之别。文明差异不应该成为世界冲突的根源,而应该成为世界文明进步的动力。这体现了中国传统和而不同的理念。中华文明历经几千年发展延续至今,其奥秘就在于文明兼收并蓄,在这基础上迸发出持久强盛的内生动力,为中国特色社会主义道路提供了智力支持和精神力量,开辟出人类社会现代化和人类文明的新模式和新形态。共同体是人类社会最基础性的存在形式,因为人们在共同体当中还有各种各样的不适合、不满意,只能勉强共存无法和谐共生,是被动的共同,不是主动的共同。所以相互之间的关系需要不断磨合、不断建设,在建设过程当中求舒适度、求满意度、求自由度,这个过程就是人类命运共同体的建设过程,这个过程是人类社会从自然状态的共存共同体过渡到和谐共生共同体必然要经历的过程。矛盾冲突与和谐共生是人类命运共同体的一体两面,真正实现人类的和谐共生,构建人类命运共同体就能得以实现。

当前中西方之间所谓的对抗也是西方一厢情愿,中国并无此意。中国对未来的合作保持乐观态度,也不认为未来世界会进入一个激烈的中西方争霸态势。中国和世界各国共同应对全球性挑战充满信心,对构建人类命运共同体充满了信心。实际上西方也同样不缺少你中有我、我中有你的共生思想。荷兰中世纪哲学家伊拉斯谟写了一本《愚人颂》,其中就说到自己活也应该让别人活。当然他所能感知和想象的只能是欧洲大陆的命运共同体。在今天地理和交流上的各种隔绝已经完全被打破,我们应该延续他的人文主义思想,超越他的视野局限,建设覆盖全人类的命运共同体。妄图建立一部分人的共同体是特定历史条件下形成的畸形产物,一部分人的发展建立在压迫其他人基础上的时代早已过去。国际社会是否可能分化为相互独立的几个文明共同体,比如说资本主义共同体、南方共同体、东亚共同体等,各个共同体孤立发展,答案也是否定的。全球化已经不可逆转,它在精神上深入人心,物质上深入人的日常生活,改变了人们的生存习惯。

在全球新冠疫情肆虐的当下,人们不愿扎紧相互隔离的篱笆,想方设法加深全球范围内的交流互动。疫情散去以后人们会更加认识到,人与人之间正常的不受限制的协作互助是多么难能可贵,不管谁的发展已经都和全体人类的发展紧密关联在一起,密不可分,形成事实上的命运与共。人们对共同体的认识从一部分人的共同体,到人类命运共同体的转变是人类理性的回归。宇宙万物之间人类的命运是共同的,只有携手应对各种前所未有的全球性挑战,人类才有共生的未来。

"一带一路"与"人类命运共同体"的相互关系及其历史意义

（复旦大学"一带一路"及全球治理研究院常务副院长、上海社会科学院原副院长　黄仁伟）

"人类命运共同体"和"一带一路"，这是当代中国最重要的两个概念。一个写进了《中国共产党章程》，一个写进了《中华人民共和国宪法》。这两个概念写进了党章和宪法，它的地位足够重要可见一斑。它将影响现在一直到2050年中国未来的发展，也会影响整个21世纪世界历史的进程。这样一个重要的概念我们到现在为止还在探索，某些地方还不是很清楚，特别是二者是什么关系。

我这里要提出的是"一带一路"和"人类命运共同体"是实践和理论的关系。"一带一路"是实践，"人类命运共同体"是理论或者理念、概念。理论要付诸实践。"人类命运共同体"要在"一带一路"的实践中体现出来；"一带一路"的实践又为"人类命运共同体"提供支撑和基础。我们可以看到"人类命运共同体"是一个比较抽象的概念，它要把整个人类都放在里面考虑人类的共同命运。这样一个共同命运能不能实现呢？现在各国提出的战略、口号非常之多，但是真正在全球范围内各个国家、各个民族、各个文化都来做的很少，现在广度上最大的正在做的一个概念就是"一带一路"。"一带一路"现在已经覆盖世界上所有的大洲和大洋，甚至于北冰洋也在"一带一路"范围内了，它的宽度是非常之宽。它的深度，原来我们以为"一带一路"就是基础设施，公路、铁路、桥梁、港口、机场、电站、通信、环保等，但是现在我们发现"一带一路"的宽度远远超出基础设施，它是世界新的产业链、供应链、资金链的重新组合，它是整个世界大的网络建设，它是文明的交流、人心的互通、文化的互补，它是国际规则的构建，甚至是国际体系的重建。"一带一路"的宽度、深度、广度都是超出我们原来预料的。原来就以为修修路、架架桥这样的事情叫"一带一路"，现在看来远远不是。现在"一带一路"已经生出很多新的概念，比如说"绿色丝绸之路"，在"一带一路"上建设绿色、低碳、环保、生态的"一带一路"。比如说"健康一带一路"，尤其在新冠疫情暴发后我们突然发现"一带一路"要建公共卫生的基础设施，要有新的各种基础设施，比如说医院、检验设施、疫情互相通道机制等都要建。这样可以在最初的时刻把疫情控制在暴发的点上，不至于整个"一带一路"都泛滥。"一带一路"开发了大量的电子商务，商人可以不用到中国来提取中国的商品到它的市场上，电子商务成了大的平台，现在随着"一带一路"走向世界。

很快"一带一路"将是一个 5G 的"一带一路"。如果 5G 在"一带一路"上普遍落地，美国或者少数西方国家即使是说我不要 5G，但是 70%、80%国家用了 5G，它怎么办？而且和 5G 相关的基础设施、运输工具、生产资料都用上了 5G、工业互联网，发展中国家就跨越式进入数字时代，有可能把西方国家拉到后面去了。"数字丝绸之路"又成了"一带一路"的新概念。原来我们说的丝绸之路是基础设施，后来是产业、资金、政策、民心，现在又是健康、生态、数字，多了很多新概念。真正做"一带一路"就是五六年时间，我们再过 5 年可以看到"一带一路"真的在世界上引起了一场革命，它就要把人类命运共同体非常快地推到了实践的层面上。我们现在做的"一带一路"就是在做"人类命运共同体"，两者的关系就是这么简单直接。现在很有意思的一个新的概念叫广义"一带一路"。广义"一带一路"是包含美国、欧洲、日本各自提出的基础设施计划，他们在中国提出"一带一路"之后也提出了自己的基础设施计划，特别是美国搞了一个"B3W"。我们的"一带一路"已经投出去几千亿美元了，收获是远远超出几千亿美元的。美国说它自己国内要搞 7 000 亿美元的基础设施，到现在 7 000 亿美元还不知道在哪里，还要和 7 000 亿美元国防开支和几万亿美元的社会保障争夺预算，要把国防开支减下来才能搞基础设施，美国国防部会允许吗？不会的。他们也没有设备、装备。中国有基础设施最好的装备，最大的盾构都在中国，不仅是中国造、中国用，还有中国出口。基础设施的技术，造 500 米高的桥，几十公里、上百公里长的隧道，世界上哪个国家能够造？还有基础设施的队伍，人力资源，也是中国最完整的。现在我们把中国的基础设施提供给世界，给世界一个机遇和发展的条件，中国机遇就是世界机遇，中国发展就是世界发展，我们为人类命运共同体提供最基础的动力就是"一带一路"。

刚才说了西方也在搞基础设施，我们不排斥，要开放、包容，未来的全球基础设施网络不是靠中国一家包打天下，我们带个头，希望更多的国家加入，加入以后可以名字不叫"一带一路"，叫全球基础设施网络体系也可以，全人类在这方面可以做共同的事，共同治理、共同管理，这样"人类命运共同体"就更进一步了。"一带一路"和"人类命运共同体"是物质和精神的结合，"一带一路"是物质，"人类命运共同体"是精神，二者结合、匹配，它为世界提供物质产品、精神产品，为 21 世纪的世界作出中国的贡献。

文化交流和相互理解在促进柬中关系中的作用:建立命运共同体(柬埔寨皇家科学院国际关系研究所所长　金　平)

我今天分享的重点是在文化交流以及共同理解下促进双边关系,我的分享主要有五个方面的内容,即两国交流的简要历史、中国在柬埔寨的双边交流、中国在柬埔寨的文化传统,还有文化交流项目及总结。

首先简要概述一下两国双边关系的历史,中国和柬埔寨两国在历史上有很多经贸往来,中柬之间几个世纪以来一直都有非常好的沟通。1958年双方正式建交,两个国家开始进行正式交流。我们目前的首相对双边关系非常关注,他当时说中国是他的第二故乡。在2006年中柬签订了《全面伙伴关系条约》,我们现在可以说两国之间的关系已经进入了最佳时刻,也提升到了全面伙伴关系的高度。

第二部分,中国和柬埔寨之间的文化交流。中柬之间的关系可以追溯到13世纪。我们可以看到中国在柬埔寨的华侨,很久之前来柬居住和生活,后成为柬埔寨公民。中国的移民来到柬埔寨,他们当时进行了一些贸易。在柬埔寨,中国人和中国社区有广东人、福建人、客家人、海南人,有不同的同乡会。当时他们在中柬之间建立了贸易往来。另外中国大陆来的侨胞,他们来到柬埔寨做生意,大部分人都在柬埔寨居住超过2年。他们熟悉柬埔寨文化,把柬埔寨当成自己的家,而且在柬埔寨,中国侨胞会保留自己的传统习俗,和祖国保持联系。

第三部分,中国的文化。这是促进双边关系的非常重要的因素。许多世纪以前来到柬埔寨的中国华侨保留了自己的传统习俗,他们把柬埔寨当成自己的第二故乡,把这些习俗传给自己的后代,有一些人已经进入到柬埔寨文化的主流。这里有中国春节,侨胞在庆祝春节,欢度春节。还有清明节去扫墓,在柬埔寨也是一个很重要的节日,特别是对当地的侨胞来说,他们会去祭奠自己的亲人,他们的妻子也会在清明节的时候去祭奠先祖。中国的中秋节,在柬埔寨大家也会欢庆。这里有很多中国文化,体现了侨胞的团结。

第四部分,中国语言在柬埔寨很流行。不光是华裔华侨,同时也有很多柬埔寨当地人也想去学习中文。我们可以看到有非常著名的华文学校在30年前就已经建立了，在不同地区有超过 60 所学校。这是另外一张照片，孔子学院，柬埔寨一位部长 2009 年来到柬埔寨学院，建立了孔子学院，主要是促进大家对中文的理解和教学，然后在柬埔寨王国推广中国文化。现在有更多人学习中文，中文已经成为仅次于英语的最受欢迎的语言。柬埔寨人除了学习英语之外还会学习中文，他们想到中国来留学。

第五部分，促进双边关系。比如说谈到文化交流，有两个主要的活动。2005 年开办孔子学院，中柬的文化交流项目是一个非常清晰的信号。这是 2019 年召开的中柬文化旅游发展交流大会，是一个合作发展项目。这样的框架从 2017 年开始，加强了两国之间的关系。这是另外一张照片，说明两国之间在文化上的推广和交流。有一些文化交流项目，文化官员、文化媒体以及学者、学生使两个国家之间的关系越来越紧密。柬埔寨大学有一个媒体从业人员的交流，我们的信息部长和中国官员签订了关于文化交流的一个备忘录。这里还有一个柬埔寨中国文化推广活动，这是一个合作的文化表演项目，推进了中柬文化交流。在柬埔寨当地举办了很多文化活动，非常重要的就是文化部所倡导的电影节，这个活动吸引了很多人参与，已经举办了几年，促进了中柬之间更多的文化交流。还有一张照片显示中国的志愿者把一些必要的设施带到柬埔寨，在新冠疫情暴发时期，突出中柬之间的合作和交流。另外，柬埔寨人民喜欢从中国网络购物，这是一个潮流。

柬埔寨和中国有源远流长的文化交流历史，从历史上来说柬埔寨和中国是非常紧密关系的盟友，从经济的角度来说中国是柬埔寨第一大贸易国，我们也可以看到作为最重要的贸易伙伴，中柬之间的合作在不断推进。我坚信我们两国之间的关系会变得更好，我们有很多共同的利益，我们团结、共同繁荣。我们之间的对话，会从各个层面进行加速，毫无疑问会让我们在未来获得更大的成就。

如何在非普世世界里实现国际关系的和谐（俄罗斯外交与国防政策委员会主席、瓦尔代国际辩论俱乐部学术负责人、俄罗斯国立高等经济大学研究教授　费奥多尔·卢基扬诺夫）

今天我想为大家带来的演讲主题是"如何在非普世世界里实现国际关系的

和谐",我也会谈一下对于国际秩序的一些新的可能的影响及在目前形势下一些新的变化。

新冠疫情使得全球实力的分配及对于市场的自由化、资本体系都产生了很大的影响。现在大家都出现了很多疲倦心态,其实疫情之前很多变化就已经发生了。所有的国家都在经历这样的变化,大家都有责任拿出自己的能力来共同应对全球的挑战。大多数国家在疫情下都采取了各种各样的应对措施,说到未来的回归,这是疫情带来的重要后果。我们可以看到我们现在有不同的路径,在不同的场景下各地区之间出现了不同的后果,刚才为什么我用到"回归"这个词,因为在20世纪末和21世纪初大家都认为未来已来,虽然各个国家并不是同步到来的,但是我们大家都意识到未来已来,这个概念已经存在了。对于整个历史来说也是如此,未来已经成为与现实相关的要素。接下来的问题就是各个国家在全球舞台上如何展开和释放,如何应对各个国家以及整个人类社会所面对的问题。

大家认为未来已经到来,我们可以看到有很多书籍当中讲到了这个观点,大家认为在不久的将来我们都会遇到各种各样的问题。实际上我们在这个过程当中也寻求变革、突破,以及前进的道路。这个过程中也出现了很多副作用,就像自由化。大家也在探讨是不是对这个过程有一些逆转的影响,我们刚刚经历了多数西方国家享受无所不能时刻的独特的历史时期。近30年以来美国及其盟友也在国际舞台上肆意妄为,这在过去15年当中产生了深刻的影响。无论是否情愿,其他国家都必须适应这样一种军事、经济甚至道德上的霸权。我们知道2020年3月开始,新冠疫情就在全球暴发和蔓延,各个国家先后实行了很多封锁。封闭国境、封关,对资源和物品的流通产生了很多影响,对国际社会也产生了很深远的影响。我们知道各个国家的经济、政治、社会做法都要适应后疫情时代的现实,因为世界已经不同于疫情之前的存在了。另外,我们也发现西方统治能力已经在衰退,难以将普世价值和文化习俗强加于世界。这个情况在疫情之下又被凸显和放大了。各个国家都在尽自己所能对抗新冠带来的影响,并且在这个过程中寻找新的发展机会。我们知道病毒总归是病毒,出现狡猾病毒的情况下大家只能用隔离、封城措施来防控病毒,在这个过程中我们可以评估一下除了健康、卫生影响之外的对于社会的影响。我们要思考一下疫情之后我们是不是还要回到过去的这种模式。现在我们在思考探讨这些可能性,是否有可能找到一些新的非常规的发展模式,并且能够实现国际关系的和谐。这种对于国际关系的和谐化以及新型国际关系发展的诉求,疫情之前就已经有了,只是疫情使大家重新思考这个世界。要在非普世世界里面实现国际关系的和谐,在这个差异化日渐放大同时又紧密相连无法脱钩的世界当中,推行这种非普世主义文化的观点,并且实现它的抱负,各个国家都要肩负起责任。现在我们可以做得更好,考虑到尊重各种文化、文明,并且营造出一种更和谐的局面。

我相信世界已经进入了一个新的阶段,我们会遇到很多的问题和障碍,但是最终我相信我们会取得新的平衡。不仅仅是权力,也包括利益,这会帮助我们创建一个新的能够让所有国家都感到和谐的国际关系。

共同命运的文化路径(西班牙瓦伦西亚大学孔子学院外方院长、瓦伦西亚大学英语系教授　安文龙)

从历史的角度来说,西方一直在统领着世界的格局,但是在这个过程中世界也越来越感受到了来自中国的力量。实际上中国和西方的交流在很早就开始了。我们知道元朝时马可·波罗就曾经来到中国,开启了中国和欧洲的交流。在文艺复兴时期,中西文明就有交流。为了实现人类命运共同体的目标,我们应该把文化作为主要的工具之一。只有通过寻求区域空间和文明之间更多的相互了解,我们才能建设这样一个命运共同体。有一本书叫《扁平的世界》,各个国家都是在一个扁平化的地球上生存。人类命运共同体在这样一个世界当中扮演着非常重要的作用,互相增加了解,我们才能建设这个命运共同体。更为重要的是,我们应该是基于对语言习俗、社会的开放视角,通过相互理解和尊重来了解研究、分享文化的具体特征。我们知道不为人知的文化或者国家,大家都会觉得非常遥远和陌生,通过分享别国文化思想等方方面面,大家可以了解世界各地生活中有共同命运的观点和例子。一些国家分享了他们的文化观点和看法,虽然说他们的看法是注重差异而不是相似之处。日内瓦一位研究中国的专家当时说我们需要做好准备,更好地理解中国的哲学传统,我们需要寻找一个对话的机会,让大家理解这样的人类命运共同体。

一个全球体系,里面有治理,有新的国际秩序,文化能够提供一个统一性、差异性、个体性。我们有时候必须要注意不能对其他的个体文化差异进行抹杀,必须保持一种警惕。有很多中国文化大师提出要促进不同传统之间的对话、不同世界文明之间的对话,把文化以及相互理解作为一个非常重要的手段。在瓦伦西亚我教中文,让大家能够学习、理解中国文化。我们编辑了一些双语杂志,用中文和西班牙语双语出版,帮助大家更好地理解中国的独特性。文化之间的相互影响,是非常重要的。文化的方式是人类命运共同体当中重要的元素,不是武力强加,而是文化上的相互学习。

议题二：建构命运共同体的中国理念与实践

共建"一带一路"：中埃携手同圆文明复兴梦（上海社会科学院国际问题研究所副所长　余建华）

今天想从中国和埃及两个案例和大家交流中国和"一带一路"沿线国家怎么样共建"一带一路"，推动文明复兴。

中国和埃及都是有着五千年以上悠久历史的文明古国。公元前3000年埃及建立了统一的王国，最近中国的考古发现包括浙江良渚文化和四川的三星堆文明都证实了中国五千年悠久文明。这两个文明古国虽然远隔千山万水，但是2000多年之前黄河岸边的中华民族和尼罗河畔的埃及民族通过丝绸之路有了最早期的往来，丝绸之路是架构了这两个民族之间相互友好交往的桥梁。中埃两国文明是经过几千年沉淀的，先是通过陆上丝绸之路，然后通过海上丝绸之路，两国和两个民族之间有着源远流长的文化交流、经济往来。特别是在唐朝、宋朝、元朝和明朝，中埃在古代政治经济文化交流方面更加直接和密切。虽然到了近代特别是19世纪以来，两个民族包括两个国家先后沦为列强的殖民地和半殖民地，即使是这样两国人民还是在面临共同的反对殖民侵略、争取民族独立自由的事业上，坚定地相互支持、相互援助。

以丝绸之路为纽带的两大古老文明的友好往来，和近代以来两个民族在民族解放斗争当中患难与共，这些友谊和感情基础为1956年中华人民共和国和埃及共和国建交，奠定了坚实的历史基础。1956年中国和埃及建交不仅是对两国是一个大事，对两国的国际环境的改善也是具有实质性意义的。同时也是开启了中国和阿拉伯世界、非洲国家外交的新纪元，埃及成为第一个和中国建交的非洲和阿拉伯国家。而且之后的65年当中埃及始终成为中国在阿拉伯、非洲、中东最重要的战略支柱、战略依托。虽然2011年埃及遭受了中东变局的冲击、动荡,无论国力还是国际影响力受到很大的影响。但是我们可以看到2014年塞西总统上任以后,埃及的政治稳定和经济发展以及外交影响都有很大的改善和提升。更重要的是2014年6月份他来到中国访问,就和习近平主席达成了全面提升两国战略伙伴关系的定位。而且两国元首也就两国发展战略和愿景对接达成共识,决定通过基础设施建设和产能合作两大抓手,把埃及打造成"一带一路"沿线支点国家。这是两国顺应时代潮流、符合现实需要的必然战略选择,也是契合两国在迈向民族复兴这个目标上能够实现互利合作、共同发展目标,而且达到文明复兴的宗旨。

埃及独特的地缘位置包括它地处亚欧非三洲交界,处于阿拉伯、非洲、中东、伊斯兰多重身份的属性,使得其在中国的外交当中具有特别重要的地位,而且它能够在"一带一路"建设中发挥很好的辐射效应。埃及在塞西政府上台以后致力于国家复兴,特别是推出了2030年愿景,和中国倡导的"一带一路"倡议契合对接。埃及需要吸引外资加强基础设施建设,推动经济发展,减缓就业民生压力。这7年以来中埃两国在"一带一路"共建上取得了令人欣慰的可喜进展。第一个是频繁互信的高层往来和政策沟通;第二个是成果丰硕的基础设施建设推进;第三个是密切务实的贸易投资合作;第四个是稳中有进的资金融通合作;第五个是丰富多彩的民心相通工程。我们也要看到两国在共建"一带一路"道路上还有很多障碍要克服,包括埃及的经济结构缺陷障碍,埃及政府和社会存在不确定和不稳定因素,还有中埃两国合作当中面临着贸易失衡和埃及投资环境的问题。

在当今国际体系转型和世界充满不确定性的大背景下有很多不确定性因素,包括当今中美战略博弈升级情况下新冠疫情流行,这些也对中埃两国继续深化"一带一路"共建造成现实或者潜在的不利影响。但是相信具有优秀文化传承的两国人民能够以理性智慧的有效行动应对难题、破除障碍,不仅是继续推进刚才说的五个方面,而且在数字丝绸之路建设和人类健康卫生命运共同体等方面,包括智慧城市建设方面还有广阔的合作前景。我们也可以看到2020年新冠疫情暴发之后两国患难与共的兄弟情义再次体现,不仅是埃及成为中国在非洲第一个合作新冠疫苗的非洲国家,而且中国和埃及还合作生产疫苗对巴勒斯坦人民提供援助。共建"一带一路"的深入可持续发展,不仅是有助于中埃全面战略合作的继往开来,而且有助于把双边关系打造成中阿和中非命运共同体先行先试的样板。两国都是具有悠久历史的文明古国,也都面临着民族复兴的伟业,"一带一路"建设对推动两个古老文明的国家复兴乃至整个人类文明的发展具有重要的意义。

人类命运共同体(韩国前驻华大使、韩中友好协会会长、韩国东西大学中国研究所所长 辛正承)

中国提出的"人类命运共同体"理念具有重大现实意义。首先,人类命运共同体理念为构建新国际秩序指明了方向。习近平主席曾明确指出,如何为人类塑造美好未来是世界面临的共同挑战。为此,国际社会应建立包容性共同体,构建新的国际秩序。实际上,中国的对外政策和主张,就是要同世界各国一起共筑人类命运共同体。无论是传统的还是非传统的挑战,世界各国必须共同协作。其次,人类命运共同体理念是中国提出的全球治理方案。与强调提升国家综合实力相比,习主席提出的人类命运共同体既是一种软实力,也是中国对全球治理的愿景,其重要性丝毫不亚于前者。构建命运共同体是中国参与全球治理的重要途径,中国将在全球治理网络中发挥更加积极的作用。通过提出人类命运共同体理念,中国正在向成为更加有力的全球领导者的道路上迈进,不断地推动跨国合作。中国能够为全球治理和构建全球共同体提供一个极好的方案,国际社会也应当重视中国应对全球挑战的决心。最后,人类命运共同体理念对于处理中美关系具有积极作用,有利于促进地区与世界的和平与稳定。目前,中美之间正围绕政治影响力展开战略竞争。中美之间不仅存在贸易方面的争端,两国在印太地区的地缘政治斗争也在不断加剧。中国强调通过共同合作应对全球挑战,与此形成鲜明对比的是,美国不愿和中国就一些全球性议题进行合作。这无疑会对国际社会在全球治理领域进行合作产生很大的负面影响。因此,中国提出具有建设性的"人类命运共同体"理念,以此维持中美关系,以及本地区和全球的繁荣与和平,毫无疑问具有重要价值。中美应加强合作,通过践行中国提出的建设性理念,合力提供全球公共产品,实现全球和平,建成全球共同体。

中韩应通过合作应对三大国际挑战。当前,国际社会正面临着新冠疫情流行、全球气候变化、核扩散三大挑战。"人类命运共同体"理念体现在应对这三大国际挑战的具体行动中。鉴于中韩在这些挑战中具有共同利益,因而应通过加强合作来体现人类命运共同体理念。首先,双方需要合作应对新冠疫情。新冠疫情是人类社会当前面临的最严重挑战，对"南南合作"和发展中国家造成了很大影响，也对人们的正常生活造成了很大影响。中国在提供全球防疫产品方面作了很大贡献，已经向国际社会提供了大约 300 亿—500 亿元的医疗物资，并给需要的国家提供援助，极大地缩小了全球因贫富差距而造成的医疗设施差距。到目前为止，中国政府的各种举措，特别是在促进国际合作和国际发展方面所提供的协助和援助工作，让人类命运共同体理念落到了实处。在应对新冠疫情过程中，的确存在着一些经验教训，也无法避免和否认某些商业公司背后的利益驱动因素。尽管如此，国际社会仍然需要齐心协力遏制病毒的流行，尤其是要降低发展中国家相关防疫药物的费用。韩国为此做出了很多努力，包括为亚洲及其他地区的国家提供低价疫苗。同时，韩国也正在与包括中国在内的东亚国家加强协商与合作，共同讨论健康安全问题。其次，双方需要合作应对全球气候变化。现在，极端高温天气出现得更频繁、持续时间更长，有人甚至认为新冠疫情和气候变化也存在着某种关系。无论如何，人们都无法否认全球气候变化正在发生。2017 年，习近平主席在日内瓦发表"共同构建人类命运共同体"演说，强调所有国家都必须做出努力来改善环境，中国将采取切实行动遏制气候变化，维护全球的和平与稳定。中国目前正致力于在 2060 年实现碳中和，而韩国领导人也提出将于 2050 年完全退出煤电实现碳中和。高质量发展对于中国来说是必然的选择，也是构建人类命运共同体的必然要求。最后，双方需要合作维护全球核不扩散机制。核不扩散问题是全球治理的核心议题之一。核武器是困扰人类的阴影，必须完全移除核武器威胁，避免核战争。中国一直致力于解决朝鲜核武器试验问题。同样，韩国也签署了《核不扩散条约》，致力于本地区的稳定和发展，抗议朝鲜进行核武器试验。朝鲜可能已经研发出小规模核导弹，朝鲜半岛的局势会因此变得不稳定。中韩两国需要按照《核不扩散条约》，推动朝韩进行直接对话。中国应当提出相应的动议，提出有建设性的介入方案。

全球史：连接东西方对国际社会理解的一项工具（英国牛津大学当代中国研究中心主任　拉纳·米特）

今天我要简单说说英国和中国在过去历史当中的一些事情，其中也会说到 1971 年中国加入联合国的历史，因为这是与之后几十年中国在国际社会当中的发展息息相关的。中国成为联合国安理会5个常任理事国之一,直到今天英国和中国也是拥有联合国安理会常任席位的少数几个国家之一。英国和中国都参与了国际秩序的构建,今天英国正在重新定义自己的全球目标。中国在国际事务当中扮演着越来越重要的角色,这两个国家的共同的目标或者是互补的,这些互补的领域有的时候也是会超过边界的。过去五年中,来自中国的留学生迅速增长,这些数字有着重要的意义。虽然说在新冠疫情之后这个数字有所减少,但是总量不少,在英国学习的中国留学生在未来将会成为中国的精英阶层。英国有很多很好的学校,也教出了全球最精英的学生。中国非常看重孩子的读书,英国的教学也是享誉世界,从过去几百年、上千年以来一直都以自己独特的教学风格享誉全球。而英国政府也宣布了一些计划,要把英国学生派往全世界各地进行学习,中国也是目标国家之一。通过这种互派留学生学习的方式能够更好地了解彼此。疫情下只有很少的国家有生产疫苗的能力,其中两个国家就是英国和中国。中国生产的疫苗不仅国内使用,也出口到了中东、南美等地国家,并且在那里被广泛接种。这些疫苗背后有很多的研究机构、大学。英国也是如此,英国也是有着非常强大的学术机构在支持着医学研究,在短时间内研发出疫苗。今天,英国的疫苗也出口到了全世界很多国家。现在疫苗领域也可以形成国际合作,包括疫苗联合研发、生产、销售、配送,都需要全球配合。近期,我们还面对很多共同的挑战,比如气候变化、全球变暖、能源危机。英国在生产新能源车,中国也是新能源车的重要市场。与此同时,我们需要采取更多的方法来遏制气候变化,特别是对于世界上南半球国家来说更需要找到一种低碳的发展道路,在摆脱贫困的同时保持生产。英国一直以来因为它的工业革命诞生得比较早就开始思考可持续发展,2020年1月英国领导人就说到英国和中国虽然有不同的社会制度、文化等,但是我们一直会保持着某种默契,这两个国家在国际和平和发展中会保持很重要的作用。中英两国不仅重视双边关系,全球治理过程中两国也可以有很多的合作。

中国东盟命运共同体可能吗?文明遗产与地缘政治现实

(马来亚中国研究所执行所长　饶兆斌)

东盟有很多可以进行共同体建设的地方。首先和大家说一下东南亚,东南亚有11个国家,具有很强的地区身份,这是非常现代的概念。在前现代时期很少相互交流,很少有共同的地区身份。这个地区是非常有活力的,不同文明的交流,包括华人、印度教以及其他的东南亚民族。这个地区最早的时候并没有一个共同的地区身份,并没有一个共同的称谓,只有现代才出现了一些标签、表述方式,比如用南洋来描述这个地区,印度支那地区。还有一个更加地方的概念,在马来半岛讲共同的文化遗产,包括马来西亚、印度尼西亚、菲律宾南部和泰国南部这些地区,这是非常本土的说法。南洋就是中国所说的东南亚地区。中国和日本用的术语相似。中国使用这个术语主要说的是人员流动,如南洋华侨、下南洋等。中国侨民在近代主要来自广东、福建这两个主要地区,还有其他沿海省份,这些侨民随后便成了移民,成为当地的常住居民。南洋这个概念也从中国本土的概念变成了一个很本地的概念,这其实是一个跨国流动,人力资本的流动,它不一定是中国国家强加的结果。因为在当时中国政府很弱,中国对东南亚的影响不大。南洋这个概念可以告诉我们众多关于这一代的历史。有一个研究华侨历史的学者,他说中国对这个地区产生认同,主要是和马来文化、当地文化产生交流,南洋后来变成了很当地化的概念,和中国自己本土使用南洋这个概念是不一样的。中国和东南亚之间的文化交流并不是霸权式的或者带有进攻性的,它是一种传统性的中国和东南亚之间交流的模式。

我想要讲的第二个概念是一个有关当地文化遗产的概念。一个共同的文化遗产,有100多年的历史,有很多手稿和书籍。这样一个文化,不是西方的文化。因为殖民的统治,对当地文化造成了破坏。东盟实际上是多中心的。东盟虽然是非常现代的概念建构,但是有共同的文化纽带,这个文化遗产能够帮助我们理解。

我们的讨论主要是讲文化方面的交流以及本土的元素,我希望能够从这些文化遗产的角度来讲如何进行对话。和大家说一下东南亚的近况,我们说东南亚会觉得这是一个统一的区域,好像已经存在了很长时间,实际上并非如此。它只有在"二战"之后才出现。第一个把东南亚国家都整合到一起的,比如说缅甸、菲律宾、越南、印度尼西亚,是"二战"时日本入侵东南亚,把所有东南亚国家全部整合到一起,当时把它作为一个统一地区进行统一的殖民统治,在此之前它们是不同的殖民地。日本的实验在3年之后就失败了。除了地缘上的连续性,不同国家有共同的基础,除了刚才说到的文化遗产,实际上有后殖民时期的地区共同身份,包括国家建设的这些目标和企划。东盟变成了一个唯一存在的用来建构地区身份的企划，它实际上是冷战时期出现的。在冷战期间以及"二战"期间主要重心在民族国家，并不是在东盟。有时候大家会想为什么东盟会是统一的身份认同，主要是因为一个共同的东盟身份是过去30年才有的，是很新的身份概念。这些不同东南亚国家之间的相互共存，把东盟作为一个独立的身份提出来。不同的民族在该地区共享身份不同的政府和制度，这是面临的挑战。

东南亚尽管是被人创制出来的概念，但大家都接受它，有共同的文化遗产，包括南洋，可以用来建构一个共同体，比如在中国和东盟之间的共同体。我们可以使用其作为一个基础进行对话，建立起中国和东南亚之间的直接联系，增进双方的理解。这并不是说完全无视西方，因为西方现在也是东南亚文化的一部分，是国际关系里面的一部分，但是我觉得需要更多直接的双边联系。

中国新世界理想及其实现路径(同济大学政治与国际关系学院院长、特聘教授　门洪华)

世界理想是时代进步的强大动力，习近平主席所倡导的人类命运共同体堪称中国世界理想的精准表达，值得我们深入研究。下面我将从四个部分具体阐述。

第一部分，大国崛起与世界理想。传统中国的理想是国家大一统，这是支撑中华五千年文明最核心的思想力量。国家崛起重要理念支撑是国家理想，崛起为世界上重要国家更需要世界理想的指引。使命意识的重要性不言而喻，这种使命意识有的国家与生俱来，比如说中国的天下理想与美国的天定命运观，有的在发展过程当中锤炼出来，如英国的自由帝国论。世界理想的实现需要现实土壤，古罗马和古代中国的努力所造就的并非世界帝国，而是在地中海地区、东亚地区形成了治下的和平。世界理想的真正实现是与世界历史的开创分不开的，与大国崛起的战略作为密切相关。秩序构想及其实现具有指标意义。

第二部分，古代中国的世界理想。天下思想是有史以来最早的世界理想，古代中国拥有自成体系的悠久历史文明，东亚地区形成了自成一体的帝国体系。中国所设计的儒家社会政治秩序体现出普天之下莫非王土的天下统一格局，这就是朝贡体系、天朝理治体系。作为东亚古代秩序的重要形式，朝贡秩序把中国文化看作规范现实存在的唯一法则。朝贡秩序是外交和通商相辅相成的国际秩序,更具有文化普遍主义的外形。这一秩序诉求与现实表现形式和西方霸权秩序形成了极其鲜明的对比,其文化主导性更是深刻体现了东方特色。

第三部分,新中国成立以来中国新世界理想的形成。中华人民共和国的成立是影响和改变世界进程的重大历史事件。20 世纪前半叶中国尚处于不稳定国际体系的底层,所求者首先是恢复 19 世纪失去的独立与主权。新中国成立后,尤其是 1978 年改革开放以来,中国迎来历史性的崛起,国富民强,中华民族的伟大复兴成为现实期望。中国主动开启了融入国际体系的进程,并逐步成为国际体系一个负责任的建设性。中国崛起与世界转型相约而行,这种历史性重合既给人类发展带来了空前机遇,也给世界带来了巨大的震动。随着中国全面融入国际社会,中国对世界的观念在改变,战略在调整,这个过程当中中国新的世界理想逐渐形成。毛泽东是最早提出新世界理想的中国领导人,把中国对人类有较大贡献作为中华民族应当自觉承担的责任,并指出实现这种责任的路径是建设一个强大的社会主义工业国。与之相匹配的是中国在外交上提出的求同存异方针,倡导并秉持和平共处五项原则,积极推动和亚非拉国家的深入联合,国际统一战线思想逐步形成。毛泽东密切关注世界动向,先后提出中间地带论和三个世界理论,把中间地带的工作、团结和争取大多数国家作为中国最坚定的战略方向。三个世界的划分代表中国建立以反霸为核心的国际统一战线的深远考虑,以经济、军事力量而不是意识形态和国家的阶级属性作为依据,成为实现其世界理想的现实战略。三个世界是现实世界。之后邓小平继承和发展了马克思的世界历史理论,创造性地提出中国特色社会主义的全新思想,推动中国抓住全球化浪潮在世界进行影响力的布展。邓小平提出时代主题从战争与革命转变为和平与发展,邓小平继承和发展了毛泽东的三个世界理论,倡导和平发展的时代主题思想,并据此提出东西南北问题,积极推动南北对话和南南合作,以发展为导向的国际统一战线初见端倪。在此基础上邓小平提出并主导实施改革开放战略,邓小平集全党智慧制定了中国分三步走基本实现现代化的发展战略,确定了改革开放的全面部署。以江泽民同志为核心的中国共产党第三代领导集体形成之时,更值世界格局演变处于重要转折关头,江泽民提出了在中国特色社会主义道路上实现中华民族伟大复兴的命题。江泽民致力于塑造冷战后新的中国外交关系格局,聚焦国际政治经济新秩序建设,提出并积极落实新安全观,推动与主要大国的战略伙伴关系建设,并把融入东亚一体化进程作为根本性的战略任务看待,从而实现了中国地区战略与全球战略并行不悖的宏大格局。

进入21世纪,中国和世界的关系发生历史性变化,一个发展起来的中国,一个对世界日益产生重大影响的中国,将以什么样的姿态和方式面对这个世界,是各国关心的问题。以此为基础,胡锦涛同志带领中国以稳健和创新的战略姿态在世界舞台上拓展,并提出了和谐世界理念。和谐世界理念是人类命运共同体思想最直接的理论资源和思想动力,标志着以合作共赢为核心的国际统一战线思想开始形成。

在上述理念基础上,习近平总书记丰富了人类命运共同体的战略内涵,推动中国新世界理想的最终形成。习近平关于人类命运共同体的深刻论述展现了中国的思想高度和未来志向。习近平指出,构建人类命运共同体的目标是建设持久和平、普遍安全、共同繁荣、开放包容、清洁美丽的世界。人类命运共同体是新中国70余年来中国世界理想的集大成,所关注的五个世界是理想世界的集中表达。

人类命运共同体的思想议题一提出,立刻引起国际社会的高度关注。人类命运共同体以反思近代以来的现代化发展过程为前提,强调在新的时代条件下要克服过去的征服型文明,要建构新文明,是超越霸权的现实理想。探索建构人类命运共同体的路径将为建构人类命运共同体积极创造条件,从利益共同体到各国共担、大国多担的责任共同体到共享未来的命运共同体,是合理而切实的路径。实践应聚焦于如下方面:第一,深化战略机遇期思想。第二,推动国家利益全球拓展,合作引领国际治理变革进程。第三,专注于东亚战略拓展,打造地区新秩序。第四,聚焦共建"一带一路",重塑中国与世界的关系。第五,以经济手段作为主要战略对外拓展,致力于塑造开放型世界经济。第六,强调文明互鉴的战略价值,夯实中国软实力。

进一步推进中日金融合作(日本帝京大学经济学部教授 露口洋介)

我之前在日本中央银行工作了30年,在离开银行之后我提出人民币和日元之间的直接兑换,当时我是日中金融合作的咨询委员。

推动使用日元和人民币在双方之间的贸易,这是中日之间的金融合作官方声明。中日之间的贸易曾经有70%都是通过美元结算的,30%用日元结算,要减少使用美元,增加使用人民币和日元。为了推进这一点,两个国家开始引进直接市场兑换。

2005年6月份开始,日元和人民币直接兑换。这之后人民币和日元以及其他国家的币种进行直接兑换,是中国和其他国家签订贸易协定的重要方面。现在有22个国家有货币直接兑换,包括许多"一带一路"国家。在金融合作方面,日本和中国引进了很多不同的合作方式。在金融领域有一个最近的例子就是启动中国日元ETF。ETF就是交易贸易基金,这个基金本身在整个股票市场有上市的,可以投资到彼此的股市。日本和中国有一系列种类的ETF合作。现在中国政府有流通的政策,即国内国际人民币流通,更多重点放在国内流通这块。中国将会推动内循环,中国政府意图要改变增长模式,从外贸推动模式开始进行内需驱动的模式。中国会增加国内消费,可能会帮助全球经济增加国际贸易,对于人类命运共同体来说也是非常重要的。

我们可以看到一个比率,中国目前经常账户盈余和中国GDP之间的比率。我们看到内循环的战略,有可能会增加出口,减少外贸盈余。在中国主要收支表,总是赤字的。经贸收支平衡表上面的盈余,这里有一个主要收入赤字。可以看到国际投资比率,它的净国际投资在今年3月底是正的,这个数字意味着它是第三大,在日本和美国之后。但是中国的收支平衡表都是赤字,这是为什么呢?全部资产8.8兆亿美元,3.2兆亿美元是储备货币,储备资产有高流动性,比如美国国债。相反从负债角度来说,有48%是直接投资。中国必须要寻找更高的收益,这就是为什么它会产生赤字的原因。

日本收支平衡表,已经进入成熟阶段,收支平衡表总是有充分的盈余。福岛核电站被摧毁之后,日本的经贸往来有很大的赤字。即便是在当时那段时间,日本的经常账户收入都还是有盈余,因为主要收入这块有盈余。这个数字是用日元来计算的。在今年6月之前是360兆亿日元,差不多3.2兆亿美元。从资产角度来看全部资产是11兆亿美元,储备资产差不多1.5兆亿美元,全部资产的12%,这个储备资产仍然是全球第二。日本做了一个资产组合投资,有很多投资资本方面的盈余。对中国来说为了避免经常账户赤字这样的威胁,很重要的是要把资产和负债结构加入进来。因为很低的GDP增长率,有很长时间来增加它的潜在GDP增长率。要从外国有更大的收入,和其他主要国家相比它的国债利率是比较高的。中国的国债利率差不多3%。日本的投资家会把一些固定资产在全球进行投资,包括中国国债,比如购买中国国债增加从国外的收入。中国也应该改善自己的国际投资结构。我现在要给日本政府建议，要建立一个结算体系，外国货币安全结算体系，包括人民币。这样的体系能够让日本的投资者可以投资中国的国债，比如说东京、上海股市直通或者债市直通，或者日本和中国在双方国家合作达到共赢。

深刻、全面把握人类命运共同体的科学内涵（中国人民大学国际事务研究所所长　王义桅）

"人类命运共同体"既非传统的天下思想，亦非共产主义的代名词或联合国的翻版。对于"人类命运共同体"的科学内涵，应当在时代发展、文明进步和世界视野中予以深刻、全面的把握。

第一，人类命运共同体是时代发展的必然选择。"人类命运共同体"在语词结构上包括"人类""命运""共同体"三个部分，其中每个部分都是把握人类命运共同体科学内涵的重要线索。首先，"人类"是全球化的产物。在工业化之前，人们生活在分散的地域性空间之中，并没有"人类"一说。随着工业革命的不断推进，人类对自然的改造能力不断增强，全球化现象开始出现。在这种历史背景下，欧洲人率先开始使用"人类"概念。例如，"人类学"便与全球化进程中欧洲发达资本主义国家的殖民运动有关，甚至可以说，"人类"一词在诞生之初甚至是一种带有歧视性的话语。其次，"命运"在不同的文化传统中具有显著差异。世界上属于一神论的宗教文明，往往强调自身的普世价值，并将其在世界各地进行传播，从而造成文明的冲突与混乱。多神论的宗教文明强调生命的循环、生命的偶然等。相比之下，中华传统文化则强调尊重天道、知天命而用之。将"命运"理解为规律、天道，这是"命运"在中华传统文化中极为鲜明的特征。从这个角度来看，中国式的"命运"，既超越了一神论的宿命论，也超越了多神论的偶然性，更加有助于积极地面对人类的未来处境。最后，"共同体"可以有不同的构建基础。历史上较早的共同体是以同质性为基础的，例如，伊斯兰教共同体便是建立在共同信仰的基础之上。但是，基于同质性的共同体也必然存在着排他性缺陷，将会导致强势文化的"霸权"。因此，只有求同存异，将构建"共同体"的基础上升到整个人类的层面，才有可能避免冲突与对抗。人类命运共同体绝不是"人类""命运""共同体"三个部分的简单叠加，而是摆脱"零和博弈"

"文明冲突""国强必霸"思维的时代方案。如果套用邓小平同志"不搞改革开放,只有死路一条"的表述,现在甚至可以说,"不搞人类命运共同体,也只有死路一条"。不仅如此,作为解决时代之问的中国方案,人类命运共同体同时也标志着真正的世界历史正在来临,代表着中国共产党人善于在危机中育先机、于变局中开新局的底气和智慧。

第二,人类命运共同体是文明进步的必然结果。当前,我国改革开放和社会主义现代化建设已经取得历史性成就,中华民族伟大复兴战略持续推进。同时,国际力量对比呈现出"东升西降"的趋势性变迁,世界正经历百年未有之大变局。"两个大局"相互交织、相互激荡,共同构成把握人类命运共同体科学内涵的另一条线索。首先,中华民族伟大复兴并不是要取代美国,回到汉唐,而是要实现共同振兴。"百年未有之大变局"蕴含着人类正在从工业文明走向数字文明和生态文明。在工业文明时代,第一产业、第二产业、第三产业之间界限分明,而数字文明时代的创新模式却更多地表现为你中有我、我中有你的融合式创新。没有任何一个国家能够做到对高科技产品和核心技术的垄断。生态文明也同样如此。面对生态环境挑战,人类是一荣俱荣、一损俱损的命运共同体,没有哪个国家能独善其身。其次,当下人类正处于文明转型的过程中,必须按照构建人类命运共同体理念来规划我们的行动。我们需要自主、自觉、自信地建构中国的身份、世界的身份。构建人类命运共同体不是简单的口号和理念,而是客观存在的事实。我们已经生活在人类命运共同体当中,不能再将其认作是虚无缥缈的理想。

第三,用世界视野理解人类命运共同体。如果以世界视野来看待人类命运共同体,那么,人类命运共同体既是中华文化同各国文化进行创造性转化和创新性发展的产物,又是新时代中国特色大国外交最鲜明的旗帜,包容了近现代国际体系与新中国外交之学统,还是在信息时代对于马克思主义世界历史观、自由人联合体思想的弘扬。首先,中华优秀传统文化中实际上已经蕴含着人类命运共同体思想的种子。世界上其他地区的优秀传统文化,如印地语、拉丁文地区的,也都有这样的"初心"。只是在工业革命以后,随着世界分类的逻辑、地缘政治的逻辑逐渐占据主流,这种"初心"才被逐渐遗忘。在这种意义上,人类命运共同体融会贯通了世界各国优秀传统文化的道统,激活了各国对世界的"初心"。其次,人类命运共同体尊重国际体系,包容了联合国宪章、和平共处五项原则、威斯敏斯特体系的基本精神。人类命运共同体强调各国命运自主、拥有自己的主权,既遵从现代国家体系,又为世界各国相互依存提供空间。在人类命运共同体中,世界各国既要共存,更要共生,积极追求共同身份,谋划共同未来。最后,马克思所描绘的真正的世界历史正在来临,今天必须要用整体思维方式来看待世界。这就要求我们摆脱传统的思维方式,超越单一性、同质性、排他性的身份认同,追求共同身份的建构。习近平总书记在"七一"重要讲话中提出把马克思主义基本原理同中国实际以及中华优秀传统文化相结合。未来,还要和世界各国的优秀传统文化相结合,成就人类新的文化形态。人类命运共同体不仅是一种相通、融通、贯通,更重要的是引起各国之间的共鸣、共振、共情,它不仅是对于中国和世界,也是对人类文明发展本身的贡献。

议题三：文明的交流互鉴

中国和伊朗文明共同造就现代丝绸之路的和平及安全基石

（伊朗国家利益委员会资本市场委员会主任　哈米德·哈吉加特）

文明被定义为人类进化的历史状态，是一种与野蛮、暴力、原始自然相对的状态。这个观点下，文明被认为是社会和个人经过进化阶段所达到的道德标准或理想。威尔·杜兰特在《文明的故事》第一卷《东方的遗产》中对文明定义如下：文明是一种社会秩序。文明包含了经济的供应、政治的组织、伦理的传统、知识和技术的追求，人们会通过获取知识和提供工具的方式进一步改善生活的冲动。综观中国历史，没有一个人能够像孔子一样对中国人的文化和社会结构产生如此巨大的影响。2500多年前他的人格和思想就引发世人的关注。他的人性化、社会化思想涉及哲学、伦理、文化、国家治理等各个方面，为中华文明的建立奠定了基础，并逐渐传播到东西方国家。另一方面在古代大陆的西方，伊朗的伟大君主通常以居鲁士宣言为主，希腊人写了无数关于他的故事，称他是最伟大的英雄。他的王权建立在良好的品行上，他从未摧毁过寺庙。数世纪以来孔子和居鲁士的思想经久不衰，成为影响社会经济、政治制度的思想基础。

时间尺度和地点尺度是文明的两个主要组成部分。仅仅是几个城市或村庄之间的联系，并不能视为文明。原始东方文明形成的时间是以千年为时间单位。正因如此，我们才会对东方的悠久历史产生探究的兴趣，尤其是对伊朗和中国的。在东方，随着国家内部道路的发展，城市和社会生活沿着这些道路出现。之后随着丝绸之路的出现，沿线国家内部的定居点和村庄发生了变化。随着时间的推移，城市逐渐建立起来，伊朗和中国古代的文化遗产反映了道路文明的发展。比如驿站，可以为旅者与商人提供服务和安全保障。两国政府之间有着深厚的政治联系，伊朗和中国的君主在协定框架内帮助彼此建立和扩大了经济社会和政治体系。古丝绸之路的建立使得东道国几百年当中成为人口规模宏大的国家,实际上创造了一种新的文明。

道路不仅是具有特定商业经济和军事用途的通行道,而且对国际关系产生重大影响。随着道路的发展和增加,国际政治安全和文化也受到了影响。事实上道路是其所有者创造财富和催生权力的工具。习近平主席提出了"一带一路"的新理论,表明数千年文明可以通过复兴古老的丝绸之路和建立现代国际航线网络从而在全球范围内得以复兴和繁荣,将对世界政治经济和社会生活的各个方面产生更大的影响。事实上习近平主席的理论不仅有助于振兴文明,而且有助于加快文明的发展。

"一带一路"倡议是国际经济和政治关系领域的新理论,这一国家治理与国际关系理论以持久、和平、正义和全球繁荣为核心。它首先可以成为促进国际和平稳定与安全的基石。"一带一路"将促进成员国产生和强化合法权力。随着成员国或非成员的边缘国家受益于"一带一路"的发展,从而提高自身的政治或经济实力,将赋予本国地缘经济新的意义。现代丝绸之路也带来了新的地缘经济学概念。除此之外我们将面临一个崭新的机遇。重要国家有机会通过铁路线降低本国或过境国产品价格发挥作用,这样的机遇使该国在工业矿山、旅游业和国有过境服务等领域创造就业岗位,增加国内投资,吸引外国投资,创造数百个新工作岗位,在国家层面上大量增加外汇收入,提高公民福利水平。在彼此帮助下成员国可以达成更多的共识,以及通过制定新的法律来加强和保护彼此的利益。

新的思维要求打破西方化的模式,这种隔阂只有在西方特别是美国提出无理霸权要求时才会出现。国际舞台上各国对霸权国家不信任,但是加强和包括美国人民在内的西方人民的关系将在全球利益分配和建立持久和平上具有特殊的地位。此外文明对话理念作为"一带一路"倡议的序幕具有独特的文化特色,在文明框架内呈现的共同历史、文化和人文价值可转化为公共利益。

借此机会我将向本届国际大会提出一些建议。一是以东方视角转变思维模式,关注成员国的内部能力,特别是更深入地看待地区机遇。二是阐述联合研究项目,从成员国的历史和文明的根源及联系中发现新的合作可能性。三是在成员国之间开展以道路文明为中心的在线研讨,研究其发展与推进的障碍及策略。四是围绕文明对话的主题建立智库,从而推动"一带一路"的建设。五是建立"一带一路"建设的法律机制,推动"一带一路"的建设。六是加强各成员国之间的合作,充分利用道路网络。

如何推动文明交流互鉴(中国新兴经济体研究会副理事长、中国拉丁美洲学会副会长　江时学)

　　大家都知道文化定义很多,我看到的两个资料,一是《评文化的概念和定义》这本书,其中讲到1871—1951年期间文化有164种定义;二是《资本主义与文化:英、美制造业企业的比较分析》这本书,其中讲到被人类学家、社会学家、心理学家和其他领域的学者使用的文化定义有160种之多。

　　文明就是人类在其历史发展进程中留下的体现人类进步的精神财富和物质财富的总和。我们今天这个会不讨论有多少种文明,我们要讨论的是不管有多少种文明,我们究竟应该怎么推动文明的交流互鉴。

　　为什么要推动文明的交流互鉴?推动文明的交流互鉴有以下几个方面的必要性。第一,有利于不同文明取长补短共同进步。人类创造的各种文明都是劳动和智慧的结晶,每一种文明都是独特的。第二,有利于消除文明冲突。世界上不存在十全十美的文明,也不存在一无是处的文明,文明没有高低、优劣之分。只有推动文明的交流互鉴才能以文明交流超越文明隔阂,以文明共存超越文明优越,以文明互鉴超越文明冲突。第三,有利于保持文明的生命活力。一切生命有机体都需要新陈代谢,否则生命就会停止。文明也是一样,如果长期自我封闭,必将走向衰落。第四,有利于实现美人之美、美美与共、天下大同。每一种文明都是美的结晶,都彰显着创造之美。既要让本国文明充满勃勃生机,又要为他国文明发展创造条件,只有这样才能使世界文明百花园群芳竞艳。第五,有利于消除信任赤字。习近平主席在访问法国的时候在一次关于全球治理的讨论会上提出了4个赤字,即治理赤字、信任赤字、和平赤字、发展赤字。信任既是人与人之间和睦相处的前提,也是国与国之间和平共处的基础,甚至可以成为国际关系中最好的黏合剂。第六,有利于推动构建人类命运共同体。什么叫人类命运共同体?中国学者把人类命运共同体归纳为以下5个世界:一个持久和平的世界、一个普遍安全的世界、一个共同繁荣的世界、一个开放包容的世界、一个清洁美丽的世界。开放包容就是文明的交流互鉴,推动文明的交流互鉴有利于构建一个开放包容的世界。

我说了那么多的必要性，下面讨论一下怎么来推动文明交流和互鉴，方式方法是什么。

第一，要恪守平等相待的原则。世界上不存在十全十美的文明，也不存在一无是处的文明。如果居高临下对待一种文明，不仅不能参透这种文明的奥妙，而且会与之格格不入。历史和现实都表明，傲慢和偏见是文明交流互鉴的最大障碍。

第二，要大力推动国与国之间的人文交流。国之交在于民相亲，民相亲在于心相通。心相通的方式是多种多样的，其中最有效的就是人文交流，因为人是文明交流互鉴最好的载体。深化人文交流互鉴是消除隔阂和误解、促进民心相知相通的重要途径。新冠疫情结束后，各国应该大力推动人文交流。我们必须承认新冠疫情对于国与国之间的人文交流造成了巨大伤害。

第三，我们要积极利用全球化、信息化科技革命的优势。大家都知道历史上受地理因素和交通工具等条件的限制，文明交流互鉴的方式比较单一，难度比较大，影响力有限。我们中国历史上的许多名人，这些文化使者在推动文明交流互鉴的时候都历经了千辛万苦。今天我们没有那么多千辛万苦，当然我们也应该利用全球化、信息化的优势。

第四，我们必须要摒弃意识形态偏见。正是因为文明没有高下、优劣之分，只有特色、地域之别，所以在推动文明交流互鉴时必须抛弃意识形态的偏见。孔子学院是意识形态偏见的受害者，甚至可以说是最大的受害者。其实孔子学院是中国为世界和平与国际合作而不懈努力的象征，是连接中国人民和世界人民的纽带，孔子学院属于中国，也属于世界。

第五，进一步发挥联合国教科文组织的重要作用。自1945年成立以来，教科文组织忠实履行使命，在增进世界人民相互了解和信任、推动不同文明交流互鉴方面进行了不懈努力。世界上有些国家却无视教科文组织在推动世界各国人文交流当中发挥的重要作用，甚至寻找各种借口，不惜退出这个组织，没有一点大国的样子。

一花独放不是春，百花齐放春满园。物之不齐，物之情也，万物并育而不相害，道并行而不相悖。尽管文明冲突、文明优越等论调不时沉渣泛起，但文明多样性是人类进步的不竭动力，不同文明交流互鉴是各国人民的共同愿望。2 500年前的中国史学家左丘明在《左传》中记录了齐国上大夫晏子关于和的一段话："声亦如味，一气、二体、三类、四物、五声、六律、七音、八风、九歌，以相成也。"他还说:"若以水济水,谁能食之?若琴瑟之专一,谁能听之?"我的 PPT 上,左边是墨西哥舞蹈,右边是中国的京剧,虽然演员们穿不同的服装,脸上涂不同的颜色,但是一定意义上这两种文明之间有许多相似之处,至少它们都能给人类以美的享受。

庆祝联合国教科文组织"2021 尤努斯·埃姆雷年"之际:"一带一路"倡议下的文化合作(土耳其中国商业促进和友好协会主席、全球记者协会驻华代表 阿德南·阿卡费拉特)

尤努斯·埃姆雷是一个土耳其诗人,他在几百年前过世,今年联合国教科文组织宣布 2021 年是埃姆雷年,也是土耳其年。为什么我想和大家讲述埃姆雷这个人,因为我想和大家强调他的重要性在哪里。在新的全球治理框架里面我认为美德需要进行推广。我们强调东亚的美德,这其实是从历史而来,今天的全人类实际上需要包容。联合国教科文组织土耳其委员会在宣布 2021 年是埃姆雷诗人年时正值其诞辰 700 年,他对世界的文化作出了突出的贡献,帮助我们了解整个人类团结的重要性。我们需要包容合作,我们需要重新激活他的哲学观,需要像埃姆雷诗人这样的人来共同挖掘一些解决人类困境的方案。埃姆雷提供了非常重要的文明基石,他是土耳其古典时期一位重要的诗人,他不朽的作品给我们带来了很多价值,有很多是强调和平而不是战争。"拥有深厚的智慧和知识,可以给我们提供精神遗产,给我们提供对现实的指引。"这是他非常著名的诗句。我们需要这样的人性和文化遗产来推动我们去寻找一些解决方案。"一带一路"是最大的文明项目,对经济、政治、社会、文化、全球性问题提供了一揽子方案,从全球层面上解决问题。"一带一路"倡议把包容作为主要的模式,在这个过程中我们需要一些共同的精神来保证亚洲文化在将来的世纪持续绽放光芒,能够为我们提供新的指引。

四海之内皆兄弟,无论困难与否,我们手携手,齐心协力共前进。中国是希望能够从人民的角度推进这个倡议,能够让大家统一起来,这样就不会分离,有一个共同的梦想,有一个共同的将来。习近平主席强调有统一的美德和价值观,能够让不同的文明进行相互交流和融合。他所描述的人类命运共同体,集中了 4 000 年的中国智慧。埃姆雷是从伊斯兰文化传统中来的,他建议我们必须要进行灵魂拷问,他的诗歌充满了人生智慧,让人和人交流,能够让我们达到普遍的正义,有较高的道德起点,让我们从全世界、全人类的角度来看待问题。他的一些诤言对我们仍然有价值。这个世界是我们非常重要的智慧来源,没有人可以高高在上。如果想要保证"一带一路"倡议在 21 世纪的成功,仅发展经济是不够的,我们还要依靠艺术和文化。土耳其诗人埃姆雷的杰作就可以给我们许多启发,许多帮助。我有一个建议,我们可以在上海大学设立他的雕像,让他被大家所了解。

议题四：文明的多样性

中华文明特有的三道生命线（复旦大学文科荣誉教授　姜义华）

中华文明历史悠久，是各种古文明当中唯一一直延续到今天的，而且可以说是历久弥新，到现在还有强大的生命力。原因在什么地方，可以从各种不同角度来解释。我想重点谈一下三道生命线，这特别值得我们关注。

第一道生命线：天文与人文。以人为本位，而不是以超越人间的神明为本位，这是贯穿整个中华文明的第一道生命线。人所面对的是现实的、世俗的、有生有死的此岸世界，而不是无法验证的超越现实、超越世俗、超脱生死的彼岸世界。基督教和印度教主宰下的各种文明都预设有一个超验的绝对者，神圣世界与现实世界、彼岸世界和此岸世界互相对立，彼岸的神灵世界具有绝对的神圣性，而此岸的世俗世界则不具有独立的内在价值，人的存在就是为了自我救赎。基督教主张的自我救赎是禁欲主义，印度教主张的自我救赎是神秘主义。相较而言，中华文明所最为关注的是现实的人而不是超越现实世界的神，是人的现实生活、现实的社会交往、现实的社会治理，而不是对只存在于人的观念与意识世界中的神灵无条件服从和信仰。章太炎在《驳建立孔教议》中说，"中土素无国教矣"，"老子以道莅天下，其鬼不神；孔子亦不语神怪，未能事鬼。次有庄周、孟轲、孙卿、公孙龙、申不害、韩非之伦，浡尔俱作，皆辩析名理，察于人文，由是妖言止息，民以昭苏"。我认为，在中华文明中，人是一个社会性的存在，一个群体性的存在。中华人文的形成和发展，从草昧到文明以及文明的不断前行，就是人的群体联系的不断扩大、不断强化。正因为作为社会关系总和的现实生活中的人一直是中华文明真正的实体和主体，中华文明生命之流方才充沛滂沱生生不息。

第二道生命线：大同与小康。《礼记·礼运》说："大道之行也，天下为公……今大道既隐,天下为家。""天下为公"代表了"大道"。这是社会发展的终极目标,是人世间的最高理想。但现实世界的生活是"天下为家",一家一户是社会构成的细胞,是人们进行生产活动和日常生活的基本单位。本人认为,纵观中华文明成长的全过程,它的另一道极为强劲的生命力,正是"天下为公"与"天下为家"的并行和紧密纠缠。其作用体现在四个方面。其一,催生了中国的家庭、社群、国家、天下命运与共的内敛型社会结构。这个内敛型社会结构由人们的婚姻关系、家庭关系、友朋关系、职业关系、乡里关系、城乡关系、区域关系、族群关系、生产关系、收入分配关系、消费关系、阶级阶层关系等多层次、多向度、多方位的关系构成。通过修身、齐家、治国、平天下,将个人、家庭、国家与天下串连起来,铸就家国命运共同体,使天下为公与天下为家既相背离又相互补。其二,催生了作为基本生产资料的土地和产业在形成普遍的家庭所有制的同时,不仅一直存在着公共所有的族田、义庄、学田、义塾、义仓等公共财产作为补充,而且一直生产着周期性的群众自发性的以"均田"为主要目标的土地与财富的重新分配,国家也经常通过"限田""占田""均田"等措施重新分配土地和财富。其三,既催生了"家天下"的皇权政治,同时又催生了"民惟邦本""民为贵,君为轻,社稷次之"的政治伦理,催生了实行中央集权的大一统国家,又催生了包括宰辅-内阁制、郡县制、选贤举能的科举制等开"公天下"之端的国家治理制度。作为中华文明重要支柱的统一国家得以长期维系,其生命力和再造能力正在于此。其四,在保持各地方日常生活中广泛使用方言的同时,催生了文字统一,规范化的书面语言的统一,催生了知识体系、价值体系、审美体系、话语体系即文化上的普遍认同。正因为这一极其深厚的根基,"天下为家"才并不绝对抗拒"天下为公",相反,可以与"天下为公"并行,乃至经常纠缠在一起,成为中华文明绵延不断的又一生命源泉。

第二道生命线:执两与用中。"人心惟危,道心惟微,惟精惟一,允执厥中"这 16 个字,一直被视为尧、舜、禹所代表的执政者品德修养和治理国家经验的精髓。本人认为,"中"字确实包含有区别于外部的"内部"这一层意义,但是,从甲骨文"立中"的众多记录可以看出,至少在那时,"中"的含义,除去中间、中部、中等、中流、中心等方位指向性意义外,更主要的已经是中枢、中轴、中坚、中规、中矩、中正、中和、中道等具有核心价值地位的价值诉求性意义。惟其如此,《礼记·中庸》方才将"中"与"和"紧密相连,说:"致中和,天地位焉,万物育焉。"我以为,中华文明所崇奉的"中道",是在现实世界中努力了解矛盾对立的各方内在的相通、相容、相融之处，让它们在积极互动、和合、结合中共生共存，并通过创新而获得新生命、新发展，上升到新境界，这是积极面对现实世界、极具实践性、战略性及可操作性的认识论和方法论。这与西方文明中的"中道"极不相同。佛教的"中道"，重在破除众生的自性执，破除一切。古代印度佛教所崇奉的"中道"是在观念世界中消弭各种矛盾与对立。于此，我们就可以深入了解在中华文明形成和发展过程中，"中"字为什么成为国家、文明、文化和人自身高度认同的轴心观念，成为中国人知识体系与价值体系的共同归趋。"中为大本，和为达道"由此成为中华文明的又一道生命线。

三星堆与东西方上古青铜文明的对话（四川大学杰出教授、四川大学考古文博学院院长　霍　巍）

三星堆是位于四川省一个叫广汉的地方，有三次带给世人以考古学的震撼。古老的中华大地不仅具有以中原殷周青铜器、玉器、甲骨文等为代表的中原文明，同时还拥有可与世界对话能力的三星堆文明。三星堆的最大价值是在东西方上古青铜文明之间。

历史上三星堆的三次考古发现带给世人极大的震撼。第一次是在1929年，首先发现了玉石器，然后由华西医科大学博物馆进行首次挖掘，引起了学术界的轰动。第二次是在1986年，此次发现出土了大量的青铜器和黄金制作的器物，多达1 300多件。其中有许多过去中原文化体系中很少见的器物，甚至包括此前从未发现的青铜器，当中有高大的青铜神像，还有成群的青铜肖像。第三次是在2020年，发现了6个祭祀坑，出土了一大批过去没有的新器物，其中3号坑出土的金面具宽40厘米，高约27厘米，是迄今发现的完整面具中体量最大的一个。此次考古发掘引发的最大关注，是三星堆文明的来源及其与域外文明的关系问题。

三星堆与世界古文明之间存在异同。三星堆发现的器物有很多是在旧有的东方青铜文明体系中未看到过的因素，比如黄金制作的权杖、高大的神树，等等。如果使用既有已知的材料比对，完全无法下手，即使在整个欧亚大陆，也没有找到和三星堆直接相对应的器物。因此，霍巍指出应从更大的时空范围比较三星堆文明与世界古文明之间的异同。尤其是在观念上，找出与西方文明对话的因素,可以从四个方面进行分析。

第一,高大的青铜人像、青铜面具和青铜群像代表的偶像崇拜观念。类似的偶像崇拜在中原地区比较少见,但纵观公元前3000—1000年的两河流域,包括稍晚的西方世界,偶像崇拜是重要的表现形态。因此,偶像崇拜观念是三星堆文明可以和西方对话的一个因素。第二,黄金和青铜技术融为一体,是比较独特的技术和做法。曾经在中亚地区发现青铜器表面镀金的相似例子,但又有些不同,中亚地区并不将黄金套在青铜像的表面,而三星堆则是把黄金面罩罩在青铜器表面。尽管用法不尽相同,但青铜器表面使用黄金制品让青铜和黄金艺术融为一体的风貌,是三星堆发现的另一个与西方对话的蓝本。第三,三星堆出土的器物中,有一些是用来表达权力等级和威仪崇敬的。具有代表性的是三星堆使用的权杖。权杖在古代西方文明中是常见的表现权力、威仪、崇敬的象征,和东方世界中青铜器皿代表社会等级、权力和威信完全不一样。但三星堆中既发现有中原文明的青铜礼器来表达威仪,也发现有黄金制作的权杖来表达权力。第四,三星堆在2020年最重要的发现之一是出土了大量丝绸,这种日后中西方经济交流的物质载体在三星堆时期已成为最重要的可供交换和贸易的物品,为后来中国的丝绸之路奠定了物质基础。

三星堆的发现可以看出几个比较清晰的文明特点。一是三星堆和古蜀文明关系比较密切。古蜀文明为三星堆提供了大量新的创造。二是三星堆文明和中原文明之间的关系十分密切,三星堆文明是中国青铜时代文明的重要组成部分。三星堆显示的文化因素是多方面的,今日的中国版图既有中原文化,也有长江中下游地区和更遥远的川西北地区、云南、两广地区的文化。尤其值得关注的是,三星堆和两湖流域南方青铜器的系统关系最为密切。三是距今3 000年前,正好是欧亚大陆进入上古文明繁荣发展的阶段,而在东方大地上,通过考古发现可以看到,它既有中原殷周青铜器、甲骨文等为代表的一整套规制严格、体系完整的社会价值观,同时也产生了三星堆文明为代表的充满了神秘、夸张、丰富的造型艺术。这一发现不仅改观了以往对于中国青铜时代文化内涵的认知,也展现出与世界古代文明诸多的相容性与共通性。霍巍指出,文明并不是一个A点到B点再到C点的单线传播。等到技术发展的成熟度达到一定阶段,有些因素是交流互动的。三星堆显然已经到了这个发展阶段。3 000多年前的世界正是洲际文明开始交流、文明的发展开始繁荣的阶段。三星堆也加入了这个世界体系当中,传递它的信息,吸收外来文明的因素。从这个角度来认识三星堆,会帮助我们从更加广阔、深刻的视角认识人类文明。

帝国晚期的儒家礼仪、产权与经济发展(香港中文大学历史系荣休教授 科大卫)

我现在特别注意的是文化的概念怎么用到我们平时生活当中,在这个范围里使经济可以发展。我们研究1 000多年的债务问题,为什么有关利息的资料在华人商业少见,因为华人商人有时候不是个别借贷,而是组织合股的公司,这个公司是东南亚法人合股的。从宋朝(约公元1000年)到清朝中叶(约公元1800年),中国出现了较为发达的经济阶段。原因包括,政府主导经济基础设施建设,以及充满活力的商业市场。两者在儒家思想下碰撞,而儒家思想主张采用通行的仪式秩序将地方社会与帝国高度捆绑。儒家思想的核心是注重孝道,即后代有责任供养祖宗,无论其是否在世。在儒家思想的影响下,贵族不再独自享有历经多年的祭祀祖宗特权,普通民众亦能够祭祀祖宗。为了有足够的经济能力参与祭祀,后代就需要持有遗产。以祭祀祖宗的名义积累财富被视为一种美德,遗产的管理实践(特别是按份额持有)最终形成了共同所有权。最重要的是,孝道也规定了债务的继承。在此基础上诞生的宗族企业往往在土地、产业以及寡妇和孤儿的教育和保障方面投资。宗族企业还促成了内部融资业务(仅限于关系密切的家族集团)的发展。虽然国家经济十分发达,但社会结构是高度分层、内向和排外的,容易导致社会动荡、政治撕裂。

多样化中的团结:来自加勒比的视角(多米尼加共和国现任政府一体化部长、左派团结运动主席 米格尔·梅希亚)

我想从加勒比的视角与经验出发,阐述在全球化进程中,多样化中的团结与文明共存所具有的深远意义。

第一,影响人类的任何重大问题不可能由一国单独解决。任何政府或者政府集团,无论多么强大,或者多么富有,也不能够独自应对当前的全球性挑战。比如,当前的新冠疫情挑战。当前世界面临的问题是巨大的,国家间相互依存的关系决定了生态、经济、商业、人口、金融和地缘政治平衡的任何改变,都将不可避免地影响到地球上的其他国家。这就要求各国携手努力,秉持合作、信任和尊重的态度。

第二,在全球范围内,既有支持合作的力量,也有反对的声音。在支持国际合作的力量中,已经建立起了通信、贸易、文化、科技、移民,以及和平氛围下加强互知互信的纽带关系。同时,在负责任的各国政府之间,秉持求同存异,尊重各自国家主权,并在人道主义基础上共同推动联合项目。不幸的是,在反对国际合作者当中,霸权主义和战争行径不胜枚举。在经济领域,充斥着各种对经济、贸易、金融关系的单边主义和孤立主义手段,它为世界制造了种族主义、无知、贫困和不发达等问题。

第三,多米尼加共和国支持团结世界各国人民和文化的各种努力,致力于减少并消除国际舞台上的孤立、封闭、对抗,以及霸权和掠夺行径。在人类历史上,作为加勒比岛国的多米尼加曾多次遭受战争和军事入侵之苦。这里的人民热爱和平,有着人道主义和互助的信念。加勒比地区是世界上文化最多样化的地区之一,人种来源非常多元,它们之间既相似又存在差异,从该地区不同时期人民对和谐共处、互助互帮以及相互尊重的努力到应对自然灾害、人口贩运、贩毒,海上和航空安全、经济危机、移民和旅游发展等各个方面均体现上述特征。从这个角度来看加勒比国家的经验是多样性,使我们更强大更开放,更具创造性和合作精神,更加团结和爱好和平,更加好客和崇尚平等。因为对差异正确的诠释,更能够凸显一致性及我们的共同之处。

希望这个加勒比小国的经验有助于这个重要的论坛,多米尼加共和国正如其他加勒比周边邻国一样诞生于一个具有多样性的国度,这里的人民热爱和平、乐于助人、抵触危险的霸权主义,就像他们热爱艺术和文化一样,享受生活在自然赐福的土地上,追求和平与发展。以上是我们的一点经验,希望对世界来说它具有自身的价值。

以多极化为开端的全球新局面及其对阿根廷和拉美科学技术政策的影响(阿根廷科技部副部长　迭戈·德乌尔塔多)

人类社会需要通过科学技术进步消除贫困、消除不平等,实现社会的公平发展。中国提出的"一带一路"倡议给阿根廷和拉美国家推进科技发展提供了有利的外部环境。

第一，新自由主义全球化方案导致了一种资源过度集中、不平等与贫困加剧、等级秩序不协调，并且在金融、环境和卫生这三方面都表现出了严重危机。这些危机在一定程度上宣告了该项全球化方案的失败。在阿根廷以及整个拉美地区，这种将西方视为唯一进步范式的方案摧毁了该地区大多数国家的国家能力，带来了去工业化、泛金融化以及累累负债。更为严重的是，新自由主义方案还进一步带来了财富过度集中的问题，并使贫困率和不平等指数不断地提升。同时，拉美各新自由主义政府在推行这些方案时，还需要宣称其外交政策必须与西方大国无条件地保持一致。西方大国将该地区各国视为原材料的供应方和初级生产者，并且认为拉美国家的科技水平无足轻重。

第二，为了应对新自由主义模式带来的危机，阿根廷政府希望为国家发展提供另一种选择，即在多元文化立场的基础上，承担起保护社会弱势群体的责任，进而确保建立一个更包容和更平等的社会。在此基础上，实现制度性和组织性的变革。这些变革的最终目的则是让整个社会生产力得到发展，并使个人与群体的自主性得到增强。为了达到上述目的，政府的科技政策将在其中发挥关键性作用。它将提供必要的知识和技术，以便政府从战略层面满足社会、经济与环境可持续发展等方面的需求，并促使其进行结构性转变。中国在全球范围内的崛起，以及"一带一路"倡议所规划的作为全球化新范式的愿景，无疑使阿根廷在推进这项政策时拥有了一个较为有利的外部环境。阿根廷是一个拥有土著民族的多元化社会。如今，阿根廷国内也面临着一些不平等的情况。一些人根本没有基本权利，丧失了居住权和工作权。除此之外，国际社会也面临着新冠疫情的挑战，面对经济、社会、科技等领域的各类问题，中国提供了新自由主义之外的新出路。

第三，阿根廷政府希望能够在可持续发展的前提下，解决社会不公问题，在政策上保护弱势群体。科技进步已经进入了阿根廷《2020年政策框架》当中，阿根廷在太空、医药、生物科技各方面都体现了很重要的创新能力。不管是在国家层面，还是在民众层面，阿根廷都需要去解决这样的挑战。在社会不公平持续上升的情况下，阿根廷需要发布一些公共政策，能够实现可持续发展。科技政策也需要可持续性，包含新的科技进步、科技产物，让社会所有成员都能够享用，并使这个国家更加团结。对阿根廷来说，中国在解决社会不公和社会贫困方面的努力与成果是非常重要的经验,阿根廷希望能够继续和中国保持良好的关系,保持双边交流。对阿根廷来说,不仅希望解决社会不公问题,也希望能够让所有人都享有同样的权利。同时,在联合国2020年消除贫困的框架下进行努力,消除国内贫困。

教育与人类发展:中国与拉丁美洲的比较(秘鲁国家研究院院长娜塔莉亚·卡拉斯科)

我所准备的资料是秘鲁和中国之间的比较,从国家角度来说,对民众福祉来说,教育起到的作用是非凡的。

中国共产党建党百年,我们可以看到很多正面的评价,中国发展非常快,中国人的福祉发展也很快。中国的教育体系也是非常成功的,取得了很多成就。国家对民众福祉作出了很大的贡献,实现他们的承诺,这是值得我们拉丁美洲学习的。成千上万中国人脱离贫困,特别是一些教育政策,获取公平教育这是非常重要的条件。拉丁美洲的情况很不一样,比如说秘鲁,我们已经独立了200年,从西班牙独立出来。我们作为秘鲁共和国200年的独立史还是没有通过教育让我们民众获得更好的生活条件,为什么中国这么短的时间可以有这样的成就呢?国家政治的引导以及中国共产党领导的教育政策,首先保证入学率,让绝大部分人能够享受最基本的教育。从小学到高等教育甚至到就业在秘鲁可不是这样的,我们基本教育也是保证的,但是初中的普及率并不高,并不是每个人都有这种条件接受中等教育以及到高等教育。还有除了普及率之外,公共政策长时间保持不变,这也是中国取得成功的特点,也是拉丁美洲要向中国学习的。

在这个全球危机的年代,教育非常重要,新冠疫情在全球都有影响,这也是老百姓生计的问题,也是民众福祉的问题。习近平主席和很多其他国家领导人进行政策交流,中国将它好的经验提供给我们,至少保证我们民众福祉的底线,绝大多数民众能够受惠。除了经贸间的交流之外,在议事日程当中也应该有其他领域的合作,这也是非常重要的。比如教育领域,科技也很重要。商贸不是说不重要,但是我们在很多其他领域的联系和交流应该能够得到更大的提升。比如说农村人口和农村消除贫困的问题,特别是对农村人口的相关基础设施,包括根本服务的提供这方面，拉美做得还是很不够的，这个方面中国可以给我们提供相关帮助。

当然，有很多事情我们会碰到很大的挑战。我们国内碰到不平等问题，试图通过进行不断投资使我们消除贫困，但是一年一年过去，无论是中国还是拉丁美洲，仍有社会不公平问题。如果社会上产生了很多不公平，使很多人变成社会边缘人员，我们如何消除这个问题？这个方面中国也做了很多努力。和我们可能不同，你们也有社会不公的问题，有些人可能很有钱，也有机会，而大部分人可能没有很多财富，但是至少基本需求已经满足了。拉丁美洲不一样，我们有一批人各种机会都能获得，各种各样的条件都可以满足，但是其他人并不像中国有最低保障。尽管都称为社会不公，但是不公的程度是不一样的。拉丁美洲这种情形还是很普遍的，社会的不公会造成巨大的社会差距。对我们来说特别是拉丁美洲国家而言，问题会造成一些严重的社会冲突，不同社会阶层以及社会和国家之间会产生很多冲突。

说到这里必须要提的是我们还有很长的路要走，中国和拉丁美洲之间要加强交流，这太重要了。孔子学院全球都分布了很多，孔子学院是传播汉语，你懂汉语才能加强交流，在其他国家、其他社会推广汉语也是一个很好的途径。但是今天我们面临的情况，特别是新冠疫情流行必须要更多地进行交流，不光是高等教育的交流，还有社会研究的机构或者相关的大学，这些都需要进行交流，不光是政府高层交流，还有知识分子之间的交流。还有一些和小社会分子之间的交流。新中国70多年来特别是近20年来所取得的一些成就我们可以学习。还有一个很重要的，我们需要分析拉丁美洲的情况特别是秘鲁的情况。两性平等的问题，我们公共政策制定有相应的规定，福祉也是很重要的。中国这方面取得了很大的成就，两性入学比例是一样的，这点做得非常不错，并没有歧视性，也没有看到对女性特别照顾。不光有很多女性已经完成了基本教育，也有很多完成了高等教育。既然受了好的教育，这些女性也能够为整个社会作出她们的贡献，这对整个社会的发展也是很重要的。拉丁美洲完全不一样，两性平等发展我们还是不及格的，需要予以关注。我们有很多动力去推动两性平等，保证对于男孩女孩是一样的，我们还有很多路要走。我们必须要推动政治上的参与，特别是女性高级职位的获取。中国情况不一样，这个方面已经取得了很大的成就。

中国在各个社会发展层面取得了很好的成就。能够达到这样的成就，共产党在引导、制定政策方面有很大的效用,特别是在公务员发挥作用以及整个社会推动上,包括政策实施上都做得很好。稳定性对拉丁美洲而言是一个很大的问题,并不是我们一直有稳定的状况,无论是政治上的稳定还是公共政策的稳定我们都没有,我们也缺乏经济上的稳定。中国可以和我们进行商贸交流,但是如果要进行真正的交流,比如科技交流和公共政策的交流,如果不考虑到稳定性是不行的。我们是非常不稳定的地区,政府更替也造成我们的政策没有一致性。除了经济发展可能不太好之外,还有很多其他因素。新冠疫情对秘鲁影响很大,我们应对疫情也不太成功。疫情流行的时期如何推出公共政策,如何适应这种情况,更需要进行交流,需要找到一个非常合适我们的发展的道路,使得我们能够形成长久的机制。

最近几年由于经贸方面的促进,中文变得越来越有吸引力,孔子学院不单单在首都,在内陆地区也有。对华贸易促进了人们对语言的兴趣,人们越来越意识到语言学习的重要性。语言可以涉及国家层面的交流,如果语言能够被掌握,是可以促进两国之间交流的。

第五分论坛：共同未来与青年作为

青年是世界的希望（中国外文局副局长兼总编辑　高岸明）

围绕会议的主题，我想和大家分享三点思考。

第一，机遇总是与挑战相伴。当前，新冠疫情仍在全球蔓延，这次会议就是在克服疫情的严峻挑战下举办的。受疫情影响，百年未有之大变局加速变化，世界经济陷入衰退，社会民生遭遇重创，单边主义、保护主义、民粹主义、冷战思维与反科学、反理性的声音上升，全球产业链、供应链受到冲击。全球治理体系遭遇一系列问题与挑战，人类社会面临的治理赤字、信任赤字、发展赤字、和平赤字有增无减。实现普遍安全、促进共同发展已然任重道远。

同时我们也要看到，和平与发展仍然是时代主题，世界多极化发展的趋势没有改变。经济全球化展现出新的韧性，维护多边主义、加强沟通协作的呼声更加强烈，人类命运共同体的梦想更加清晰。我们稍后将要发布的《国际青年眼中的中国与世界》调查报告显示，多数青年受访者认可构建人类命运共同体的积极意义。世界正处在一个新的十字路口，既充满挑战也充满希望，实践证明最大的机遇往往来自对挑战的破解。青年是世界的希望，在危与机并存、化危为机的过程中既要立足当前，更要放眼长远，通过准确识辨，理性应变，主动求变，善于从眼前的危机与困难中捕捉和创造机遇，摒弃偏见，凝聚共识，建设互信，促进团结，推进人类实现普惠包容，可持续的发展。

第二，青春总是与梦想相伴。青年代表朝气，青春充满梦想。中国有句俗话叫长江后浪推前浪，一代更比一代强。这既是自然规律，也是历史规律，形象地说明了青年所肩负的时代重任。今年1月道琼斯旗下新闻网站市场观察和美国劳动力统计研究咨询机构代际动力学中心联合发布的研究报告认为，62%的Z世代相信他们这一代将为世界带来积极变化，他们有能力推动和创造世界变革，愿意为此表达自己的声音。

青年兴则世界兴，青年强则世界强，青年进步则世界进步。近年来，习近平主席始终关爱全球青年，多次真诚邀约各国青年携手推动人类命运共同体建设。但构建人类命运共同体不是敲锣打鼓就能实现的,需要一代又一代人接续奋斗。青年既是追梦者,也是圆梦人。追梦需要激情和理想,圆梦需要奋斗与实践。梦想是青春亮丽的底色,青春则是用来奋斗而实现梦想的。有了青春信仰,我们的精神天空才更为辽阔,有了青春的追求,我们的时代画卷才更为绚烂。有了青春的志向,我们的奋斗坐标才更为高远。

第三,成长总是同互鉴相伴。我们的世界是多姿多彩的,正如七彩阳光。不同民族、不同文明、不同国家各有所长,各具特色,交流互鉴会让我们更有力量。我们的调查数据显示,六成左右青年受访者认可文明交流互鉴在全球治理、国家发展和个人成长层面的积极意义。一想到青年,我们总会与开放、包容、活力、创新等词语关联。青年有自己看世界、看未来的角度,不容易受到意识形态偏见、有色眼镜等因素的干扰,这是青年独特的优势。而且每一代青年都有自己的际遇和机缘,当今青年的成长恰逢人类不同文明、不同文化间的交流互鉴更加广泛深入、更加平等开放,这是时代赋予当代青年的重要契机。我相信全球范围内的青年交流互鉴能够战胜文明差异的挑战,消除不同文明之间的隔阂与障碍,同时增进相互了解,推动互利合作。

在文明、文化的交流互鉴中存在差异并不可怕。可怕的是封闭、傲慢、偏见和仇视,可怕的是把人类文明分成三六九等,可怕的是把自己的历史文化、社会制度、意识形态强加于人。我们需要坚守和平、发展、公平、正义、民主、自由的全人类共同价值,取长补短,求同存异,共同进步。

为此,我们需要找到具体的抓手,通过各种线上线下的形式,借助双边、多边渠道,利用学习工作的场合开展更多的资源互换,信息交流,知识共享,观点互鉴。我们可以在文化交流、科技创新、公共卫生、气候变化、生物多样性、可持续发展、社会公平与正义等全球性议题上开展合作调查和研究,提出更多的青年方案和思路,为构建人类命运共同体贡献青春和力量。

各位青年朋友,中国开启新时代的发展为世界提供了新机遇,为国际青年朋友更好地了解中国、认识中国提供了新契机。中国外文局是一个拥有70多年历史的老机构,也是汇聚了上千青年英才的新团队,我们致力于架起沟通当代中国与世界的桥梁。目前我们正在按照习近平主席给青年的回信精神,积极拓展国际青年交流合作机制,深耕厚植国际青年朋友圈,加强国际青年社区网络建设,搭建可持续且具有影响力的国际青年对话平台,我们真诚欢迎各国青年积极参与,献计献策。

《国际青年眼中的中国与世界》报告发布(中国外文局当代中国与世界研究院副院长 孙 明)

在新冠疫情影响全球整个发展走势的背景下,为了更好地了解当代国际青年眼中的中国与世界,我们首次聚焦青年群体,开展了调查研究。这个调查研究整个数据来源于全球 21 个国家的 4 130 个调查样本,受众涵盖 18—35 岁的青年群体。其实从年龄上来划分就是我们通常所说的"85 后",通过这样一些一手数据的梳理,我们得出了 10 个重要的发现。

一是国际青年特别是发展中国家青年对中国普遍抱有好感。在这里面通过数据的呈现大家可以看到发展中国家青年受访者比例明显高于发达国家青年群体。由于各国的国情、社会环境、经济发展水平、媒介的生态环境等存在不同的差异,各国青年群体呈现出不同的特性特质,但在一个国家内部的横向对比,青年群体的好感度要高于其他的群体。我们又在不同的国家之间进行横向的比较,发现发展中国家的青年群体普遍对中国印象比较好而且他们的期待也更高。

二是国际青年非常认可中国在国际事务方面的影响力。通过数据的呈现我们可以看出,科技、经济和文化是国际青年最为认可的三个领域。这与国际舆论中关注中国的三大领域是高度一致的,由此可见在推动变革和国际治理的过程中青年群体相比其他群体整体上还是有着非常高度的一致性。这些高度的一致性和契合度有可能在接下来的发展过程中成为左右历史进程的一个非常重要的影响因素。

三是最为认可中国是全球发展的贡献者。这个是看作国际青年眼中的中国画像。在众多的画像当中中国贡献和东方大国是选择率较高的两个选项,分别代表了中国在国际青年眼中的价值身份和坐标身份,这样一种认知选择也符合所处时代特征会影响认知判断这样一个特点。也就是说进入 21 世纪以来,中国整个发展包括我们积极参与国际事务所取得的成效还是得到了国际青年认可的。

四是普遍认为中国民众勤劳敬业。与上一个结论相比,这个可以认为是国际青年眼中中国国民的形象。国际青年对中国国民印象是正向的,也印证了幸福和成就都是通过奋斗来实现的。大家通过数据可以看到集体主义是疫情背景下的高频词,也是国际青年印象中比较深刻的中国国民形象。就是在昨天的大会上有嘉宾说到中国民众的爱国主义和民族自豪感正在变得更加强烈,这一点我们在疫情这个背景下也是有明显的感觉。包括前一段时间美国外交政策双周刊也说到,当下中国民众正在成为改革开放以来更爱国的一代人。这个应该跟我们所处的时代背景也是高度契合。

五是高度认可中国抗疫成就。我们可以看到青年受访者普遍对中国抗疫的成就表示认可。发展中国家青年对中国抗疫成效有高度评价。

六是普遍认识到构建人类命运共同体的重要意义。在个人、国家和全球治理三个层面都有半数左右的青年受访者认可构建人类命运共同体这个积极的意义。

七是普遍认可文明交流互鉴的积极意义。六成左右的青年受访者认可文明交流互鉴在全球治理、国家和个人层面的积极意义。

八是认为中国经济对全球经济至关重要。这个应该也是从整个国际舆论大的层面感受到的。青年受访者认为中国经济发展推动了全球经济发展的超过了半数。也有半数的受访者认为他们自己的国家从中国经济发展中获得了利益。

九是国际青年普遍支持本国与中国强化外交关系。青年受访者还是非常看重本国和中国的外交关系,认为双方的外交关系对于青年,对于地区,包括对于全球的发展还是具有非常重要的意义。

十是国际青年具有较高的来华意愿。国际青年最熟悉的中国城市是北京、香港、上海,接下来是武汉、广州、澳门、深圳、天津等。中国有句俗话"百闻不如一见",所以说我们通过国际青年的调查也能够看出,大家还是希望通过这种面对面的交流来感受彼此。

以上是我们课题组通过调研得出的十个重要的结论,接下来报告的详细内容大家可关注我院的公众号,相关的内容会陆续进行全文对外发布。

创造共同的未来(清华大学"一带一路"研究院研究员　明　竺)

高局长为今天的讨论定了一个非常好的基调。今天我们是要进一步明晰青年是我们的未来,但是我们要更看重当下。在我们谈到青年人的时候,我们首先了解一下这个具体的数据。我们来看上合组织这个区域内的国家,青年人口数量差不多达到了16亿。我们刚才讲到习近平主席的回信,我们在回信中看到了"一个共同的未来"的愿景。作为一个全球的群体,我们要共同繁荣。我们有着共同的未来,这一点在中国已经非常的明确了。今天在中国有很多的国际人士,我们交流互鉴,从中都获得了很大的益处。

其次,刚刚高局长也提到了,在上合组织框架内,既有多边又有双边的益处。上合组织是一个非常重要的机制,它所提倡的"上海精神",启示我们要改变我们的模式,采取新思路。我们不要去做负面的事情,我们要创造更多的机会,这也是"上海精神"的精髓所在。上合组织也关注青年。我自己就是来自这样一个国家,近年来我的国家也面临挑战。比如说经济的差距,所有这一切在青年中实际上也产生了很大影响。我们希望,如果我们能够积极地让青年参与到我们的讨论中,很多事情都可以避免。比如说,他们也可以带来变化,带来变革。我自己就很想作出一些贡献。当然我也非常幸运,我感受到了这样一些变化,我也能够分享我的经验,即我们一直在讲的共享的未来。我们要让每一个青年人都能做出改变。

我昨天在全体会议上也提到,我会简单回顾一下全球青年领袖看中国的项目。我们有220多位外国人士。我们有这样的一个项目,大概在每个地方待了5天,进一步了解中国。比如说到中国的减贫成就,我们询问当地人的感受,他们是怎样在个体层面获得成功的。我们还去参观了很多博物馆。我们想说的是,我们参与了几次这样的旅行,了解了相关的历史,所有的行程给我们这些外籍人士一个全方位了解中国历史的机会。我们在说到8亿人减贫这样一个巨大成就的时候,我们简直不敢相信这么大的一个数字。这让我们由衷赞叹,中国人应该为这样的一个减贫成就感到自豪,这就是我们的一些体验。我们来自十五六个不同国家,在那一个时刻,看到当地人的喜悦,而我们也希望自己的国家和地区能够有这样的能力进行减贫。这需要大量时间和投资来解决这个问题,这是非常需要技术创新才能取得的成就。

我还知道设计,或者说,策划这样的一个活动并具体实施,需要多大的精力和时间。如果我们这些来自不同国家、不同大洲的人,也能够作出自己的贡献,也能够分享一些我们的视角,那是更好。昨天我就讲到了,我们也很愿意待在这儿,我们也很想作出一些贡献。所以我们收到习总书记的回信,受到极大鼓舞。我也希望全世界的人都了解到这一点,中国如此的重要,而且中国对于未来是重要的。

另外,中国-巴基斯坦经济走廊也是非常重要的。从巴基斯坦到中亚,我们也希望能够很好地抓住这样一个宝贵的机会,能够把这样的一个益处推广到更大的领域。中国-巴基斯坦经济走廊带来了一系列投资和技术转移的活动,这就是"一带一路"倡议的影响。我觉得我们完全可以从以前的零和博弈中走出来,给巴基斯坦人和中国人创造更多的机会,其中包括一些来自小村子的人,特别是青年女性。我看到了这些小地方来的人,其中有不少来自巴基斯坦,和其他国家的代表一起坐在会议室里,交流各自的看法、分享各自的经验,有很多巴基斯坦学者也发表了意见,这就是一个文明交流互鉴的绝佳案例。

最后也是最重要的一点是,我们在很多上合组织的青年项目上都通力合作,比如我个人就工作了 5 年。虽然很多项目是线上的,但仍然给我们带来了很多机会,比如说有不同国家的青年在一起,创造出一些非常有创意的项目。

重塑中国人的世界大同梦(中国人民大学重阳金融研究院执行院长 王 文)

"人类命运共同体"这个词虽然是新的,但思想是非常古老的思想。中国 2 000 多年前就有了世界大同的理想,西周最早的文献记载就有了天下大同。后来春秋战国的时候在孟子的书里也讲到"穷者独善其身,达者兼济天下"。北宋的时候,张载也提出了一个张载式的命题,就是"为天地立心,为生民立命,为往圣继绝学,为万世开太平",这也是奠定了当时宋代、明代礼学的一个核心的话题。到了近代以后,中国人也一直在讲所谓世界大同,比如说清末康有为、梁启超、李大钊,等等。实际上过去的 2 000 年,中国对天下的想象和对世界的未来发展一直都有非常重要和深刻的思考,只是到了近现代以后这些思考往往被西方的思想掩盖了。

我们回过头来再看西方对于世界大同的看法。十几年前我就曾经翻译过一本书叫《世界治理——一种观念式的研究》。讲世界治理的过程中,西方人也是 500 多年来一直在考虑世界的未来应该怎么样。比如说但丁中世纪时候就写过《论世界帝国》,这本书里面讲述了未来该怎么样,在地中海地区就有一个统一的国家。后来像莱布尼茨、康德、黑格尔,西方几乎所有顶级的哲学家都曾经对世界治理各种模式和观念出现过一些构想。

20世纪初的时候西方就提出了更加具体的想象,就是最早的"国际联盟",可惜很快就失败了。在国际联盟的基础上,出现了联合国的架构。2008年随着东方的崛起,又设想了一个G20的机制。从这个角度上来讲全球治理的理念,两三千年来人类历史一直在很努力地为未来的构想作出我们自己的思想贡献。

在这些基础上,我们可以认为人类命运共同体就是古今中外人类思想的一个结晶。人类命运共同体融合了中国古代两三千年的思想,同时也是对500多年来西方思想的总结,对他们教训经验的吸取。我一直认为人类命运共同体不是突然间冒出来的,实际上是人类历史、人类思想发展史过程中非常重要的一个阶段。有舆论认为人类命运共同体是不是太空太远了,其实不是这样的。就像2013年中国提出"一带一路"构想的时候,差不多半年左右在中国的学术界竟然一篇学术论文都没有,第一篇学术论文是在"一带一路"构想提出来8个月以后才出现。可见我们学术界的很多研究是滞后的。差不多一年半左右才有了第一本"一带一路"的学术专著。从这个角度来讲人类命运共同体同样是这样,从年轻人的研究和学术界的研究来讲,我觉得是稍稍滞后于决策者战略的构想。

我最后的结论大概是四点:第一点,要对未来人类命运共同体的实现有很大的信心。第二点,这些理念还需要更多的在细节方面的讲述。今天在座有很多著名的新生代学者,能够在很多报刊讲述来自中国的想法。今天在座的很多来自国外的朋友们,其实我们从中国的角度来讲也期待着你们能够在各自的国家里面发挥着更大的作用,讲述好你们在中国的经历。第三点,中国现在的研究恐怕还应该有更多的人文关怀和世界关怀。我觉得我们要反思,在人类共同的话题上,我们研究得较少。我现在在研究碳中和和气候变化,我主业是做宏观政策和宏观金融研究的,我自己也做绿色金融研究。我到中国知网、期刊网里面寻找过去人们研究碳中和学术论文的时候发现,在2020年以前关于碳中和学术论文才100篇左右,人文社会学者很少知道什么叫碳中和。我们会研究中国应对气候变化的政策,但世界怎么样?应更多的研究世界的共同话题。第四点,解构原有的社会科学的理念。这些理念有很多它自己时代的意义,也有时代的局限性。通常讲的民主、法治这些理念,它背后所采用的事例都是源于西方自己的实践,如果摆脱西方自己的实践,摆脱西方中心论的想法,你会发现那些理念很多存在错误。民主这个说法本身就不应该翻译成中国的民主概念,翻译成多数票决制可能会更加确切一点。现在百年未有之大变局的青年一代,应该更多地跳出过去思想的窠臼和思想的陷阱,寻找新的视野下出现的思想的创新。

中国与拉美及加勒比地区:共治未来与"一带一路"倡议(委内瑞拉中国问题研究中心主任　艾马拉)

今天"一带一路"倡议是拉美和世界共治的最重要实践经验。2021年5月17日是拉丁美洲加入"一带一路"倡议的四周年。2017年5月17日,习近平主席指出拉丁美洲是21世纪海上丝绸之路的自然延伸。自2017年以来,拉丁美洲被纳入"一带一路"倡议,19个拉美国家加入"一带一路"倡议,3个拉美国家加入"一带一路"能源合作网,6个拉美国家加入亚洲基础设施投资银行。2017—2019年,中国与拉美进出口总额增长了22.83%,中国向拉美出口总额增长了29.6%,中国对拉美投资增长了13%,中国对拉美承包工程完成营业额(万美元)降低了10%,中国对拉美劳务合作年末在外人员降低了40%,中国赴拉美入境游客增长了16%。

中拉友好论坛是一个非常好的例证,它进一步加强了中国和拉丁美洲之间一直存在的良好合作关系,尤其是基于"一带一路"倡议,双方携手共同致力于打造一个人类命运共同体。而"一带一路"倡议已经从中国向世界提出了,从一个遥远的倡议变成了19个拉丁美洲国家加入的现实。他们也正在积极地响应,并且积极的参与这项倡议的方方面面。

做有时代担待的青年,共建人类命运共同体(西南科技大学拉美研究中心副主任　陈　才)

当今世界处于百年未有之大变局,全人类既面临着快速发展的机遇,同时也面临着前所未有的挑战与危机。在这样的局面下,国际社会迫切需要凝结共识,放弃敌意,摒弃偏见,做大共同利益,减少误会摩擦。2012年11月中共十八大明确提出了倡导人类命运共同体的意识,9年以来中国用实际行动证明人类命运共同体的理念是改善全球治理、推动全球发展和促进世界人民团结的正确价值观。青年人是整个社会力量中最积极,最有生气的,青年人是人类的未来和希望,为了帮助世界青年树立起正确的价值观念,为国际治理的未来奠定良好的基础,国际社会应大力倡导人类命运共同体意识,让人类命运共同体理念在青年人群中深入人心。青年人应该在以下方面做出努力:

第一,保护地球家园,建设可持续发展的命运共同体。随着现代经济的快速发展和消费主义观念的盛行,人类对自然资源的获取越来越多,同时在生产过程中排放的废气和废水越来越多,全球气候变暖和动物灭绝成了人类必须要解决的迫在眉睫的严峻问题。此外,当下全球还面临着新冠疫情大流行的局面,人类的健康和发展受到了疫情的挑战。正如习近平主席所言,人与自然共存,伤害自然最终将伤及人类。空气、水、土壤、蓝天等自然资源用之不竭,失之难续。工业化造就了前所未有的物质财富,也产生了难以弥补的生态创伤。我们不能吃祖宗饭,断子孙路,用破坏性的方式搞发展。"绿水青山就是金山银山",我们应当遵循天人合一、道法自然的理念寻求永续的发展之路。为此世界各国青年,应当充分了解人类命运共同体理念中有关环境保护的内容,在生活中树立正确的消费观念,摒弃消费主义带来的迷惑和侵袭,杜绝过度消费和不良浪费。此外,我们还应当积极学习掌握有关环境保护和生态保护方面的知识,为未来的生态环境保护事业作出贡献。在全球抗疫的过程中,青年群体应勠力同心,力所能及地开展线上线下的抗疫物资征集捐赠活动。与此同时应在国际场合自觉远离和抵制将病毒溯源和抗疫政治化的言行,避免这种消极有害的言行危害全球的抗疫合作。

第二,应该支持多边主义,构建平等和谐的命运共同体。近年来单边主义和本国优先的潮流在国际舞台上甚嚣尘上。这种潮流是与人类的精诚合作和历史大趋势是相对立的。青年人正处于人生观、事业观、价值观形成的关键时期。为树立正确的观念,世界各国青年应意识到上述思潮的危害,同时积极在人类命运共同体中汲取营养。各国青年要摒弃冷战思维、单边主义、霸权主义、民粹主义等有害思想,更好地携起手来,凝聚力量,共建世界美好未来。习近平主席指出世界上有 200 多个国家和地区,2 500 多个民族,多种宗教,不同历史和国情,不同民族和习俗,孕育了不同的文明,使世界更加丰富多彩。文明没有高下优劣之分,只有地域之别,文明差异不应该成为世界冲突的根源,而应该成为人类文明进步的动力。不同文明的国家应当友好相处,积极交流互鉴。正如习近平主席所说的那样,每种文明都有其独特的魅力和深厚的底蕴,都是人类的精神瑰宝。不同文明要取长补短,共同进步,让文明交流互鉴成为推动人类进步的通例,维护世界和平的纽带。

第三,告别贫困,创建利益共享的命运共同体。近10年来国际金融运营不善,加之新冠疫情全球大流行的影响,世界经济受到严峻的挑战。原本存在于不同国家、不同阶层、不同行业之间的经济不平等被进一步放大,一些国家为了缓解疫情大力发行货币,增加了全球通货膨胀的风险。在这种复杂的局面下,中国严防疫情取得了初步的成功,国内生产生活稳定有序,近年来中国的脱贫攻坚也取得了耀眼的成就。习近平主席指出发展是第一要务,适用于各国。各国要同舟共济,特别是主要经济体要加强宏观政策协调,兼顾当前和长远,着力解决深层次问题。要抓住新一轮科技革命和产业变革的历史性机遇,转变经济发展方式,坚持创新驱动,进一步发展社会生产力,释放社会创造力。要维护世界和平规则,支持开放、透明、包容、非歧视性的多变贸易体制,构建开放型世界经济。世界各国青年应当树立起互联互通的发展理念,一方面坚持创新向导,用青年人特有的活跃思维和创新能力的特点,为世界经济发展添砖加瓦;另一方面应当胸怀世界,目光长远,摒弃坐井观天、赢家通吃的旧有发展模式,树立起互通有无、合作共赢、互惠互利的命运共同体的观念。

各国青年应当意识到经济全球化是人类历史发展的必然趋势,在金融危机和全球大疫情流行尚未取得全面控制的当下,引导经济全球化健康发展依然成为重要的议题。世界各国青年应当认识到开放、包容、普惠、平衡、共赢是经济全球化的主旋律,坚决反对贸易保护主义及利用科技优势行霸权主义的有害行为。在时代浪潮面前,青年人应当争做时代的弄潮儿,积极响应人类命运共同体倡导的价值观念,以实际行动让全人类的未来变得更加美好。

"一带一路"倡议:后疫情时代拉丁美洲及加勒比地区的机遇
(常州大学拉丁美洲研究中心研究员 斯蒂文)

2016年是中拉文化交流年,2018年中国与拉美及加勒比地区贸易总额达到3 074亿美元,同比增长19.2%,2019年中拉贸易总额再创新高,达3 173.7亿美元。随着中拉经贸与投资合作迅速发展,目前中国已成为拉美第二大贸易伙伴国,拉美成为仅次于亚洲的中国海外投资第二大目的地。

中国是多个拉美国家的第一大贸易伙伴或重要贸易伙伴,有2 000多家中国企业在拉美设有办事处,而且创造了超过180万个就业岗位。中国也是非常重要的资金来源国,此外还提供了很多的基础设施建设,现在已经有19个国家签署了"一带一路"备忘录。中拉之间的文化差异和互不了解也有可能成为双边关系发展的障碍之一,在新冠疫情带来的新经济和社会形势下,学术机构、政府、企业都需要做出更大的努力,而民间社会需要这些机构帮助来应对失业和中小微企业的倒闭问题。比如说我们看到19%的企业实际上都是非常困难的。加强相互的了解和认知,对于促进双方之间的文化和经济交流十分重要,有利于促进双方社会部门之间的充分协作,从而提高双方人民的生活质量。

人文交流是加强彼此了解的核心支柱,推动人文交流可以从企业间、政府间、媒体间、高校学术组织间、旅游部门间着手。这些部门来自不同的文化背景,能够体现文化的多样性。我们知道跨文化领导力是推动多样性的前提,可以促进一个工作团队中来自不同文化的个体之间的协同,从而实现和谐共处。为此组织领导者首先应该具备这种跨文化的竞争力,这是个体开展有效跨文化交流活动必备的能力。跨文化交流指的是来自不同文化背景人们之间的互动,是不同文化之间的交流、谈判和协商。跨文化竞争力的关键要素,第一是跨文化素养,指的是跨文化有关的知识和基本技能;第二是以对话、伦理、宗教、公民意识为中心的责任感;第三是个体发声语言或行为上的文化转变;第四是语义的理解力。

跨文化竞争力有利于理解其他文化中的世界观,只有这样才可以实现有效的跨文化交流。在讲到"一带一路"倡议的时候,我们需要强调这种文化协同。这是多元文化的组织与文化协同的模式,我们有知识、认知、跨文化竞争力、跨文化领导力、冲突解决的能力,最后达到文化协同这点是非常重要的。

那么"一带一路"倡议在拉美的挑战,我们从跨文化的角度来讨论。第一,教育机构应联合推动以彼此为对象的研究工作,培养适应全球化和多元文化的人才,在大学阶段设置相关专业,建立领导力跨文化融合双学位的研究生的培养方案;第二,以知识为基础,开展交流活动;第三,推动技术创新;第四,推动各国之间的交流规范,推动双边的互相了解。

这就是"一带一路"跨文化领导力中的五个方面:政策沟通、设施联通、贸易畅通、资金融通、民心相通。在"一带一路"倡议中,人员交流是最重要的一个环节,我们要具备这种跨文化沟通的能力。另外我们还想讲一下拉丁美洲的卫生丝绸之路。中国向拉美多个国家医疗援助,促进了中拉专家之间的知识交流,双方也建立了重要的协作关系。我们知道拉美地区缺乏对基础设施的投资,会有一系列负面的外部效应,生产力低下,收入不平等,以及难以获得优质医疗服务等问题。和中国合作尤其是医疗机构的合作,我们得到了更多的基础设施以及医疗服务,我们也希望进一步促进这方面的合作。中拉双方支持构建多边体系,我们的医疗丝绸之路为中国提高了在区域和全球卫生治理中的影响力。

最后我们想说,新冠疫情对于实施"一带一路"倡议确实带来了一些挑战。我们知道中国和拉美与加勒比地区的合作依然非常成功,我们希望能够共同应对新冠疫情带来的挑战。

人类命运共同体的世界历史价值与实践路径(北京第二外国语学院中国"一带一路"战略研究院执行院长　梁昊光)

这个题目就是我在2017年参加"一带一路"共同合作会议的时候的个人思考。从今天的主办方定的议题来看,这个议题特别契合。就像刚才各位青年同行们介绍的一样,"一带一路"带宽路长,从亚、欧、非、拉美等取得了很多的共识。我也想就我关心关注的这些问题跟大家作一个分享。

第一是趋势。今年正好是"一带一路"的八周年,上个月《中国日报》在采访我的时候,我对"一带一路"八周年的成绩做了一个总结,归纳出三个结论。我认为第一个成果是"一带一路"搭建了一个成功的国际合作平台,为全球的治理作出了重要贡献。第二个成果是"一带一路"互联互通为全球的产业链、供应链的稳定作出了重要的贡献。第三个成果是"一带一路"对外贸易投资、人民币国际化、数字丝绸之路、健康丝绸之路等,为未来的发展提供了广阔的机遇。

我们看到2021年已经有140个国家和31个国际组织跟中国签订了"一带一路"合作备忘录,或者发表了联合声明。举办的这些会议,达成的共识,签署的多边协议,重大项目的落地等,为全球的发展提供了巨大的机会。刚才也有青年朋友们提到,中国"一带一路"的投资项目并没有因为疫情而停止。"一带一路"具体实施的推动,为全球的复苏、复产、复工等打下了坚实的基础,作出了重要的贡献。

第二是建立命运共同体的必然性。我认为资本主义发展已经陷入了卡夫丁峡谷,这是未来人类社会长期存在的基本世情。在习近平主席提出命运共同体之后,所构建的双边命运共同体、多边命运共同体、区域命运共同体、人类命运共同体以多层联动、循序推进的方式为发展路径。在这个过程中中国无疑是构建人类命运共同体的先导者、引领者的核心力量。

第三是命运共同体发展新范式。这个发展的范式一是相互尊重、平等协商为主导的政治范式;二是对话谈判、求同存异为主导的安全范式;三是合作互补、开放共赢的经济范式,以及互学互鉴、多样共存为主导的文化范式。这种创新对解决当下三大赤字问题提供了一个很好的解决方案。

第四是命运共同体发展新理念。这种理念是新时期中国国际主义发展的根本理论指导,也是重塑世界秩序、促进世界和平发展根本路径的指引,更是在新形势下,中国在扩大对外开放、深化对外工作根本原则上的遵循。同时我们看到在人类命运共同体的指导下,更细的层面,包括中非命运共同体、中拉命运共同体、亚洲命运共同体、中巴命运共同体、中老命运共同体、中阿命运共同体被相继提出,人类命运共同体从理念层面转向具体实践阶段,这样构建人类命运共同体的过程不仅仅是实现中国自身复兴梦的过程,也是人类走向最终自由解放的重要历史过程。

但是我们也看到,构建人类命运共同体肯定不是一朝一夕的事,我们根据这种发展的趋势来判断,我认为在未来30年,是中华民族伟大复兴的关键时期,也是构建人类命运共同体的关键时期。中国梦的实现离不开和平的国际环境和稳定的国际秩序,所以我们说如何创造和构建和平的国际环境和稳定的国际秩序,这是中国梦面临的重大历史课题。人类命运共同体为这个问题解决提供了创造性的思路和方案。这个方案的价值取向就超越了狭隘的意识形态偏见和争论,包容促进资本主义和社会主义的共同发展,实现了多重世界历史价值,为当前全球危机和治理困境指明重要的出路和方向。

刚才主持人介绍我是研究发展经济学的,主要研究农业工业化和农村城市化问题。从这个角度来看,人类命运共同体也回答了在世界资本主义陷入卡夫丁峡各状态下怎么推进人类解放自由进程的重大历史问题。当前国际体系的变革提供了遵循指导和原则,一定是世界各国共同努力和推动的方向,所以在我们青年人当中应该牢固的树立以相互尊重、平等协商为主导的政治范式,以对话谈判、求同存异为主导的安全范式,以合作互补、开放共赢为主导的经济范式,以互学互鉴、多样共存为主导的文化范式。

中外人文交流的青年角色（教育部北京大学中外人文交流研究基地执行主任、北京大学国际关系学院长聘教授　王　栋）

可能很多外国朋友都听说过中国现在有一个百年未有之大变局的这样一个提法。分析百年未有之大变局，我们可从如下三个方面来思考：是国际格局大国力量对比；国际秩序权利分配；中国同世界主要国家之间的关系。

从国际格局的角度来讲，新冠疫情的发生实际上缩小了中美之间相对的差距。从全球战略角度来看，现在确实出现了一个中美战略竞争的尖锐性、复杂性、长期性这样的特征。全球的战略关系实际上也出现了新的分化和组合。另外还有一个非常重要的就是区域化发展的动力机制出现了新的变化，近年来大国竞争、战略竞争主导下的技术标准、贸易规则、产业竞争开始上升成为推动区域合作的一个主导性的力量。

我认为全球化并没有终止，相反进入到了新阶段，这个阶段可以叫作"再全球化"。作为世界上第二大经济体，最大的贸易国，也是全球经济增长的最大贡献者，我认为中国已经逐渐成为引领再全球化进程的一个非常重要的力量。这个中间最重要的标志之一，是习近平主席2017年1月参加世界经济论坛达沃斯年会发表主题演讲，发出了坚决捍卫经济全球化，在全球引起热烈的反响，这被视为是中国开始引领经济全球化进程一个非常重要的标志。

我给"再全球化"下的定义是，以中国为代表的新兴国家对全球化进程的改革以及这种改革所产生的模式升级和扩容效应。有人可能会问，新冠疫情是不是把再全球化进程都给打断了。我认为并没有。主要的原因有两个：一个因为经济规律本身并没有被根本的逆转；二是最重要的原因是技术的发展，实际上新技术的发展推动了这一轮的再全球化进程，疫情之后实际上出现一个加速发展的趋势。

再全球化进程有很重要的特征：第一，不是赢者通吃，而是行为体各个国家各方共同的塑造和制定规则；第二，是对原来旧有体系的升级和扩容。第三，是包容、共享、协商、普惠和均衡的全球化进程。

第二部分我简要汇报公共外交和人文交流的讨论。公共外交是由美国教授古利恩（Gullion）在1965年提出来，这些年引入到中国学术界，逐渐进入到我们政策的话语当中。2012年,人文外交和公共外交被写入十八大报告。2016年"十三五"规划纲要中则提出了三大支柱这样的一个概念,即战略互信、经贸合作、人文交流。2017年10月,人文交流第一次被正式写入到十九大报告当中。由此可见,公共外交概念确实比人文交流要早,但是人文交流的概念更具有中国特色。

人文交流强调以人为本,双向甚至多向的互动,具有内容上的人文性,方式上的灵活性,以及在地上的广泛性。如果从概念范畴的划分上来讲,中间核心的圆可以视为是公共外交的概念,再往外就是人文外交,最外面的圈是人文交流。中外人文交流是中国整体外交非常重要的组成部分,也是提高中国对外开放水平的重要途径。人文交流是中国对外战略三大支柱之一,这是习近平主席强调的政治互信的一个主要的内容,也是习近平主席外交思想非常重要的核心内涵之一,加强和改进人文交流工作,也是推动构建人类命运共同体的最核心的内容之一。

我们可以从六个方面来思考如何推进人文交流工作。一是中心下沉,贴近民众,探索新的交流形式和合作领域。二是走出去和引进来双向发力,打造人文交流国际知名品牌。三是全世界参与鼓励专业化、国际化的社会力量,参与人文交流。四是开辟多种城市语言文化交流渠道。五是做大做强互联网＋人文交流。六是深化我国与有关国际组织机构的合作与交流。现在人文交流有所谓的十大机制,覆盖十个国家和组织,还有欧盟。实际上是呈现一个覆盖全球的格局。

最后简要汇报一下我自己主持的北京大学中外人文交流研究基地。我们的理念是沟通人文,理解世界,简称CU。我们有一个高水平学术委员会,汇聚了国内各个领域顶尖的学者。我们也承办了很多高端论坛及国际会议。2016年6月,我们和斯坦福大学合作举办了中美首届中国大学智库论坛。2020年6月,我们和《环球时报》及卡特中心举办了第五届中美青年学者论坛,今年刚刚举办了第六届。我们基地现在也是北大唯一由教育部设立的人文交流的综合型的智库,我们的目标希望是能够做到"人文五度":沟通的温度,人文的厚度,战略的高度,思想的深度,影响的广度。特别希望能和各位朋友,特别是外国的朋友进一步加强人文之间的交流,促进大家的理解和沟通。

"阳光朋克"与中国绿色新政（重庆外国语学校教师、《凯哥日记》作者 王　凯）

我来自重庆，重庆对我来说是一个非常具有灵感的城市，尤其是在疫情发生之后，我们在中国待的时间会更长。现在我来到了上海，上海和重庆一样给了我非常大的安全感和舒适感，非常幸运我能见证中国的发展。

我想分享一段影文："如果你觉得太热了那就种棵树，如果你觉得水太多了也可以种棵树，反正你觉得生活上任何不美好、不舒服的地方都可以种树来解决。"我的工作就是要给大家介绍什么叫作"阳光朋克"。这是一个艺术的运动，它为大家展望了未来可能会呈现的图景。我们平常经常说的碳中和、碳达峰，或者绿色世界的打造，目的都是让我们生活在更加绿色的环境当中。

我在重庆做老师，在这边我成了家，也感受到了中国人民给予我的热情。应该说重庆是中国西南部一个非常具有阳光朋克气质的城市，包括当地的一些文化、艺术、传统、习俗等都从每一个方面向我们提出了所谓的阳光性和可持续发展的理念。20世纪80年代以来，重庆的森林覆盖率从12%增长到了23%，为全国绿化率的增加作出了非常重要的贡献。

我一直致力于介绍有关中国年轻人在绿色新政，以及在绿色世界打造当中所作的贡献和表率。2018年我们举办了重要的文化交流活动，新冠疫情发生之后我们也把我们发言的重点聚焦在一个生态体系如何进行优化和改造。我们在全世界的绿色新政的研究方面有几个分区，每个区都会让大家在生物保护以及在环境保护等方面有新的认识。在家庭抚养、子女养育，以及在城市建设、城市管理和治理等方面重庆一直走在前列，大家可以看见重庆虽然具有非常高的人口密度，但是当地人民生活的指数尤其是幸福指数非常高。

我们觉得现在所付出的一切即使多么的揪心，或者即使多么的代价高昂，但是最终都会为我们人类带来非常好的结果。我们可以看到离武汉差不多只有800公里之遥的城市，采取了各自的政策和措施，在短短的几个月当中就控制住了疫情，包括重庆等在内的一些地方和很多其他的城市和地区一样都在抗疫当中做了非常好的表率。很多外国人来到中国以后虽然没有对疫情有足够的重视，但是在中国人民的带动下也开始加入到了这样的一个行动当中。疫情使我意识到这是一个人类共存的微观的生命体,我们必须要在这个微观的生命体当中进行互相交流,同时要荣辱共享。

美国、加拿大等很多国家在2016年之后都做出各种的承诺,但是他们都无法实现或者兑现对《京都议定书》的承诺,当时中国正在制定未来的环保政策,尤其是在"十四五"规划编制的早期就已经把环保的意识体现当中。中国是最大的发展中国家,而且二氧化碳的排放量是世界的28%。但是如果你把美、日、欧等在内的发达国家占到的权重跟中国来比较的话,可能远远超过中国排放的总量,但是他们没有在这方面肩负起应有的责任。

另外一方面,我们又是世界上最大的核能、太阳能、水电能等一些清洁可再生能源的生产国。我们可以发现中国所做的一切,在中国也能实现很好的绿化的覆盖,中国之前也举办了一次防止荒漠化的论坛,吸引了很多人的参与。我们要进一步的改革,并且要拯救我们的生态系统。我们要利用好现在的资源以便打造更好的未来,我们也需要改变我们生产提供能源的方法,使得我们明天的星球能够成为更加宜居的地方。这些都需要很努力的工作以及前瞻性的思考,中国将来肯定能够拯救我们的气候,我觉得我们应该这么认为。现在中国在推出非常多的先进的技术,昨天我们听到了一个前总统所提出的现在有一个碳捕捉的技术,以及太阳能技术生产的设备,能够把太阳能转化为电能,而且能源的转化还可以成为微波和激光再回到这个地球。我们看到中国政府在进一步地促动能源的储能和转化,使得我们的绿色新政能够更好运作,我们希望为更大众的利益牺牲小众的享受。

21世纪的太阳能朋克的梦想一定会实现,这样的愿景能够激发我们的孩子和青年和我们通力合作。我们将来会为中国所生产的清洁能源自豪,这也会对我们的星球带来很大的改变,让我们一起为我们的孩子打造一个更好的未来。

教育对外开放背景下的中外青年交流机制建设(中国人民大学国际交流处副处长、马克思主义学院副院长　张晓萌)

我今天想探讨的主要内容是在中国对外开放领域进入了一个新时代,在交往层次更高、主动性更强、程度更深、领域更广的背景之下,我们应该怎样去加强人文交流机制。加强中外青年人文交流,助力中华文化走出去,推动人类命运共同体的建构，我想这是其中之一也是一个重要的内容。

我们现在面对的是世界百年未有之大变局，全球政治、经济格局都在发生深刻变化，也在呈现加速演进的发展趋势。我们面对的复杂性、不确定性、不稳定性正在加剧。这种情况下世界迫切需要文明对话和交流互鉴。我认为世界秩序之所以出现失衡、失范、失序，不在于文明体本身，而在于我们如何认识参与文明交流的文明主体，我们如何认识它的价值和它的意义，也就是刚刚的发言中提到的文明之间没有三六九等，也没有高下之分。文明因为多样而交流，也因为交流而互鉴，也是因为互鉴而发展。在这个过程中我们只有秉持平等和尊重，摒弃傲慢和偏见，才能在交流互鉴中取长补短，在求同存异当中共同前进。

只有这样我们才能超越文明优越论、文明冲突论这样一些话语的陷阱，才能在文明对话和互鉴中实现各美其美，美美与共。要建立一个公平、包容、可持续的地球，需要全球青年去承担一个共同的责任，共同的使命，为良好的秩序构建添砖加瓦。我们作为持续推进全球对话和多边合作的一种重要力量，应该成为应对未来全球化问题、化解矛盾分歧的一个中间的力量。我想我们应该构筑一个青年人才培养的高地，在这个过程中离不开高等院校研究机构的参与和贡献。

我想分享一下我所在的中国人民大学在开展人文交流方面，以及搭建人文交流机制方面所做的努力。这些年在探索国际交流过程中我们打造了几个联盟，一个是国际文化交流学术联盟，还有一个是世界人文社会科学高校联盟。我们联合全世界以人文社会科学见长的高校，包括伦敦政治经济学院、巴黎政治学院等，共同探索在人文交往交流过程中一个人文社会科学见长的高校应该发挥怎样的作用，在应对全球的共同挑战中我们应该怎样承担共同的责任。

我想介绍一下人大经验中的三个机制，一个是内向型的机制，一个是外向型的机制，一个是开放型的机制。内向型的机制，是我们在加强国际青年人才培养、提高青年人才的国际性与竞争力方面所做的一些努力。人民大学在2019年成立了国际组织学院，在成立以后学校就陆续推出了全球治理与国际组织人才培养计划、全球组织胜任力培养计划，等等。也希望通过这些努力让更多的中国学生能够参与到国际组织和全球治理当中来，能让更多的中国学生来了解我们现在全球面对的共同议题，来发出中国声音，贡献中国智慧。外向型的机制，是我们怎样让更多的外国青年来了解中国。这方面我们注重加强青年发展的理论研究和青年学者的知识共享来推进青年友好对话与合作。2018年的时候,学校成立了丝路学院,学院的定位是采取一个教育加智库的创新模式,也面向"一带一路"沿线国家和地区,为热爱中国文化、关注中国发展道路、研究治国理政经验的青年学生提供学习的机会和平台。第三个开放型的机制。在开放型的机制当中人民大学这几年致力于推动大学联盟的建设,也希望通过联盟之间的链接讲好中国故事,为全球的发展贡献青年的智慧和力量。

近些年我们发起成立了很多联盟,包括世界大学智库联盟,同时我们也成立了世界人文科学高校联盟。需要格外介绍的是我们成立的国际文化交流学术联盟,这也是在中国2035年要建成文化强国和中华文化走出去的战略背景之下成立的一个机构。目前,联盟在中外青年交流机制方面在做一些探索性的工作。联盟现在正在依托国内的其他成员单位,还有包括孔子学院、海外中心等,开展青年知识分享等一系列的活动。另外,联盟正在联合世界上其他的教育联盟机构,我们希望能够共同的发起倡议,推动高等教育在交流合作、引领思想、促进共识和文明互鉴方面能够持续地发挥作用并且释放出一些活力。我们现在正在跟阿拉伯大学联盟,还有非洲高校联盟接洽,有一些项目即将落地。在这个基础之上我们还正在开展一些与青年相关的机制的建设,比如现在探索打造文化讲堂青年说、脱贫攻坚青年讲、"一带一路"青年行等一系列的活动。

中国有一句谚语,"一花独放不是春,百花齐放春满园"。习近平总书记也讲过,"世界好中国才能好,中国好世界才更好"。这个交往互动的过程当中我们怎样把自己的发展和世界的发展融为一体,把中国的发展的利益和世界人民的福祉紧密地结合在一起,这是我们共同需要思考和回答的问题。我们也希望在上级部门的指导之下,建立和完善中外青年交流机制,深化中外青年友好往来,加强文明体之间的交流互鉴。

旅行让我们走得更近(知名网络媒体人、《瑞恩的平安日志》作者 瑞 恩)

我想谈一下旅行这个让我们走得更近的话题。10岁那年我去了墨西哥,这是我第一次走出我熟悉的地方。当时,我的兄弟姐妹都非常希望看看这个城市是什么样,去逛街买东西。而我则跟父亲说,我们能不能先进农村跟大家谈谈聊聊,我清楚地记得父亲露出了笑容,他说当然没问题。我们就去了一个非常小的农村，我用蹩脚的西班牙语和当地村民度过了一个美好的下午。我们谈了各自的生活，有关美食的看法等。这就是我对于旅行的第一个记忆。我的父亲尽他所能让我去不同地方，见不同的人，体验不同地区文化的魅力，有不同的感受和体会。这是我成长过程中不可或缺的一个组成部分，父亲一直希望我能够主动的探索。美国作家马克·吐温曾说，"旅行对于偏见偏执和狭隘是致命的"。一辈子偏于一隅，不可能对人对事有豁达的见解。我想跟大家分享一下我最近几年在中国旅行的体验。

旅行可以极大的拓展我们对世界的认知。最近的一次旅行，我去到了三星堆，我重新又回到了人类发展的早期，了解人类先民是如何居住和生存，极大地拓展了我对蜀文化的认知。这不仅改变了我对世界的看法，还帮助我提高了社交技能。在云南阿扎河哈尼族的一个小村庄，我发现哈尼族没有书面语言，大多数也不说普通话，当然我的普通话也很糟糕。我跟他们之间没法用普通话交流，但是跟他们待了几天以后，用了很多肢体语言或者是表情符号等，我发现虽然跟他们没办法通过书面语言交流，但是和他们能够建立起心与心之间的联系。我也通过和他们的交流逐渐地提升了我的社交技能，虽然我们说的语言完全不是同一种。

旅行会让我们愿意尝试冒险，尝试那些曾经不愿意挑战的舒适区，这对于人的培养和性格塑造起到了非常重要的作用。在中国的旅行经验和经历让我改变了性格，愿意走向未知领域做一些尝试和探索。通过和一些类似于无人机专家等在内的科技人员交流，我们可以了解到中国最新的科学技术的发展成果，包括一些高速列车的发展成果，这对于我自己国家来说也可以有很好的借鉴。看到这些高铁、动车每天非常繁忙地从火车站开进开出，每天大量人员通过高速列车的移动走向世界各地，让人感叹中国的强大。我生活在佛罗里达，当时我们的车都是慢车，可能要十几个小时才能到一个地方，所以让我不得不想起我自己国家的基础设施的建设和科技的发展。我觉得我们应该做得更多，提高我们的生活水平，这样大家都能过上幸福的生活，这就是为什么我觉得来到中国对我来说是一个学习和借鉴的过程。

什么都无法替代我们通过旅行结交的真实的友谊，不管是你在项目合作当中结交的官员或者是通过项目采访到的各界人士，也可以是当地的朋友，也可能是结交的亲朋好友等。比如说在过去的两天中我来到上海，也交了很多新朋友。我在中国待了4年，其实在这4年中我已经结下了很多生死之交或者是终身的友谊和朋友。刚才我花了很长时间来谈我自己,为什么谈那么多有关我的故事和经历,希望能够帮助大家有一些启发。在我做记者做纪录片之前,我其实在长沙大学任教,显然旅行是我生命当中的重要的组成部分,我非常希望也热切地盼望和我的学生分享我的经历。每当我的学生面临挫折的时候,我都会跟他们讲有关旅行的故事,我会问我的学生你是否打算去国外旅行,你是否打算哪怕就是花一点时间去其他国家待上几天?有的时候让我感到非常困惑的是,大多数我教过的学生他们都会说不。为什么?"中国是最好的,我其实也没有必要离开中国。"当然我对他们的观点表示同意,中国的确是一个非常棒的国家,但是我觉得很难接受的一个观点是,对于任何一个国家、任何一个文化来说都不能说是世界上最好的。因为有太多太多可以通过分享和体验去了解异域的文化,不同的文明、不同的思想、不同的理念、不同的思维方法都是值得学习的,这些学习的体验会帮助我们去做一个更为充实的人。

因此我对于我们在座的每一位所发出的呼吁是,要让我们未来的一代、让年轻一代能够对旅行有极大的热情,要对此充满兴奋和期待。因为旅行的确能够帮助我们扩大见解和眼界。通过不断地鼓励我们的年轻人走出自己的国度,能够和世界各国的人民交朋友,他们能够帮助我们把这个国家建设得更美好,哪怕中国已经是世界上最伟大的国家之一。

推动开展中外青年学者的学术和人文对话(中国社会科学院国际中国学研究中心副主任 唐 磊)

首先介绍一下我所在的机构,我们这个机构是中国社会科学院国际中国学研究中心,成立于2013年,主要是致力于探索总结世界不同的国家,特别是不同的文化社群、知识社群,尤其是汉学家、中国学家这样一个知识社群怎么样感知、怎么样研究、怎么样理解中国。我们中心也和世界各地的青年汉学家,还有中国研究的机构建立了联系。在新冠疫情之前我们每年要去两三个国家和他们进行交流。我们特别重视访谈,还有口述史,通过这样方法可以从微观的层面去理解中国文化在国际传播过程中的一些现象和机制。

我们本来以为像世界中国学研究所这样的一些机构还是一些特殊的案例,后来我们发现其实在世界各个地方都有类似的机构,尤其是新兴国家,所以这也是一个非常有趣的人文交流的现象。从微观层面可以举很多有趣的例子去说一说中国文化国际传播的很多现象。比如说中国最受欢迎的美食，我们会调研为什么外国人最喜欢中国的美食，他们说是因为中国的美食可以给他们各种各样的惊喜，是很不一样的惊喜。我们也会思考为什么外国的青年人普遍喜欢中国武术，中国武术哪些部分吸引他们。后来我们发现这其实不是一个简单的对于力量审美的热爱。其实中国武术片、武侠片的传播有一个很深刻的背景，在20世纪六七十年代，中国的武侠片通过香港走向好莱坞，所展现的一种抗争的意识是和当时的文化思潮，尤其是反战和反殖民的文化思潮合流的。

也借今天这个机会分享一下我们在过去从事青年人文和学术交流过程中遇到的有趣的例子。讲例子之前先展示这样一个图，这是谷歌做的一个调查，进入20世纪以后整个社会思潮有一个变迁，就是全球化和民族主义，我们在这样一个大的背景下观察和思考中国文化怎么样走向世界。

我们发现在英语世界对于中国青年文化的研究有一个两极化的倾向：一极就是认为中国青年是盲目爱国的；另外一极认为中国的青年是大有可为，而且他们将创造一种不同于以往的未来。

一个案例是一位青年学家对我提出，中国在做国际文化传播，尤其是做汉语教学，特别愿意教我们学书法、京剧，感受中国的传统文化。但是据我所知，中国的青年很少有喜欢这个东西的，这是为什么？原来我们有一个说法，越是民族的就越是世界的，其实在文化国际传播的过程中，我们发现一个现象，越是青年的就越是世界的。

我们去泰国问泰国的青年人，你们最喜欢中国文化什么？他们很兴奋地跟我们说，我们这里流行一首歌，整个东南亚都流行，在柬埔寨、老挝、泰国几乎每一个年轻人都会唱。我说我没有听过，原来是一个网络歌手唱的《我们不一样》，在东南亚的影响就像当年的《江南 style》一样，越是青年就越是世界的。

我们观察国际社会有关中国的民调，普遍的结论就是青年人一定是心态更加开放，一般要比年长的人更加开放。其实这个也不是一个绝对的事情，我们发现今年在韩国，青年对中国是一个普遍不好的态度。中国文化、中国的影视这样一些在其他地区普遍受青年人，甚至受整个国家人群喜欢的文化，在韩国反而是评价最低的，这会干扰人们以一种比较积极的心态感知另一个文明的。

还有一个案例也很有启发。曾经有一位青年汉学家给我提了这样一个问题，他说像软实力还有文化输出这些概念都不好。文化输出是一个冷战的概念,美国人发明的,为什么中国特别喜欢,理论界、学术界都在讨论这个问题?这个问题对我来说也非常有挑战。我们要思考我们在做中外人文交流、做学术对话的过程中,我们要不断地去思考这个关系的问题。刚刚王栋老师提到再全球化这个词非常关键,再全球化的过程一定是调整关系的过程,调整关系的第一步是重新确认自己的身份。我觉得我们在做这样一个事业的时候,要不断地做这种身份关系的确认和重塑。我也希望我们能够不断地扩大这种国际的文化和知识交流,毕竟从数据上看,中国在这方面还有很大的成长空间。

当代青年在塑造其所希望未来方面的作用(温州和平国际医院医生 苏 玛)

大家都说到我们正处于一个世界百年未有之大变局时代。2020年大家都记忆犹新,这是新冠疫情的开端。当时我决定要留下来,我是医生,希望我也能够为这件事情贡献出我的专业知识。与此同时我确信我们的将来应该是非常光明的,我们有这样的信心。在新冠疫情中我们也面临局限,比如说我们的经验有着各种各样的局限,我们的互动也受到了局限,我们不断地担心在这种气氛中青年要应对什么样的挑战。

新冠疫情带来的信息有正面也有负面的。我们看到很多人涌到医院,大路上空无一人,很多公共场所都被关闭了。当时网上有很多的假想,比如说我们要控制人的流动等很多负面的信息,当时我们的景象是不明朗或者说是不看好的。当时我们也面临着家里的压力,他们希望我们立马回去。那个时候我是研究生一年级,我从来没有经历过疫情,我对于流行病的了解只来源于我学过的一门课而已,我当时很想知道我该做些什么,我能做些什么。我是非洲的青年,我不仅仅是这样的一个角色,我当时在中国,我们看到了中国人的善意以及对我的不断支持,我也很想回馈我所受到的这些善意和友好。

两年后,我非常感激能有这样的一次机会,我也非常高兴我当时做出了留下来的决定。从那时开始到现在,我参加过很多的演讲,我也看到过四种不同语言的关于新冠疫情的视频。在我们的一生中经历这样的机会是非常少的,我们也希望能够勇于抓住这个机会,坚守自己的信念,我也希望能够为其他人树立一个青年领导的角色和印象。我们希望能够给我们的社会带来一些影响,促进未来的改变。

我相信这次的新冠疫情对我们的年轻一代有很大的影响,而且我们青年有着很大的作用。要扮演什么样的角色？除了传播一些正面的信息,在这两年来我们还希望青年能够扮演更重要的角色。全世界的青年都可以拉起手来,形成一股正向的能量,我想大家都同意我的观点。这次疫情教会了我们很多东西,其中感悟最深的是要联合、团结起来。我们其实都是亲善大使,我们可以做各自国家的亲善大使,我们也是中国的大使,能够向我们自己的国家传递中国的一些正面的信息。为了打造我们共同的未来,我们要做好这两种大使。中国充满了各种各样的机会,对我自己来说,过去的 6 个月来我们看到有很多的机会,可能会改变我生活。我们需要注意到两个很重要的概念,第一个是对华能够开放,积极地找到共同的解决方案。第二个是共同的学习互鉴。我想我讲的目的跟大家的不一样,我的知识,还有我对于"一带一路"倡议都是最近才了解的,我要继续不断地学习,因为我的知识背景和在座的各位都不同。我们其实是做梦的人,但我们不仅仅是做梦而且还会实现梦想,我们有着这样的本能要更好地去拓展,去探索。我们要善于创新思维,去探索未知的世界,就像之前的发言者所提的那样,引领我们的青年人更好地走向未来。

习近平主席对于青年领袖的回信极大地振奋了我们的积极性,同时能够进一步地促使我们把建立人类命运共同体的事业进行到底。最后我想说我从来没有想过我能够和马斯克同台,他说中国在打造未来的领导者,未来的中国领导者将会更好地把我们现在的全球村的概念发挥到更高的水平,发挥到极致。

17 世纪朝鲜贡使安璥的海路使行与文明意识(复旦大学外文学院助理教授 裴钟硕)

今天我要介绍的是 17 世纪朝鲜贡使安璥。17 世纪适逢明清易代,局势跌宕起伏,朝鲜王朝介于明朝与后金(清朝)之间。自两国建立宗藩关系以来,朝鲜对明朝采取"事大"的尊奉政策,每年都会派遣贡使入贡明朝。长达 7 年的 16 世纪万历朝鲜战争(壬辰倭乱)更加巩固了两国 200 余年的邦交友谊。随后,后金势力日渐强盛,与明朝形成了新的局面。朝鲜虽已看清局势涌动与双边博弈,依旧向明朝尽忠,维持友好邦交。因为明朝是当时文明的中心,而朝鲜正是以中华文明为基础而建立的王朝,朝鲜无法站在自身文明的对立面。朝鲜甚至自称"小中华",看齐一脉相承的中华文明。后金在辽东一带取得胜利之后,朝鲜仍然心向明朝,不顾海路险峻,派贡使赴明朝贡。1621年,朝鲜谢恩使书状官安璥坐船出使明朝,并在《驾海朝天录》中逐日详载了海路使行的所见所闻。这不仅是朝鲜深受明朝文化熏陶,对明朝有认同感的见证,也是研究两国文明共融渊源的宝贵资料,还可以探析国与国之间共享文明的力量与武力较量之区别。截至目前,研究安璥的文献都是参考这本书的,但是现在收藏在哈佛大学的图书馆里。不过我最近找到了这本书的译本,也就是另一个版本《朝天日记》,该书被收藏在韩国中央研究院的藏书阁。两个版本有一些不同之处,内容区别如表所示很明显。《朝天日记》的内容更加详细。我在屏幕下方的论文证明了《朝天日记》是3本,本研究将以《朝天日记》作为研究对象。

我简单介绍一下当时明朝和朝鲜王朝的关系。1392年建立朝鲜的李成桂在1388年发起政变的时候,主张辽东征伐不可论,理由就是以小逆大不可论,及小国家不可侵犯大国家。这是出于儒家思想的四大主义。孟子曰:"唯智者为能以小事大。"明朝确定了朝贡册封体制,这是从明朝学习优秀文化的路径。1592年丰臣秀吉侵略朝鲜,朝鲜起兵抗战却难以抵抗,便向明朝求救,明朝立即出兵。1616年努尔哈赤统一了女真后,开始攻击明朝。朝鲜无法眼睁睁看着明朝陷入危机,于是派出使臣,明朝打破了200多年的海禁政策,开放了海路。第一次踏上这条海路的人就是我要为大家介绍的安璥。这条蓝色的路线是朝鲜使臣长期使用的朝贡路线,而在后金占领辽东之后他们选择了这条红色路线,这是带有地名的地图。时隔200年开启了海路,朝鲜没有备好船只,航路也很陌生,朝鲜公使在大海经历了大风大浪等诸多危险。这篇祭文体现了当时航海的艰辛。这是安璥出使三年之后的画作,可以看出当时海路行驶的规模。返程路上风浪交加,局面非常惨烈。他们一行漂流到一座岛屿勉强保住了性命,向神灵祈福航行安全。然而情况开始反转。安璥认为自己必死无疑,作了一首绝命诗。最后他们再也没有力气撑下去了,只能听天由命了。安璥梦到了一位神仙,对他讲了一番话,第二天他们一行就平安抵达了朝鲜,这可真是得到了天帝神明的庇佑。

接下来看一下两国互信关系的建设基础,也就是中国文化作为两国精神文明的内容。安璥将明朝称为"父母之国"。7年战争时间神宗皇帝派兵援助朝鲜,他作诗表现对皇帝的感激之情。深入分析安璥的朝贡路线,会发现他对中华民族的无限向往和崇敬。这可以说是对明朝文化力量的膜拜。弱肉强食的时代破坏了弱势文化,如今的和平时代在尊重多元文化。相信未来世界的纽带不是物理博弈,而是润物细无声的优秀文化。400年前连接朝鲜与明朝的精神文明纽带,将为今后的发展与和平提供有益的启发。

以三个"不负"书写干部教育培训新篇章:"共同命运与青年担当"(中国大连高级经理学院科研部主任兼培训一部主任 于 米)

我来自大连高级经理学院,该院的缩写是CBEAD,我们这个学院是2006年1月13日建立的,主要有以下的任务,第一个是教学和培训。我们有着丰富的项目,有计划项目,还有开放的项目以及定制的项目和国际项目。我们把学员送到国外,比如说美国、德国、法国进行人文的交流。第二个就是科学研究,我们有几个大的项目,比如说如何打造世界级的企业,如何打造中国的企业家精神,以及国有企业的改革和党建。第三个我们和大学、公司以及其他的智库进行研究合作。我们现在有北京、雄安、长江三角洲三个基地。我们的团队有全职,也有兼职。我们有政府的官员、智库的专家,以及企业高管和一些行业的专业人士。

我们知道习近平主席于2020年10月10日在中央党校(国家行政学院)青年干部培训班开幕式上发表了重要的讲话,深深鼓舞和鞭策着广大中青年干部,也为干部教育事业提出了新的要求。他不仅对青年人发表了寄语,还非常关注青年干部的培训。我们大连高级经理学院根据习主席的讲话精神来设计我们的培训项目。我们的参与者都是非常优秀的、非常有潜力的人才。我们的目标就是加强国有企业中高管的培训,以及进一步提升国有企业管理层的架构,为国有企业改革和发展储备人才。我们的定位就是加强理论基础,提高人才的质量和能力。

"未来属于青年,希望寄予青年。"在"七一"重要讲话中,习近平总书记强调指出:"新时代的中国青年要以实现中华民族伟大复兴为己任,增强做中国人的志气、骨气、底气,不负时代,不负韶华,不负党和人民的殷切期望!"三个"不负",这是总书记对新时代中国青年提出的要求,也是一份沉甸甸的嘱托。2020年10月10日,习近平总书记在中央党校(国家行政学院)中青年干部培训班开班式上发表重要讲话,深深鼓舞和鞭策着广大中青年干部,也为干部教育事业提出了新要求。面对复杂形势和艰巨任务,要在危机中育先机、于变局中开新局,干部特别是年轻干部要提高政治能力、调查研究能力、科学决策能力、改革攻坚能力、应急处突能力、群众工作能力、抓落实能力,勇于直面问题,想干事、能干事、干成事,不断解决问题、破解难题。作为国家级干部教育培训机构的青年干部,要通过书写干部教育事业的新篇章,守正创新,着力培养新时代优秀的青年干部,着力培育高素质专业化的青年人才,持之以恒加强思想淬炼、政治历练、实践锻炼、专业训练,助力青年干部投身新时代中国特色社会主义伟大实践,不断提高解决实际问题能力,更好肩负起新时代的职责和使命。

从梦想和激情到具体观点与协作路径:迈向我们共担的未来
(北京大学国际关系学院博士生　门　杜)

通过我们承担的责任,我们迈向共同的未来。青年之间有共同的语言,拥抱梦想赋予激情,敢于创造,同时对新事物、新理念更具有包容性,懂得通过观察别人、学习别人来更好地认识自己,完善自己,这是青年人的特质。正因为具备这样的品质,彼此间的交流交往才是一种良性互动,才更有建设性和可持续性,才能开阔眼界,增长知识,提升自我。正因为具备这样的品质,彼此才会理性,客观地看待不同文明和制度的差异与共性,进而求同存异,消除误会和偏见,携手创造未来,促进各国民心相通,为推动构建人类命运共同体贡献青年的力量。面对深度调整的世界格局,在为世界谋进步、为人类谋福祉的进程中,我们应该拿出青年人的责任与担当。

我们知道年轻人不管是农村的还是城市的,受过教育还是没有受过教育,是学者还是工人,他们都可以来利用自己的一些优势解决复杂的代际问题,确保全球环境可持续的发展,造福未来。年轻人可以利用自身对技术的优势,利用网络采取一些行动,加速社会向可持续发展的转变。但问题是年轻人怎么去做?年轻人有热情,有梦想,有活力,怎么去把他们的时间和精力投入到未来的工作当中?他们不只是对未来怀有愿望和希望,同时也还有责任和义务。这样的一个未来是需要我们共同携手努力去实现的。今天的年轻人有梦想、有热情,他们的热情能够帮助我们创造不少有创新性的一些解决方案,能够改进我们的社区，能够改变我们的世界。这些需要年轻人把热情和梦想转变成脚踏实地的一些行动。同时年轻人还要协作，通过合作来为我们共享的未来作出我们的贡献。

人类命运共同体是中国国际传播的重大话语创新（中国传媒大学人类命运共同体研究院副院长　姬德强）

2021年5月31日，自习近平总书记带领政治局学习国际传播以来，国际传播研究、国际传播实践以及国际传播的各种政策都呈现出井喷状态。在座的各位，尤其是新闻传播学科，包括外语学科都有了深度参与。怎么做好国际传播的研究和理论的创新工作是一件比较难的事情。

我希望从话语层面理解中国国际传播创新的一些具体的可能，主要提出两个概念。现在主要从四方面进行分享。

第一，为什么要做话语的创新？这背后有非常复杂的结构性的动力，包括国家的政策等。国家政策其实有很多。我只是举了与研究非常紧密相关的两个国家的驱动力。第一个是2016年习近平总书记在哲学社会科学座谈会上的讲话，里面谈到了和国际传播有关的内容，例如和国际传播有关的基础性要求：融通国内外的学术资源，为人类发展创造更多的理论和思想，以及如何创造中国特色等。第二个是今年的"5·31"有关国际传播的集体学习的讲话，里面谈到了很多事情。从公布的内容来看，至少能够发现做国际传播研究需要非常强大的理论支撑，但是目前来讲还是很匮乏的。这包括中国话语、中国叙事及其背后的思想力量，以及如何创造一些融通中外的新概念。此外，如何广泛宣介中国的主张、中国的智慧、中国的方案以及如何加强对中国特色社会主义的阐释。

第二，阐释困境。现在有很多问题很难解释清楚。很多时候不是我们的问题，也不是观众和受众的问题，而是整个知识发展的历史所造成的巨大隔阂。中国大多数情况是作为例外而存在的，很多境外国家的政治文化都不一样，还有一个他者文化的角度，这些都对中国国家形象的建设、对中国国际传播产生巨大的困境。

第三，学术生产，即我们的国际传播理论是不是可以为世界作出贡献。学术生产的角度有很多,国际传播研究在国内如何形成更加学理化的存在,这是一个重要问题。不知道在座有多少同事是在做和国际产品有关的学术研究,你可能会非常深切地感受到这个领域的学理性是非常弱的。所以我们的政策话语特别强势,学理却很弱,很难形成学术上的沟通。外部也有很多问题。

第四,实践需要。要讲好中国故事,背后有非常复杂的实践性的需要,既有如何把中国话语解释清楚,还有其他的复杂的逻辑,比如如何去匹配更好的软硬实力,如何更好地创造话语权,如何树立和夯实在国内国外的政治合法性等。国际传播的目的有很多,决定了我们用什么样的话语更合适,是为了传播,还是为了沟通;是为了协商,还是为了对抗。有这么多结构性的背景和动力,话语创新其实不易。

梳理共产党领导的中国对外国际传播工作,大概可划分几个阶段。今天我讲的内容主要聚焦在改革开放以后,加入全球化的浪潮开始。虽然已经有一个地球村的概念,但是我觉得概念有问题,所以我们需要一套新的话语重新定义未来。

地球村作为一个非常重要的理论创新概念,也是充满寓言和隐喻的。现在已经不一样了,可以通过各种各样的电子设施深度绑定。首先是凝视的关系,你看到别人,别人也看到你,是一种想象的连接,同时也是部落化的。人类曾经就是一个部落,随着印刷媒体的出现,通过报纸、图书大家突然连在了一起,大家是一个想象的共同体。随着电视的出现,出现了一个重新部落化的过程,实际上是技术的隐喻。比如说强调技术为核心,基于广泛连接的看似很扁平的一个结构,这是与全球资本主义和新自由主义的精神同步的,所以是有问题的。这掩盖了国际政治经济格局的一种深刻矛盾,掩盖了全球传播鸿沟的存在,以及非常复杂的国际问题。

面对实际上已经慢慢失效的一些理论,我们怎么找寻一些新的理论。比如说约瑟夫·奈提出,要强调与他者共享权力的新想法。还有中国的哲学家赵汀阳说把全球当作一个政治实体而不是各个国家。中国共产党、中国领导人或者中国提出来的人类命运共同体的概念是非常复杂的一套哲学和现代化的逻辑,怎么去提炼它的内涵?我想阅读习总书记的讲话是一条路径,还有一个就是从学理上做一些解读。人类命运共同体是一个深度全球化时代的中国主张,是对资本主义全球化历史的一个扬弃,也是基于人类文明的亚洲时代中,亚洲文明对于世界现代化进程的贡献。但是西方的现代性太具主导性了。我们也是提出另外一套全球化方案的想象。

对国际传播而言,人类命运共同体有很强的启发性意义。现在所有的学科都在阐释,我们从传播的角度也希望做一些创新式的阐释。这超出了之前地球村互联互感技术主义的隐喻,超越了经典国际范式中的零和博弈和冷战逻辑,也超越了全球产品范式中的多主体论和潜在霸权倾向,这是中国国际传播新的伦理维度。接下来分享四个简单的看法,如果我们要做这个新概念的创新,可以从这几个角度思考。第一,重新强调民族国家的主体性和主体间性,从而突破和化解普世与特殊的两极对立,确立起一种与民族主义和国家主义达成和解的新世界主义思想。第二,超越霸权逻辑,破除中心主义。中国即便崛起也并不代表中国会成为一个共同体的中心,会产生一个无中心的结构。第三,大家应该非常清晰我们国际传播的工作有很强的历史传统,比如三个世界理论。人类命运共同体在一定框架下是需要发展成一个新的第三个世界理论。习近平主席的讲话里谈到了如何区分朋友和敌人,如何在这个前提下塑造新的统一战线,这是做国际传播研究必须要牢记的。最后一点是,现在的国际传播面临着数字化转型,必须通过社交媒体,必须通过游戏,必须通过搜索引擎、各种各样的软件来实现跨国的信息沟通和交流。如何在这个方面提供中国的解决方案也是人类命运共同体的应有之义。不单纯说要讲好这个故事,更重要的是帮助世界上的所有人,尤其是在新冠疫情背景下更加平等、更加均衡地获取数字服务、信息服务。这个应该成为未来基础设施建设的重要一环,不是单纯讲故事的问题。如果能够做到这些,可能会对未来人类命运共同体的建设有巨大的帮助,也可以作为中国对世界的重要贡献。

促进青年人的合作与愿望(中国传媒大学博士研究生 天 赐)

青年是当今社会重要的一部分,他们充满能量以及热情,而且经常表达各种各样的意见。年轻人能够促进我们这个社会的发展。年轻人也面对着各种各样的问题,他们在日新月异的环境里快速地成长,这些环境也给他们带来新的信息和发现。他们能很好地理解这样的一个大变局,也不断地定义自己的身份,但是他们可能会问自己青年究竟指的是哪一些人?我觉得这个问题很难回答,因为不同的国家、不同的组织可能都有不同的定义。欧洲理事会把青年用于13—30岁之间的人群,而联合国把青年用于15—24岁之间的人群。一般来说我们认为青年指的是他正在慢慢地进入成人的这样一个阶段的人群。也就是说在他人生中还在不断地成长、发展。

事实上,青年是一个非常关键的阶段,而且会影响到他们将来成年后的发展。成年人有的时候和青年的界限并不是那么的清晰。有的时候媒体中显示的青年懒惰、经验不足,坦白来说这实际上是一种成见,而且非常有害,这种概括化的理解削弱了青年对社会的贡献,而且有的时候还会阻碍青年人和成年人交流。在历史上,青年一直努力地为自己证明,他能够扮演一个非常积极的角色,起到很好的作用。

现在的青年在很多的项目和工作中扮演着越来越重要的角色。我们叫作青年的参与。有些任务可能对青年来说特别的有挑战性,能够让他们很好地发挥影响力。有很多很好的青年参与的例子,没有积极的青年的参与,青年人往往就会被当成局外人,最后他们就没有动力去参与社会的发展,参与负责任的行为,当然这也会影响我们所共有的未来。青年人应该知道他们有责任,他们备受关注而且受到社会的认可。每一个人都希望能够成为更大的一个团体的一部分,积极参与不仅仅能够实现这一点,而且能够确保青年有一个更美好的未来,这样我们所共享的未来才能够得到保证。

后疫情背景下的"一带一路"与全球发展(复旦大学国际问题研究院研究员 赵明昊)

习近平主席前不久出席联合国一般性辩论大会的时候有一个讲话,他在里面提到了一个非常重要的概念叫"全球发展倡议",实际上这也标志中国可能在全球发展领域在下一阶段会发挥更大的作用。我们今天在座的各位嘉宾的学科背景比较多元,有的老师可能对于"一带一路"没有太多的了解,我作一个简单的介绍。"一带一路"就是丝绸之路经济带和海上丝绸之路,这个图简单地给大家一个基本的路线的概念。"一带一路"的驱动力我觉得首先还是要解决中国自身发展的问题,也就是说中国面临着国内经济发展严重不平衡的问题。国内发展的不平衡是很多国家陷入中等收入陷阱一个很重要的原因,通过"一带一路",我们很多的边疆地区,比如说云南、青海、内蒙古就成为对外开放的最前沿。我觉得"一带一路"反映出的一个非常重要的理念就是互联互通,互联互通的一个好处就是会促进共同繁荣、共同发展,进而为世界带来和平。

"一带一路"的目标主要是"五通",包括硬联通和软联通两个部分。有人会问"一带一路"跟中国之前的对外经济合作有什么不同,我觉得不同就在于它非常强调这种软性的联通,尤其包括政策融通和民心相通。"一带一路"也有它的聚焦点,主要是完善基础设施网络,同时推动一些产业园区的合作。中国发展的一个基本经验是搞产业园区,通过产业园区的合作来提供更多就业的机会。

"一带一路"直接反映的是全球非常重大的发展上的需求。这里面我也想举几个数据。一个就是英国的牛津经济研究院的全球基础设施展望的报告,里面有一个估计就是从 2016—2040 年这个期间全球的基础设施的投资需求将会达到 94 万亿美元。亚洲开发银行认为到 2030 年前仅仅是亚洲地区,每年就需要 1.7 万亿美元的投资确保它的基础设施等方面的需求,包括应对气候变化的需求。这场新冠疫情进一步地加大了基础设施建设的需求。有人说"一带一路"是中国称霸全球这样一个战略,实际上中国的"一带一路"只能一部分解决基础设施缺口的问题。根据统计,"一带一路"的投资金额大概是 3.7 万亿美元,相对于 94 万亿这个大盘子来讲这点钱还是远远不够的。

刚刚讲到"一带一路"软联通实际上涉及人的合作。"一带一路"非常重视人的发展。我们知道中国跟巴基斯坦有一个中巴经济走廊,但中国在巴基斯坦也设立了很多的职业培训机构,你这个铁路建好以后怎么去管理,都需要人才智力方面的投入和合作。人力资本的发展实际上也是"一带一路"合作非常重要的一个部分。

这是世界银行的报告。对于"一带一路"未来可以发挥的作用。报告中说可以帮助 760 万人摆脱极端的贫困,还可以帮助 3 200 万人摆脱中度的贫困。我觉得世界对"一带一路"的期望还是非常之高的,而且我们看到"一带一路"跟全球的 2030 可持续发展目标是紧密相关的,有非常多相互一致的地方。

实际上"一带一路"也跟联合国开发署等一些机构进行了非常深入的合作。新冠疫情确实对"一带一路"造成了影响,但实际上"一带一路"依然在前行,这里面中国就强调要高质量地推动"一带一路"的发展。我觉得这个高质量发展是我们理解下一阶段"一带一路"建设的一个非常重要的关键词。而且"一带一路"非常重视绿色丝绸之路、健康丝绸之路和数字丝绸之路的发展。这里面实际上是绿色治理,绿色发展。中国为此做了非常多的事情,包括最近在中国举办世界多样性、生物多样性的会议,包括在中国不再支持新建燃煤电站。中国还要向很多发展中国家提供财政的援助、技术的援助,帮助他们实现绿色低碳的转型。新冠疫情也让健康丝绸之路变得更加重要,中国不光提供疫苗,包括后疫情时代整个的全球公共卫生能力和治理的提升,中国实际上都提出了一系列更加具体的计划,包括建立一些地区的医疗物资的储备,包括推动医疗技术人员的交流,等等。数字丝绸之路也变得更加重要,因为在后疫情时期人们更加适应"云"上的生活方式和经济交往方式。

"一带一路"在过去几年的不断推进,产生了很多实实在在的效果。在后新冠疫情时代人们更加需要经济发展的投入,也更加需要团结应对危机、应对挑战的这样一些平台。在这个意义上"一带一路"会为我们实现共同未来的一个目标提供更多的机会,也同样会为我们各国青年发展、青年合作提供更多更好的机会。

用中国歌剧将中华文化咏起来,以实力咏叹把外国经典吟进来(中央歌剧院歌剧团女高音歌唱家 郭橙橙)

文明因交流而精彩,文化因互鉴而丰富。随着中国走进世界舞台的中心,中国也有了更多的机会、更强的能力与各国开展平等多样的交流,并推动人类文明的进步和世界和平发展。在错综复杂的国际环境下,文化互通是推动各国交往的重要手段。作为重要新生代的歌剧演员在这里我想给大家讲两个经历。歌剧作为舞台艺术的最高表现形式,承担了促进各国文化交流的重任。近年来越来越多的优秀的中国歌剧涌向国际舞台,它们以中国故事为蓝本,以中国民族音乐为元素,借鉴西方作曲技法和演唱技巧,形成了一套具有中国音乐美学特征的作品体系。中国中央歌剧院一直致力于用中国歌剧向世界讲好中国故事。

我介绍一下2017年我院排演的原创歌剧《玛纳斯》。剧本取材于中国少数民族三大英雄史诗之一《玛纳斯》。这个题材在中国和吉尔吉斯斯坦等地广为流传,是丝绸之路上传唱千年的文化瑰宝。我在剧中饰演女主角之一的阿依曲莱克,这个是我在剧中的剧照。她是玛纳斯的儿媳,是一位柯尔克孜族人心中人性与神性结合的化身白天鹅。在进行这部歌剧的创作时,我们去玛纳斯文化的中心地新疆柯尔克孜族自治州采风,与当地的艺术家《玛纳斯》文本专家及《玛纳斯》的传唱人进行了深入的交流。这是我在当地采风的画面。我把《玛纳斯》的主要唱段进行了试演,之后请当地的专家从历史、音乐的民族性、人物塑造等各方面进行探讨,吸取了很多宝贵的意见。在中国歌剧的创作中我们既要洋为中用,又要杀出自己的一条血路来,不能照搬外国歌剧的模板。我想用一些大白话向大家解释一下中国歌剧的创作如何源于生活,高于生活。

这个是我在玛纳斯剧中的剧照。首先作曲家在当地采风的过程中会汲取当地民族音乐中优美的朗朗上口的音乐元素作为备选,这就像烹饪中需要的原材料。作曲是一个非常复杂的过程,涉及交响乐队部分17—18个声部的走向。阿依曲莱克的声音定位是花腔女高音,这与我的声音条件相符。作曲家创作了大段的华彩的唱段来表达阿依曲莱克焦急、欣喜又有点小埋怨的复杂心理状态。有句话说得好,当语言停止的时候,就是音乐开始的时候。所以作曲家巧妙地运用了柯尔克孜族当地的曲调风格和和弦,使用了大量的跳音爬音为角色创作了表现人物心理的唱段,再加上我音色演唱上的处理,还有戏剧表演等这些二度创作,最终完成了一整段华彩唱段的演唱。《玛纳斯》赴吉尔吉斯斯坦演出取得了巨大成功,我们每一个角色谢幕的时候当地的观众都能齐刷刷叫出我们四个主角的名字。可想而知《玛纳斯》在当地已经是深入人心,这也就是所谓的两个民族之间的文化共鸣。

第二个话题共唱外国经典。下面我想讲一下我出演女主角的一部法国作曲家比才的《采珠人》。它由中国国家大剧院和德国国家歌剧院联合制作,由德国国际电影金熊奖获得者、著名导演维姆·文德斯执导。我参加了该剧的全球角色试唱,并经过层层选拔最终被选为中国组女一号。我的男主角是个瑞士人。这是我们舞台上的全景。歌剧《采珠人》是迄今为止我演的最特别的一部外国经典歌剧,歌剧演唱都是纯人声不用扩音的。歌剧演员运用科学的发声技术,使声音传过80多人的大乐队,传送到每一个观众的耳朵里,这本身就是非常耗费体力和技术的。再加上没有实物布景,偌大的舞台演员要贯满全场,这无疑是对我们演员全方位实力的巨大考验,这也足以说明歌剧是舞台艺术的最高表现形式。

从两组的女一号来说,我和外国组的女主角虽然演的是同一个角色,但是从外形上就有着很大的反差。外国组女主角起码比我高15厘米,胖30斤。《采珠人》的女主角这个角色是为抒情花腔女高音创作的,即使我们两位女主角的外形差别巨大,我们的声音形象还是在相同的区间。我是法国留学生,在法国接受了多年专业的歌剧演唱表演训练和其他相关几十门课程的专业训练,我本身说法语,我的男主角也说法语,对于演唱法语歌剧更加能把握其中的语言风格和语言特点,这相对于不说法语的另一组演员来说,从演唱该剧上我们中国组更具优势。在角色的互相配合、演唱特色、声音特点还有表演风格等方面,我们中外的演员都有着愉快的合作和交流,也互相借鉴、互相帮助。

所以说在中国日益开放的今天,我们把很多很好的外国艺术作品引进到中国来给老百姓欣赏,这里很关键的是要正确的引导老百姓认识到真正的好的文艺作品的标准,而不是只有外国的月亮是圆的,只要是个外国人都是好的。当然确实有很多优秀的外国的艺术家值得我们歌剧人向其学习,无论我在国外还是回国后我都得到了很多外国专家友人的帮助和教导,我也跟他们一直保持着非常友好的关系。我想真正的文化自信是既能很好地继承我们本民族优秀的文化遗产,又能吸收外国的文化精髓,使多元文化互相碰撞,擦出火花为我所用。

共同未来的青年梦想:中国与非洲友谊的一次探索(肯尼亚卡拉蒂纳大学讲师 秦 肯)

首先我想借此机会先感谢这次中国学论坛的主办方,我们的友谊经历了新冠疫情的挑战。中国与世界是这次世界中国学论坛的主题,中国与非洲一直是好朋友,中国共产党以及习近平主席认为我们中国和非洲国家之间的双边关系非常重要。在 2013 年 3 月习主席曾经造访非洲,进一步促进了非洲国家的快速发展。我们非洲国家现在在打造 20 个机场和港口,以及很多的发电站,这样的基础设施的建设促进了非洲国家的文明发展,提升了非洲年轻人的福祉。实际上非洲有很大数量的青年群体,60% 的非洲人口其实是 25 岁以下的青年,这些年轻人推动了我们的经济发展,而且享有非常好的未来。中国和非洲国家青年人间的交流能进一步促进互相的了解。

习近平主席被非洲青年认定为最为成功的领导人之一,除此之外这些青年把中国当成是最有潜力的国家。今天中国是非洲最大的贸易国,而且是基础设施建设方面最大的投资国。我们见证了中国的支持,尤其是非洲国家应对新冠疫情的过程中,中国给予了我们大量的帮助。这些友谊目前不幸受到了一些干扰。我们所说到的是那些中国和非洲国家以外的力量,他们想要影响我们好的进展,他们想在我们朋友之间横插一刀。有些年轻人非常迷茫,他们没有办法分辨什么是真实的,什么是虚幻的。67%的非洲青年人认为他们收到的很多信息是虚假的,有些人被操纵而且尤其是被西方的一些不良的机构操纵。这些信息影响了我们的和谐、发展。要避免这样的事情发生,因为这会破坏中国和非洲国家之间的友谊。我们应该通力合作,确保每一个青年能够达成自己的梦想。我们这样一来也可以实现习主席所倡导的共同的未来。

中国还为我们提供了很多帮助,比如培训的课程,还有对非洲的中小企业提供援助。这些贡献实际上非洲青年人都看在眼里,非洲人也非常的心知肚明。所以我们要对未来怀有梦想,要挺身而出,大声地呐喊,打造自己的命运。非洲青年应该扮演自己积极的角色。

我们看到中国和非洲国家青年之间正在打造一个新的关系,这种新的合作关系是非常有效的,能够让非洲青年有更多的担当。我们要打造新一代负责任、自信的青年领导人。因此非常重要的是,中国和非洲的青年要很好地讲好中非青年的故事,进一步打造共同的未来。

青年国际社会组织参与全球治理:以首都北京为例(北京市社会科学院外国问题研究所所长　刘　波)

我今天和在座的各位专家一起分享一下首都北京青年社会组织参与全球治理的案例。2014年习近平主席提出了"四个中心",其中有一个国际交往中心。这个中心提出来以后,可以说这几年北京市无论是在城市对外交往的体制机制,还是基础设施建设,以及空间功能布局规划,城市的国际交往的空间功能的布局都发生了翻天覆地的变化,所以今天我在这里和大家分享一下。

第一个我们看一下国际青年与全球治理。大家都知道2020年约有25%的世界人口年龄在15岁以下。毫无疑问青年人是世界美好未来的关键,青年人如何看待和应对这些全球性的挑战,将决定未来世界的面貌。可以说青年领袖是未来国际社会决策制定者和主导者,是成为全球治理的主力军。第二个看一下中国青年与全球治理的变化,尤其是新冠肺炎疫情发生以来。随着百年未有之大变局以及中国离世界舞台的中央越来越近，中国青年如何参与全球治理是一个非常大的议题，也是我们必须要承担和要解决的一个重大议题。青年群体是非常活跃也是非常有创新力量的一个群体。因此我们可以看到在这次的新冠肺炎疫情里面，有"90后""00后"的身影，包括去武汉支援。而且我们派往意大利和伊朗的医生当中，70%是30岁左右的青年医生，所以这个青年群体参与全球治理的力量和影响力在越来越提升。第三个方面是国际青年社会组织与全球治理。青年社会，或者说青年参与全球治理需要一个媒介，这个媒介就是青年的国际性社会组织。而这个组织能使我们的青年在里面发声，产生影响力。这块包括我们大会里谈到的很多议题，如全球化、全球治理、多边主义、科技与创新、文明交流、可持续包容性发展等都需要不同文明文化背景、不同职业背景的青年群体之间的相互理解。

接下来我们看一下首都北京国际青年社会组织参与全球治理的一些比较鲜活的做法。第一个方面是主动与国际组织加强合作，在世界政治、经济等领域发出中国的声音。如2021年的国际青年英才对话论坛，来自全国很多省市的青年，以及30多个国家的140多位在华的外国青年参与，这个是在北京举办的，很好地推动了人类命运共同体的建设。第二个方面是以政府购买服务方式支持青年重点领域的社会组织参与重要的国际非政府组织会议，支持青年社会组织赴境外开展人文交流和民生合作，突破经费的瓶颈。第三个方面是遴选和推介青年社会组织加入丝绸之路沿线的民间合作网络，支持和指导青年社会组织申请联合国经社理事会咨商地位。目前北京市有7家社会组织获得了联合国特别咨商地位，包括北京青少年法律援助与研究中心，这是北京法学会资助对接的一个中心。这个是挺难的，确定过程当中北京市也投入了很多精力。第四个方面是主动探索国际高端会议的平台，指导和支持青年社会组织积极配合中央外事部门参与联合国的人权问题、气候变化问题、可持续发展等领域的重要会议。第五个方面是深耕能力建设，打造高素质首都青年社会组织人才队伍。这块做得还是比较有成效的，比如说北京市外办、北京市对外友协和北京外国语大学共同设立了北京民间外交人才培训基地，这块每年的七八月份对全市的中青年，尤其是一些在从事外事、外交或者对外交往方面的青年进行培训，对北京构建全方位、多层次、宽领域的对外交往的格局发挥了很重要的作用。第六个方面是打造可复制经验，创造北京国际青年社会组织的一些品牌的活动。如北京的中日青年小大使活动，从2009年开展到今年已经10多年了，效果还是非常不错的,对中日两国民间的交往起到了非常好的示范作用。

下一步我们还会进一步的推进我们的工作。第一,加强顶层设计,完善相关体制机制。一方面争取中央的支持,争取将国际组织落户北京;另一方面密切工作会商,重点加强与中央外事部门就首都民间外交配合国家总体外交等方面的会谈。这方面正在做的就是成立北京国际交往中心领导小组。第二,拓展渠道平台,塑造一批首都国际青年社会组织精品项目。这块目前一个是对接国家级活动平台,引导首都国际青年社会组织主体参与中央有关部门的外事接待工作。一个是搭建国际青年社会组织的交流合作平台。我们现在正进一步整合北京市的国际青年社会组织现有的国际交流渠道,促进信息沟通,工作联动,协同发力。

第三,推动首都国际青年社会组织高质量发展。我们准备打造一个青年国际社会组织的联盟平台,以解决我们里面的联络问题、经费问题。选拔有组织能力负责人担任代表,把一些有能力的青年国际性社会组织的人才推荐到国有企业或者事业单位里面去进行挂职锻炼,加强他们对我们的社会、对我们的现实问题更准确的理解和把握。

以历史视野认识中外青年在世界变革期中的作为与担当
(中国外文局当代中国与世界研究院副研究员　刘　扬)

在这么一个非常严肃宏大的题目下我想先说一下我个人的一个小故事。在这次来上海参会之前核酸检测的过程中,医生例行问了我一个问题:您有60岁吗?因为60岁对于医生的诊断来说是一个档次。他并不是说看我是不是真的有像60岁,但是他这个问题却勾起了我的一些思考,我想虽然今年45岁,但是我所经历的这种社会的变化,虽然激烈程度可能没有我的父辈们、先辈们那么强烈,但是从速度上说我觉得应该是最快的一代人。

我出生在东北,东北有一道美食叫鸡架,也就是鸡的肋骨,现在是一个非常流行的食品。但是在我小时候我非常清楚为什么我们要去吃鸡架的,因为鸡肉我们买不起或者买不到。这个食物非常便宜,可以满足我们对一些味道的追求,后来我在读张夏准先生著作的时候,我对里面的理论没有读得太懂,但是在他的前言当中我关注到了一个小故事。他在讲韩国的部队火锅也是一道美食,他是如何进入到这个生活之中的,跟鸡架的故事是非常的相似,也是在一种物质非常贫乏的状态之下,人们想尽一切办法来满足这种对美味的追求。

我想说明的一个问题是我们不仅把它带到了社会里面,我们不仅知道它为何而产生,现在我们还知道它在生活富裕了以后成了一种饮食文化被保留了下来,我就觉得整个的过程被压缩了。我的整个青年(我当然严格意义上按世卫组织的标准还是青年,但是按照一般的定义我已经超出了青年的阶段)已经记录了一种文化的诞生。对于我关于时代与青年这两个词的理解我认为是一种共构的关系,彼此成就。

在历史上这种例子比比皆是,包括昨天我们去上海博物馆参观的时候,栩栩如生的用青铜制作的牛群就记录了当时的那个时代。1949年的一个统计,当时中国人的平均寿命是35周岁,这意味着在这之前很长的一段时间,我们今天所能看到的很多的东西,我们今天所知道的很多人的这种行动,大部分都是由青年来完成的。

在这样的一个情况之下,我们也有理由作出比我们父辈、先辈更多的贡献。正如我刚才所说,我们这一辈青年人和我们的先辈并没有太大的区别,但是我们可以在目前的这样一个物质基础、技术基础之上比他们作出更大的贡献。毛泽东曾经说过,我们不但要提出任务,而且要解决完成任务的方法问题。我们的任务是过河,但是没有桥、没有船就不能过,不解决桥和船的问题,过河就是一句空话。我觉得毛泽东说这句话的时候是对所有年龄段的人说的,但是我认为对于青年的这个特质来说,他有激情,他有梦想,他有体力各个方面的优势,这一段话对于青年来说更加适合。

与此同时,我们生活在信息技术飞速发展这样的一个时代,这也为我们的交往、沟通,以及共同做成一些事情提供了非常重要的条件。这是今年1月份的时候由We are social出的年度报告,根据他们的口径,目前世界的人口是78亿,但是手机用户就已经有了52亿,他们都是潜在的互联网的使用者,实际上填报自己是互联网用户的人已经达到了47亿。今年6月份的时候,根据一互联网权威机构的统计,中国的互联网网民数量已经超过了10亿。在这样的情况之下,互联网的用户当中又大部分都是青年人,所以我们有更多的机会、有更好的条件来为这个世界作出更大的贡献。

作为青年一代如何在整个快速变化的时代当中有所作为,我有三个方面的建议与大家分享:一是要以科学的精神把握时代的趋势,将自身的发展与社会的进步相统一;二是要以积极的学习拥抱时代的新知,将个人的赋能与社会的创新相统一;三是要以主动的担责捍卫时代的价值,将个人的价值实现与社会的价值相统一。

如果要实现青年给这个时代作出更大的贡献,最重要的一件事情,是要把青年们聚集在一起,把大家的力量从一个个的星星之火聚集成烧得旺旺的一堆篝火,这样共同去实现我们关于未来美好的设想。我想,今天的会议,也是为着这个目标而努力的一部分,至少大家走到了一起,互相认识了彼此,在上海留下了一段美好的回忆。

后　　记

《中国共产党·中国·世界——第九届世界中国学论坛实录》是上海社会科学院世界中国学研究所推动世界中国学论坛智库成果转化的系列成果之一。自2019年起,该系列成果被收入世界中国学系列丛书出版。本辑编校团队成员均来自世界中国学研究所,最后统稿由潘玮琳完成。

为便于读者感受论坛的现场氛围,我们在参考与会专家事先提交的发言摘要的基础上,对现场记录稿进行摘录整理,适当保留了演讲中的若干口语化表达。限于原始记录稿质量、实录篇幅和编辑水平等原因,论坛发言的精彩全貌难以尽数呈现,实录文字也可能有舛,恳请读者指正。

本辑实录具体分工如下:开幕式致辞、大会演讲和第六届世界中国学贡献奖获奖者感言:潘玮琳;第一分论坛:刘晶、耿勇;第二分论坛:刘晶、侯喆;第三分论坛:宋晓煜;第四分论坛:侯喆、耿勇;第五分论坛:耿勇、侯喆。全书初审:马蕾。

图书在版编目(CIP)数据

中国共产党·中国·世界：第九届世界中国学论坛实录 / 潘玮琳主编. —上海：上海社会科学院出版社，2022

(世界中国学系列丛书)
ISBN 978 - 7 - 5520 - 3926 - 9

Ⅰ.①中… Ⅱ.①潘… Ⅲ.①中国学—文集 Ⅳ.①K207.8 - 53

中国版本图书馆 CIP 数据核字(2022)第 197564 号

中国共产党·中国·世界
——第九届世界中国学论坛实录

主　　　编：	潘玮琳
出 品 人：	佘　凌
责任编辑：	陈如江
封面设计：	周清华
出版发行：	上海社会科学院出版社
	上海顺昌路 622 号　邮编 200025
	电话总机 021 - 63315947　销售热线 021 - 53063735
	http：//www.sassp.cn　E-mail：sassp@sassp.cn
照　　　排：	南京理工出版信息技术有限公司
印　　　刷：	上海颛辉印刷厂有限公司
开　　　本：	710 毫米×1010 毫米　1/16
印　　　张：	17.5
字　　　数：	293 千
插　　　页：	1
版　　　次：	2022 年 11 月第 1 版　2022 年 11 月第 1 次印刷

ISBN 978 - 7 - 5520 - 3926 - 9/K·669　　　　　　定价：88.00 元

版权所有　翻印必究